Zeugnisse formulieren und verstehen
Die gebräuchlichsten Formulierungen
und ihre Bedeutung

Prof. Dr. Herbert Sabel

Zeugnisse formulieren und verstehen

Die gebräuchlichsten Formulierungen und ihre Bedeutung

CIP-Titelaufnahme der Deutschen Bibliothek

Sabel, Herbert:
Zeugnisse formulieren und verstehen: d. gebräuchlichsten
Formulierungen u. ihre Bedeutung/Herbert Sabel. –
Wiesbaden: Englisch, 1989, 4. Aufl. 1991

ISBN 3-8241-0348-6

© 1988 by F. Englisch GmbH & Co Verlags-KG, Wiesbaden.
Alle Rechte vorbehalten.
Nachdruck, auch auszugsweise, verboten.
Printed in Austria.

Inhalt

Einleitung 7

Theoretische Grundlagen
1. Wodurch unterscheidet sich die Arbeitsbescheinigung vom Arbeitszeugnis? 9
1.1 Wann entsteht der Zeugnisanspruch? 10
1.2 Wer hat Anspruch auf ein Zeugnis? 11
1.3 Wann liegt die Anspruchsvoraussetzung auf ein Zeugnis vor? 12
1.4 Welche gesetzlichen Grundlagen auf Zeugniserteilung gibt es? 13
1.5 Welche Arten von Zeugnissen gibt es? 13
1.5.1 Einfaches Zeugnis 14
1.5.2 Qualifiziertes Zeugnis 15
1.5.3 Zwischenzeugnis 16
1.6 Wann erlischt der Zeugnisanspruch? 18
1.7 Welche formalen Gesichtspunkte sind zu beachten? 20
1.8 Was besagt der Zeugnisinhalt, die sogenannte „Geheimsprache"? . . . 22
1.8.1 „Kodierte" Leistungsbewertung 26
1.8.2 „Kodierte" Verhaltensbewertung 29
1.8.3 Ungünstige Angaben im Zeugnis 33
1.8.4 Erwähnung von Straftaten 35
1.8.5 Erwähnung von Krankheiten 36
1.8.6 Angabe der Betriebsratstätigkeit 36
1.8.7 Art der Auflösung des Arbeitsverhältnisses 37
1.9 Wie sind Auskünfte und Referenzen zu behandeln? 38

2. Was ist bei Zeugnissen der Berufsausbildung nach § 8 BBiG zu beachten? 39

3. Welche Besonderheiten gelten für Zeugnisse der leitenden Mitarbeiter? 41

4. Kann der Zeugnisanspruch erzwungen werden? 43

5. Wie ist die Haftung beim Zeugnis geregelt? 44

6. Gibt es ein Zurückbehaltungsrecht beim Zeugnis? 46

7. Welche Funktion hat der Betriebsrat bei der Erstellung von Zeugnissen? . 47

Praktischer Teil
8. Zeugnisanalysen anhand vorliegender Zeugnisse
– Neueinstellung – 48
8.1 Inhalt und Umfang der Zeugnisanalyse 48
8.2 Gefahren und Fehler bei Zeugnisanalysen/Zeugnisinterpretation 53

8.3	Beispiele von Zeugnisanalysen	54
8.3.1	Einfaches Zeugnis einer Angestellten	57
8.3.2	Qualifizierte Zeugnisse von Angestellten	58
8.3.3	Einfaches Zeugnis für einen gewerblichen Arbeitnehmer	71
8.3.4	Qualifiziertes Zeugnis für einen gewerblichen Arbeitnehmer	72
8.3.5	Qualifiziertes Zeugnis für Angestellte mit einem befristeten Arbeitsvertrag	73
8.3.6	Qualifiziertes Zeugnis für Angestellte mit Aushilfstätigkeiten	77
8.3.7	Befristete Zeugnisse von Werkstudenten/Praktikanten	79
8.3.8	Ausbildungszeugnis bei Beendigung des Berufsausbildungsverhältnisses	82
9.	Praktische Hilfen zur Zeugnisformulierung – Kündigung –	89
9.1	Vorarbeiten für die Ausstellung von Arbeitszeugnissen	89
9.2	Formulierungshilfen zur Bewertung der Mitarbeiter im Zeugnis	90
9.3	Ablauf eines praktischen Falles	104
9.4	Schlußtest für ein Zeugnis	111
9.5	Beurteilungskriterien für verschiedene Mitarbeitergruppen	112
9.6	Ablaufschema für die Erstellung eines Zeugnisses	119
9.7	Neue tabellarische Form eines Zeugnisses	120
9.8	Zusammenfassung der wesentlichen Gesichtspunkte	122
10.	Gerichtliche Behandlung von Streitigkeiten bei Zeugnissen	127
	1. Fall	127
	2. Fall	145
	3. Fall	147
	4. Fall	152
	5. Fall	157
	6. Fall	163
	7. Fall	166
	8. Fall	168
	9. Fall	171
Abkürzungsverzeichnis		175
Literaturverzeichnis		176

Einleitung

Das vorliegende Buch gliedert sich in einen **theoretischen Teil,** in dem die allgemeinen Gesichtspunkte für die Gliederung und Ausstellung eines Arbeitszeugnisses dargestellt werden, und einen **praktischen Teil,** der einmal die Vorgehensweise bei der Analyse von Zeugnissen bei Bewerbungen, Neueinstellungen behandelt, zum anderen auch praktische Formulierungshilfen und diverse Checklisten für die Zeugnisausstellung ausscheidender Mitarbeiter bietet. Darüber hinaus wird die Rechtsprechung an konkreten Fällen ausgiebig behandelt.

Für viele von uns haben Arbeitszeugnisse im Laufe des Berufslebens eine erhebliche Bedeutung. Sei es, daß wir als Arbeitnehmer bei einem Firmenwechsel ein gutes Zeugnis benötigen oder als Arbeitgeber bzw. von ihm beauftragt für die Mitarbeiter ein angemessenes Zeugnis abzufassen haben.

Wir alle stehen dann vor folgenden Fragen:
- Wie sieht ein gutes bzw. weniger gutes Zeugnis aus?
- Welche Formulierungen müssen, sollen oder können gewählt werden?
- Gibt es so etwas wie eine Verschlüsselung, eine Geheimsprache?
- Welche wesentlichen Merkmale gehören in ein Zeugnis?
- Welche Rolle spielen die Arbeitsgerichte bei Zeugnisreklamationen?
- Welche Haftungsansprüche Dritter ergeben sich evtl. aus bestimmten Zeugnisformulierungen?
- Woher weiß ich, daß alles Wesentliche im Zeugnis angesprochen ist?
- Was hat es mit den Begriffen Wahrheit und Wohlwollen bei der Abfassung von Zeugnissen auf sich?

Diese und viele andere Fragen stellen wir uns immer dann, wenn wir unmittelbar betroffen sind.

Arbeitszeugnisse sind und bleiben ein heikles Kapitel. Als Arbeitnehmer wünschen wir uns ein möglichst gutes Zeugnis. Als Arbeitgeber besteht die Verpflichtung, dem beruflichen Fortkommen seines Arbeitnehmers nicht im Wege zu stehen. Gleichzeitig riskiert er aber Schadensersatzforderungen, wenn er wesentliche negative Tatbestände im Zeugnis nicht nennt.

Es bleibt grundsätzlich festzustellen, daß objektive Aussagen über Mitarbeiter im Zeugnis nicht möglich sind, wenn man sich bestimmter Eigenschafts- und Verhaltensbegriffe bedienen muß. Nicht jeder Leser von Zeugnissen versteht das, was der Zeugnisschreiber mit bestimmten Worten ausdrückt. Vieles wird sinnentstellt geschrieben und verstanden, wobei fast jede Firma ihren eigenen Zeugnisstil entwickelt. Hinzu kommt, daß oft wahre Aussagen nicht gemacht werden dürfen. Manche aufgezwungene taktische Rücksichten sind zu nehmen.

Gerade in letzter Zeit mehren sich die Zeugnisberichtigungsklagen vor den Arbeitsgerichten. Und sehr oft ersetzen Richter geschriebene Zeugnisformulierungen oder nehmen Zeugnisergänzungen vor, so daß sich mancher Arbeitgeber fragt, ob es dann nicht sinnvoller ist, mit dem Kriterium des Wohlwollens nicht zu eng umzugehen und etwas großzügiger über die Wahrheit hinwegzusehen, selbst auf die Gefahr, daß es einmal zu Regreßansprüchen Dritter wegen unrichtiger Ausstellung eines Zeugnisses kommen sollte.

Die Bewertung in Arbeitszeugnissen ist im Grunde genommen eine einseitige Feststellung. Der Arbeitnehmer wird hinsichtlich seiner Leistung und seines Verhaltens vom Vorgesetzten beurteilt. Eine Beurteilung des Vorgesetzten durch den AN findet aber nicht statt. Wegen dieser Einseitigkeit und der generellen Bedeutung von Arbeitszeugnissen im Rahmen der Karriere eines Arbeitnehmers ist dieser mehr oder weniger durch die betriebliche Situation zu konkreten Sozialbeziehungen, zu einer gewissen Anpassung, gezwungen. Arbeitszeugnisse haben einmal auch als Entscheidungshilfe zur Bewerberauswahl für den Arbeitgeber eine große Bedeutung.

Stellenbeschreibungen und Mitarbeiterbeurteilungen sind wichtige Hilfsmittel für das Erstellen von Arbeitszeugnissen. Es gilt, zuverlässige und wichtige Informationen im Arbeitszeugnis aufzunehmen und es dadurch aussagefähig zu machen und der von der Rechtsprechung gebotenen Forderung nach Wahrheit und Wohlwollen zu entsprechen. Dies ist sicherlich leicht bei guten Leistungen.

Eine sachgerechte Formulierung läßt erkennen, in welchem Umfang der Bewerber fachlich geeignet ist, welche beruflichen Stationen er durchgemacht hat, wie er sich weiterentwickelte und ob schließlich die geforderte fachliche Qualifikation gegeben ist. Das Arbeitszeugnis gewinnt noch mehr an Aussagekraft, wenn zusätzliche Beurteilungen, Besuch und erfolgreiche Teilnahme an Fortbildungsmaßnahmen und dergleichen enthalten sind.

Bei allem darf jedoch nicht übersehen werden, daß das Zeugnis zwar eine sehr wichtige, aber nicht die alleinige Unterlage darstellt, die über einen Bewerber die notwendigen Informationen liefert.

Die in diesem Buch dargestellten Probleme, praktischen Analysen und Arbeitshilfen sollen sowohl dem Arbeitnehmer als auch dem Zeugnisaussteller im Unternehmen bei Fragen der Zeugniserstellung und Interpretation von Nutzen sein.

Theoretische Grundlagen

1. WODURCH UNTERSCHEIDET SICH DIE ARBEITSBESCHEINIGUNG VOM ARBEITSZEUGNIS

Um es gleich vorweg zu sagen: Arbeitsbescheinigungen sind keine Zeugnisse, wenn sie auch einem **einfachen** Zeugnis sehr ähnlich sind. Arbeitsbescheinigungen werden oft gefordert, um bestimmte Vorteile oder Voraussetzungen zu begründen (z. B. Erwerb verbilligter Fahrkarten, als verbilligte Eintrittskarten zu bestimmten Veranstaltungen und Dienstleistungen, als Zugangsvoraussetzung für ein Studium usw.). Es besteht ein **Rechtsanspruch** auf Erteilung einer Arbeitsbescheinigung.

Arbeitnehmer, die der Arbeitslosenversicherung unterliegen, haben wegen des **Anspruchs auf Arbeitslosengeld** ein Interesse auf Erteilung einer Arbeitsbescheinigung, die Auskunft gibt über Art der Tätigkeit, Beginn, Ende und Grund für die Beendigung des Arbeitsverhältnisses, Arbeitsentgelt und sonstige Leistungen wie Abfindungen, Entschädigungen usw. gemäß § 133 AFG. Somit hat die Arbeitsbescheinigung folgenden Inhalt:

– Art der Tätigkeit des Arbeitnehmers,
– Beginn, Ende, Unterbrechung und Grund für die Beendigung des Beschäftigungsverhältnisses sowie
– das Arbeitsentgelt und die sonstigen Leistungen, die der Arbeitnehmer erhalten oder zu beanspruchen hat.

Will der Arbeitnehmer für die Zeit nach Beendigung des Beschäftigungsverhältnisses kein Arbeitslosengeld beantragen, so braucht der Arbeitgeber nur Beginn, Ende und Unterbrechungen des Beschäftigungsverhältnisses zu bescheinigen.

Wenn auch beim einfachen Zeugnis die Art und die Dauer des Arbeitsverhältnisses inhaltlich dargestellt werden, so werden diese Angaben bei der Arbeitsbescheinigung nicht so detailliert erfolgen, da z. B. für die Höhe des Arbeitslosengeldes die Erwähnung der Qualifikation, der Stellung des Arbeitslosen im einzelnen nicht erforderlich ist. In diesem Fall bleibt die Arbeitsbescheinigung beim Arbeitsamt und hat mit einem Zeugnis nichts zu tun. Allerdings müssen die Angaben in der Arbeitsbescheinigung mit den Angaben im Zeugnis übereinstimmen. Der Arbeitnehmer hat seinem Arbeitgeber gegenüber einen privatrechtlichen Anspruch aus dem Arbeitsverhältnis, daß die Arbeitsbescheinigung wahrheitsgemäß ausgestellt wird. Dies ergibt sich aus der Fürsorgepflicht des Arbeitgebers.

Weiterhin ergibt sich aus § 119 AFG, daß der Lösungsgrund angegeben werden muß. Das Arbeitslosengeld ist nämlich für 8 Wochen zu sperren (der neu eingefügte § 119 a AFG sieht für den Zeitraum vom 1. 1. 1985 bis 31. 12. 1989 eine Sperrzeit von 12 Wochen vor), wenn der Arbeitslose das Arbeitsverhältnis gelöst hat bzw. durch sein Verhalten den Arbeitgeber zur Kündigung veranlaßt hat und dadurch die Arbeitslosigkeit vorsätzlich und fahrlässig herbeigeführt hat.

Die dem Arbeitsamt unter Verwendung des vorgesehenen Vordrucks gegenüber zu erstattende Arbeitsbescheinigung ist nach der **tatsächlichen Beendigung** des Arbeitsverhältnisses auszustellen.

1.1 Wann entsteht der Zeugnisanspruch?

Der Zeugnisanspruch entsteht **bei** der Beendigung des Arbeitsverhältnisses (§ 630 BGB). Nach allgemeiner Rechtsauffassung bedeutet das, daß der Zeugnisanspruch bereits ab Kündigung oder im Falle des § 620 BGB angemessene Zeit vor dem Ende – da für die Stellensuche wesentlich – gegeben ist. § 620 BGB bestimmt in Absatz I, daß das Dienstverhältnis mit dem Ablauf der Zeit endet, für die es eingegangen ist. Somit ist also der Zeugnisanspruch für das befristete Arbeitsverhältnis „kurz vor dem Ende" gegeben. In diesem Zusammenhang sind u. a. noch die §§ 73 HGB und 113 Gewo und für das Berufsausbildungsverhältnis § 8 BBiG zu nennen (hiernach muß der Ausbildende ein Zeugnis ausstellen, auch wenn dies der Auszubildende nicht verlangt).

Der Arbeitnehmer hat ein starkes Interesse daran, schon vor der rechtlichen Beendigung des Arbeitsverhältnisses das Zeugnis in Händen zu haben, um eine neue Stelle zu suchen, wofür ihm sogar laut § 629 BGB ausreichend Freizeit vom Zeitpunkt der Kündigung an zu gewähren ist. Damit ist nicht gesagt, daß das Zeugnis sofort auszustellen ist. Dem Arbeitgeber muß eine angemessene Zeit zur Formulierung verbleiben, wobei angemessen mindestens ein Tag bedeutet.

In der Praxis wird jedoch bei ordentlichen Kündigungen im unbefristeten Arbeitsverhältnis teilweise hiervon abgewichen (bei der fristlosen Kündigung entsteht der Zeugnisanspruch sofort). Im Fall der ordentlichen Kündigung erhält der Arbeitnehmer erfahrungsgemäß sein Zeugnis entweder am letzten Tag des Arbeitsverhältnisses (rechtliches Ende) oder sogar ein paar Tage später. Oft hat dann schon der Arbeitnehmer bei einem neuen Arbeitgeber sein Beschäftigungsverhältnis begonnen. Diese Handhabung ist unter bestimmten Voraussetzungen auch nicht so problematisch, wenn nämlich der Arbeitnehmer bereits bei seinen Bewerbungen darauf hinweist, daß er mit einer Referenzeinholung beim bisherigen Arbeitgeber einverstanden ist und das Arbeitszeugnis nachreichen wird. In aller Regel genügt es dann dem neuen Arbeitgeber, wenn er vom Arbeitnehmer über Art, Umfang und evtl. Leistungs- und Verhaltensbewertung vorab unterrichtet wird. Sollten sich später Diskrepanzen zwischen den Vorab-Informationen und dem Abgangszeugnis ergeben, so bleibt immer noch die Probezeit, um sich endgültig füreinander zu entscheiden. Diese Handhabung setzt grundsätzlich voraus, daß es sich nicht um das erste Arbeitsverhältnis beim alten Arbeitgeber handelte und das Arbeitsverhältnis nicht mehrere Jahre gedauert hat; denn wenn weiter keine Arbeitszeugnisse dem Arbeitgeber vorgelegt werden können, wird der neue Arbeitgeber diesen – trotz Referenzeinholung beim bisherigen Arbeitgeber – kaum ohne ein Arbeitszeugnis einstellen. Das gilt insbesondere auch dann, wenn der Arbeitnehmer zuvor mehrere kurze Arbeitsverhältnisse einging und beim letzten Arbeitgeber erstmals mehrere Jahre verbrachte. In einem solchen Fall ist das letzte Arbeitszeugnis von besonderer Bedeutung.

Oft behilft man sich in der Praxis dadurch, daß vor der rechtlichen Beendigung eines Arbeitsverhältnisses ein **Zwischenzeugnis** ausgestellt wird. Sollten sich aber im Zeitraum zwischen der Ausgabe des Zwischenzeugnisses und der rechtlichen Beendigung des Arbeitsverhältnisses bedeutende Abweichungen in der Leistungs- und/oder Verhaltensbewertung des Arbeitnehmers ergeben, so muß allein schon aus Haftungsgründen dem neuen Arbeitgeber gegenüber das Zwischenzeugnis zurückgefordert werden.

Die Zeugnisschuld ist eine Holschuld, d. h. der Arbeitgeber muß das Zeugnis abholbereit halten. Falls der Arbeitnehmer dies während der Bürostunden beim Arbeitgeber vergeblich versucht, kann der Arbeitnehmer verlangen, daß der Arbeitgeber ihm das Zeugnis überbringt bzw. an ihn übersendet. Das gilt ebenso, wenn es für den Arbeitnehmer unzumutbar wäre, das Zeugnis abzuholen. Der Arbeitgeber braucht das Zeugnis bei Beendigung des Arbeitsverhältnisses nur dann nicht abholbereit zu halten, wenn das Arbeitsverhältnis fristlos beendet wurde. Allgemein kann davon ausgegangen werden, daß der Arbeitgeber auch bei einer fristlosen Kündigung das Zeugnis innerhalb von einem Tag, nachdem die fristlose Kündigung bekannt geworden ist, ausstellt und zur Abholung bereithält.

In der Praxis wird allerdings meistens von der Holschuld abgewichen und dem Arbeitnehmer das Zeugnis zugeschickt.

1.2 Wer hat Anspruch auf ein Zeugnis?

Der Anspruch des Arbeitnehmers auf ein Zeugnis ergibt sich aus den allgemeinen Fürsorgepflichten des Arbeitgebers. Zu den zeugnisberechtigten Personen gehören alle dienstverpflichteten Arbeitnehmer, Arbeiter und Angestellte, Bergleute, Auszubildende, Volontäre und Praktikanten. Zu den anspruchsberechtigten Angestellten zählen auch die leitenden Angestellten, sofern sie nicht Organmitglieder sind. Die letzte Gruppe gehört nicht zur Kategorie der Arbeitnehmer. Sie übt Funktionen eines Arbeitgebers aus. Gewiß sind auch bei dieser Gruppe Elemente der abhängigen Arbeit vorhanden, so daß es dahingestellt bleiben kann, ob z. B. der Gesellschafter einer GmbH, der mehr als 50% der Geschäftsanteile hält, einen Zeugnisanspruch geltend machen kann.

Bei den Organmitgliedern muß allerdings unterschieden werden, ob sie zugleich auch Gesellschafter sind, die zwar Arbeitgeber-Funktion haben, aber nicht völlig unabhängig sind, und solchen, die die Gesellschaft unabhängig nach außen vertreten. Die erste Gruppe der Organmitglieder hat Anspruch auf ein Arbeitszeugnis.

Für die arbeitnehmerähnlichen Personen wie Heimarbeiter und Handelsvertreter gilt folgendes:

Da die wirtschaftliche Abhängigkeit der Heimarbeiter vom Betriebsinhaber gegeben ist, gilt § 630 BGB, d. h. sie haben einen Zeugnisanspruch, auch wenn für die Begründung der Arbeitnehmereigenschaft die Eingliederung in den Betrieb nicht gegeben ist.

Handelsvertreter haben dann einen Zeugnisanspruch, wenn sie wirtschaftlich abhängig sind und somit zu den arbeitnehmerähnlichen Personen gezählt werden können. Das gleiche gilt für die wirtschaftlich und voll gesicherten Berufstätigen, wenn sie für die Suche nach einem neuen Arbeitsverhältnis ein Zeugnis benötigen. Eine Ausnahme bildet der selbständige Handelsvertreter, der kein Arbeitnehmer ist und keinen Zeugnisanspruch besitzt.

Zu erwähnen ist noch die Gruppe der Leiharbeiter. Sie sind in die betriebliche Ordnung des Entleiherbetriebes eingegliedert, sind arbeitnehmerähnlich und haben einen Zeugnisanspruch. Mithelfende Familienangehörige, Anlernlinge, Volontäre, Praktikanten, Trainees sowie Personen, die in einem Fortbildungs- oder Umschulungsverhältnis stehen, haben ebenfalls Anspruch auf ein Zeugnis.

1.3 Wann liegt die Anspruchsvoraussetzung auf ein Zeugnis vor?

Der Zeugnisanspruch ist einmal bei einem „dauernden Dienstverhältnis", § 630 BGB, als auch bei kurzen Beschäftigungszeiten gegeben. So hat z. B. das LAG Düsseldorf eine nur zweitägige Tätigkeit als hinreichend für die Erteilung eines qualifizierten Zeugnisses anerkannt (LAG-Urteil Düsseldorf vom 15. 5. 1963, BB 1963 S. 1216).

Auch bei Beendigung des Probearbeitsverhältnisses, gleich, ob es sich um ein befristetes oder unbefristetes Probearbeitsverhältnis handelt, ist ein Zeugnisanspruch gegeben. Das gleiche gilt auch bei nichtigen Arbeitsverträgen (z. B. Arbeitsvertrag mit einem Minderjährigen ohne Zustimmung der Eltern bzw. des Vormundes, sittenwidrige Arbeitsverträge), wenn das Arbeitsverhältnis schon begonnen hat.

Der Anspruch auf Zeugniserteilung kann durch Klage beim Arbeitsgericht erzwungen werden. Außer den allgemeinen Gesetzesvorschriften auf Zeugniserteilung, die nachstehend aufgeführt werden, ist der Anspruch auf Zeugniserteilung auch in vielen Tarifverträgen verankert.

1.4 Welche gesetzlichen Grundlagen auf Zeugniserteilung gibt es?

Die gesetzlichen Regelungen sind:
- für kaufmännische und sonstige Angestellte in § 630 BGB und § 73 HGB.
  § 630 BGB: Bei der Beendigung eines dauernden Dienstverhältnisses kann der Verpflichtete von dem anderen Teil ein schriftliches Zeugnis über das Dienstverhältnis und dessen Dauer fordern. Das Zeugnis ist auf Verlangen auf die Leistungen und die Führung im Dienste zu erstrecken.
  § 73 HGB: Bei der Beendigung des Dienstverhältnisses kann der Handlungsgehilfe ein schriftliches Zeugnis über die Art und Dauer der Beschäftigung fordern. Das Zeugnis ist auf Verlangen dem Handlungsgehilfen auch auf die Führung und Leistungen auszudehnen.
- Für gewerbliche Arbeitnehmer kommen die §§ 630 und 113 GewO zum Zuge.
  § 113 GewO: Beim Abgang können die Arbeiter ein Zeugnis über die Art und Dauer der Beschäftigung fordern. Das Zeugnis ist auf Verlangen der Arbeiter auch auf ihre Führung und ihre Leistungen auszudehnen. Dem Arbeitgeber ist untersagt, die Zeugnisse mit Merkmalen zu versehen, welche den Zweck haben, den Arbeiter in einer aus dem Wortlaut des Zeugnisses nicht ersichtlichen Weise zu kennzeichnen. Ist der Arbeiter minderjährig, so kann das Zeugnis von dem gesetzlichen Vertreter gefordert werden. Dieser kann verlangen, daß das Zeugnis an ihn, nicht an den Minderjährigen ausgehändigt werde. Mit der Genehmigung der Gemeindebehörde des im § 108 bezeichneten Ortes kann auch gegen den Willen des gesetzlichen Vertreters die Aushändigung unmittelbar an den Arbeiter erfolgen.
- Für Auszubildende gilt
  § 8 BBiG:
  Der Ausbildende hat dem Auszubildenden bei Beendigung des Berufsausbildungsverhältnisses ein Zeugnis auszustellen. Hat der Ausbildende die Berufsausbildung nicht selbst durchgeführt, so soll auch der Ausbilder das Zeugnis unterschreiben. Das Zeugnis muß Angaben enthalten über Art, Dauer und Ziel der Berufsausbildung sowie über die erworbenen Fertigkeiten und Kenntnisse des Auszubildenden. Auf Verlangen des Auszubildenden sind auch Angaben über Führung, Leistung und besondere fachliche Fähigkeiten aufzunehmen. Weitere gesetzliche Grundlagen sind die §§ 80 HGB, 127 c GewO, 23 HandwO.

1.5 Welche Arten von Zeugnissen gibt es?

Hierbei ist zwischen dem einfachen und dem qualifizierten Zeugnis zu unterscheiden. Darüber hinaus ist noch das Zwischenzeugnis zu erwähnen.

1.5.1 Einfaches Zeugnis

Nach § 630 ist bei Beendigung eines dauernden Dienstverhältnisses ein einfaches Zeugnis auszustellen und nur auf Verlangen eines Arbeitnehmers ein qualifiziertes. In der betrieblichen Praxis wird der umgekehrte Weg beschritten. Wenn jemand die Probezeit erfolgreich absolviert hat, also im allgemeinen länger als 6 Monate dem Betrieb angehört, wird davon ausgegangen, daß dieser Arbeitnehmer ein qualifiziertes Zeugnis wünscht.

Das einfache Zeugnis gibt Auskunft über Art und Dauer der Beschäftigung des betreffenden Arbeitnehmers, ohne seine Führung oder Leistung in irgendeiner Weise hervorzuheben, wobei die Beschäftigung so angegeben werden muß, daß sich Dritte ein klares Bild von der bisherigen Tätigkeit des Arbeitnehmers machen können. Je qualifizierter die Tätigkeiten waren, um so ausführlicher sind sie im Zeugnis zu beschreiben.

Das einfache Zeugnis beinhaltet somit:

– Vorname, Familienname, bei verheirateten bzw. geschiedenen Frauen auch der Mädchenname,
– Geburtsdatum und Geburtsort, um Verwechslungen zu vermeiden,
– akademische und öffentlich-rechtliche Titel (keine vom Betrieb verliehenen Titel wie Oberingenieur, Prokurist, Direktor; diese Bezeichnungen **können** aber mit aufgenommen werden),
– Art und Dauer des Beschäftigungsverhältnisses,
– Ausscheiden,
– Firma, Unterschrift, Datum.

Für die im **öffentlichen Dienst** beschäftigten Arbeitnehmer gelten einige Besonderheiten:

So heißt es z. B. in § 92 BGB: „Dem Beamten wird nach Beendigung des Beamtenverhältnisses auf Antrag von seinem letzten Dienstvorgesetzten ein Dienstzeugnis über Art und Dauer der von ihm bekleideten Ämter erteilt. Das Dienstzeugnis muß auf Verlangen des Beamten auch über die von ihm ausgeübte Tätigkeit und seine Leistungen Auskunft geben."

Die Besonderheit besteht darin, daß ein einfaches Zeugnis nur auf **Antrag** erteilt wird. Die **Führung** wird in dieser Bestimmung nicht erwähnt, sie ist sinngemäß in der Leistung enthalten. Hier wird neben der Leistung die Führung besonders hervorgehoben (s. qualifiziertes Zeugnis).

Der Arbeitgeber braucht also nicht von sich aus tätig zu werden. Der Bedienstete muß dem Arbeitgeber erkennbar zu verstehen geben, daß er ein Zeugnis – ganz gleich, ob es sich um ein einfaches, qualifiziertes oder vorläufiges Zwischenzeugnis handelt – wünscht. Das gilt auch für die Angestellten, Arbeiter und Auszubildende im öffentlichen Dienst, sofern es sich um ein Zwischenzeugnis handelt. Das Endzeugnis ist bei diesen Beschäftigten ohne entsprechende Anforderung auszustellen.

Beim einfachen Zeugnis ist die Dauer des Beschäftigungsverhältnisses anzugeben. Gemeint ist hier nicht die tatsächliche Dauer, sondern die Dauer des **rechtlichen Bestandes** des Beschäftigungsverhältnisses. Der Beginn ergibt sich somit aus der Erkennungsurkunde bzw. aus dem Arbeits- oder Ausbildungsvertrag und muß nicht identisch sein mit dem Tag der Arbeitsaufnahme.

Beim Beamten ist die **Art der bekleideten Ämter** anzugeben. Der Begriff „Amt" ist im Beamtengesetz nicht geregelt, wohl aber in einer Reihe von Vorschriften mit unterschiedlicher Bedeutung und Zielsetzung enthalten.

Grundsätzlich läßt sich das Amt im statusrechtlichen Sinne (wie es z. B. in der Besoldungsanordnung festgelegt ist) und im funktionellen Sinne unterscheiden. Im letzteren Fall handelt es sich um die Eingliederung des Beamten in die Behördenhierarchie (z. B. Amt eines Inspektors). Auch könnte man bei einem Amt an einen konkreten Aufgabenbereich (Dienstposten) denken.

Beim einfachen Zeugnis wird man vom Inhalt des Amtes her von dem Dienstposten ausgehen, der dem Beamten übertragen wurde (z. B. Lohnsteuersachbearbeiter). Die vom Beamten ausgeübten Tätigkeiten finden ihre Berücksichtigung erst im qualifizierten Zeugnis.

1.5.2 Qualifiziertes Zeugnis

Auf Wunsch des Arbeitnehmers ist diesem ein qualifiziertes Zeugnis zu erstellen, in dem sich der Arbeitgeber auch über die Führung und Leistung des Arbeitnehmers äußern muß. Der Arbeitnehmer kann hierbei nicht verlangen, daß nur sein Verhalten bzw. nur seine Leistungen bewertet werden. Ohne die Bitte des Arbeitnehmers, ihm ein qualifiziertes Zeugnis auszustellen, darf sich der Zeugnisinhalt nicht auf Führung und Leistung erstrecken.

In der betrieblichen Praxis dürften qualifizierte Zeugnisse überwiegen. Gerade bei qualifizierten Positionen sind ausführliche Tätigkeitsbeschreibungen gefordert. Ein Verzicht auf die Beurteilung von Leistung und Führung eines Bewerbers ist in diesem Zusammenhang ziemlich ungewöhnlich.

Mit der Beurteilung von Führung/Verhalten und Leistung beginnt auch gleichzeitig die Problematik. Es fließen subjektive Einschätzungen des Beurteilenden hinein. Diese stimmen oft nicht mit den Selbsteinschätzungen des betroffenen Arbeitnehmers überein. Treten starke Meinungsverschiedenheiten dabei auf, so gibt es – abgesehen vom Klageweg – nur die Möglichkeit einer Kompromißbildung. Das Zeugnis wird dann sehr wohlwollend formuliert und entspricht damit auch gleichzeitig dem Ansinnen der Arbeitsgerichte, wonach ein Zeugnis das weitere Fortkommen des Arbeitnehmers nicht gefährden soll. Allerdings hat das Wohlwollen in der Formulierung dort ein Ende, wo das Interesse künftiger Arbeitgeber berührt wird, d. h. wo sich auf die Richtigkeit und Zuverlässigkeit eines solchen Zeugnisses verlassen wird (siehe später: Haftung beim Zeugnis).

Das qualifizierte Zeugnis enthält somit:

- Angaben über Personalien, Eintritts- und Austrittsdatum,
- Angaben über verschiedene Arbeitsplätze und Erweiterung des Aufgabengebiets im Betrieb (Laufbahn, persönliche Entwicklung),
- Beschreibung des letzten Aufgabengebiets,
- Darstellung evtl. Sonderaufgaben,
- Kenntnisse und Erfahrungen des Mitarbeiters auf den ihm zugewiesenen Arbeitsplätzen,
- Leistungsbeurteilung (insbesondere Stärken, Fähigkeiten, Erfolge),
- Beurteilung der Fortbildungsinitiative,
- Beurteilung der Vertrauenswürdigkeit und der Loyalität, des Sozialverhaltens gegenüber Vorgesetzten, Kollegen, Mitarbeitern, Kunden,
- Beurteilung der Führungsfähigkeit,
- Angabe über Auflösung des Arbeitsverhältnisses, abschließende Dankes- und Glückwunschformeln (Bedauern über Ausscheiden, Hinweis auf Wiedereinstellungsabsicht).

1.5.3 Zwischenzeugnis

Zwischenzeugnisse sind vorläufige Zeugnisse, die bei einem noch bestehenden Arbeitsvertrag ausgestellt werden. Sie enthalten daher Angaben über ein noch bestehendes Arbeitsverhältnis (in Gegensatz hierzu steht das Schlußzeugnis, welches Angaben über ein beendetes Arbeitsverhältnis macht).

Obgleich für Beamte, Arbeiter und vom § 630 BGB erfaßte Arbeitnehmer und Auszubildende keine Ausstellung eines vorläufigen Zeugnisses vorgesehen ist, muß im Sinne der Fürsorgepflicht des Arbeitgebers davon ausgegangen werden, daß auch diesem Personenkreis das gleiche Recht eingeräumt werden muß wie den anderen Arbeitnehmern.

Sofern es sich um ein unbefristetes Arbeitsverhältnis handelt, besteht grundsätzlich kein Rechtsanspruch auf Erteilung eines Zwischenzeugnisses. Der Anspruch ist jedoch gegeben, wenn der Arbeitnehmer gekündigt hat. Ohne eine Kündigung hängt es weitgehend von der Bereitwilligkeit des Arbeitgebers ab, ein solches auszustellen, es sei denn, ein **berechtigtes Interesse** des Arbeitnehmers liegt vor. Ein solches kann in der Regel in folgenden Fällen unterstellt werden:

- Dort, wo das Zwischenzeugnis als Voraussetzung für die Zulassung einer Bildungsmaßnahme gefordert wird (z. B. für die Aufnahme eines Studiums, für den Besuch einer Fortbildungsveranstaltung).
- Bei Versetzung innerhalb des Unternehmens (Mitarbeiter wechselt für das Unternehmen, z. B. Inland–Ausland, Abteilungen, Chefs usw; oder aber der Mitarbeiter wird in den Betriebsrat gewählt, und der bisherige Vorgesetzte muß den Mitarbeiter beurteilen). Hier hat der Arbeitnehmer oft ein berechtigtes Interesse, die gute Zu-

sammenarbeit mit seinem bisherigen Vorgesetzten und Kollegen bescheinigt zu bekommen. Ein solcher Anspruch ist insbesondere dann zu bejahen, wenn im Betrieb periodische Mitarbeiterbeurteilungen nicht üblich sind. Werden allerdings regelmäßig Mitarbeiterbeurteilungen durchgeführt, die als Bestandteil der Personalakte Auskunft über Leistung und Verhalten der Mitarbeiter geben (und das von den verschiedenen Vorgesetzten), so kann ein berechtigtes Interesse des Arbeitnehmers an einem formellen Zwischenzeugnis zweifelhaft sein. Die Angestellten des öffentlichen Dienstes können gemäß § 61 Abs. 2 BAT aus „triftigen Gründen" während ihres Arbeitsverhältnisses – also nicht nur im Zusammenhang mit der Beendigung – ein Zeugnis verlangen.

- Bei innerbetrieblichen Veränderungen (z. B. Rationalisierung, Umstrukturierung, Fortfall von Arbeitsplatzfunktionen oder sogar Änderung des Gefüges der Unternehmung, z. B. Umwandlung einer Personen- in eine Kapitalgesellschaft, Fusionen. Hier dürfen insbesondere Führungskräfte ein berechtigtes Interesse haben. Hierzu gehören auch die Fälle, in denen Mitarbeiter höhere Aufgaben, Positionen übernehmen sollen. Es ist aber auch denkbar, daß Entlassungen drohen und dem Mitarbeiter die Chance gegeben werden soll, sich woanders zu bewerben.

- Schließlich kann auch die Übernahme eines politischen Mandats das berechtigte Interesse schützen.

Über die hier genannten Fälle des berechtigten Interesses hinaus verlangen Arbeitnehmer gelegentlich Zwischenzeugnisse, wenn sie sich beruflich verändern wollen oder auch nur einmal ihren „Marktwert" testen möchten oder möglicherweise dem Arbeitgeber zu signalisieren wünschen, daß ein Firmenwechsel angestrebt wird, falls bestimmte Bedingungen nicht erfüllt werden. Diese Vorgehensweise ist für den Arbeitnehmer nicht unbedenklich, da genau das Gegenteil von dem eintreten kann, was sich der Arbeitnehmer erhoffte. Zudem braucht ein Arbeitgeber in diesem Fall nicht zu reagieren. Zu guter Letzt wird auch ein Arbeitgeber gerne ein Zwischenzeugnis ausstellen, wenn er am baldigen Ausscheiden seines Mitarbeiters interessiert ist.

In den hier erwähnten Fällen stellt der Arbeitgeber ein Zwischenzeugnis aus (bei Beendigung des Arbeitsverhältnisses, also noch vor dem rechtlichen Ende). Er kann damit verhindern, gegenüber künftigen Arbeitgebern schadensersatzpflichtig zu werden, wenn sich nach Zeugniserstellung die Leistung oder das Verhalten des Arbeitnehmers wesentlich verschlechtert hat oder sogar strafbare Handlungen eingetreten sind.

Verwehrt der Arbeitgeber dem Arbeitnehmer in den **berechtigten** Fällen das Zwischenzeugnis, so kann der Arbeitnehmer den Arbeitgeber beim zuständigen Arbeitsgericht verklagen und – falls dieses Zeugnis für den Abschluß eines neuen Arbeitsvertrages von Bedeutung ist – durch eine einstweilige Verfügung den sich weigernden Arbeitgeber zur Ausstellung zwingen.

Erhält der Arbeitnehmer trotz berechtigten Anspruchs kein Zwischenzeugnis oder ein nicht wahrheitsgemäßes und scheitert deshalb der Abschluß eines neuen Arbeitsvertrages, so macht sich der alte Arbeitgeber schadensersatzpflichtig. Hierbei besteht der Schaden aus dem Differenzbetrag zwischen dem entgangenen Verdienst und der Vergütung, die der Arbeitnehmer tatsächlich erhält. Dieser Differenzbetrag ist von dem sich weigernden Arbeitgeber monatlich so lange zu bezahlen, bis der Arbeitnehmer bei zumutbaren Bemühungen eine entsprechende Stelle gefunden hat. Erst, wenn der ursprünglich angebotene Betrag wieder erreicht wird (z. B. durch Gehaltserhöhungen), entfällt die Differenzzahlung durch den alten Arbeitgeber (ursächliche Schäden und Lohnschäden sind zu ersetzen).

Bei **befristeten Arbeitsverträgen** hat der Arbeitnehmer Anspruch auf Erteilung eines Zwischenzeugnisses in einer angemessenen Zeit vor Ablauf des Vertrages, wobei als angemessen eine Zeit von etwa 3 Monaten vor Beendigung des Arbeitsverhältnisses angesehen werden kann.

Der Anspruch auf ein Zwischenzeugnis läßt sich zwar nicht aus den gesetzlichen Vorschriften ableiten, ist aber zum Teil tariflich festgelegt. In jedem Fall ergibt sich aus der Fürsorgepflicht des Arbeitgebers, ein Zwischenzeugnis immer dann auszustellen, wenn ein berechtigter Grund für die Ausstellung gegeben ist.

Sobald das endgültige Zeugnis ausgestellt ist, braucht im allgemeinen das vorläufige Zeugnis nicht mehr zurückgegeben zu werden. Abweichend hiervon gilt für die Angestellten im öffentlichen Dienst, daß nach § 61 Abs. 1 Satz 2 BAT das vorläufige Zeugnis zurückgegeben werden muß.

Es sei noch darauf hingewiesen, daß ein Arbeitgeber im Endzeugnis von einer Beurteilung, die er in einem Zwischenzeugnis gegeben hat, nicht ohne triftigen Grund abweichen darf. Dies gilt insbesondere dann, wenn zwischen Ausstellung des Zwischenzeugnisses und der Ausstellung des Endzeugnisses nur einige Monate liegen.

Es erhebt sich nunmehr die Frage, wie lange ein Arbeitnehmer noch einen **Umtausch** bzw. eine **Berichtigung** eines bereits erteilten Zeugnisses geltend machen kann und wie lange überhaupt ein **Anspruch** auf die erwähnten Zeugnisarten besteht.

1.6 Wann erlischt der Zeugnisanspruch?

Der Zeugnisanspruch erlischt mit seiner Erfüllung. Hat der Arbeitnehmer ein einfaches Zeugnis erhalten, wünscht er jedoch ein qualifiziertes, so muß er seinen Wunsch umgehend geltend machen. Das gleiche gilt für den umgekehrten Fall, wo der Arbeitnehmer ein qualifiziertes Zeugnis erhalten hat, dieses jedoch in ein einfaches Zeugnis umwandeln möchte. Reagiert der Arbeitnehmer nicht sofort, so hat er das Zeugnis angenommen, d. h. der Zeugnisanspruch ist erfüllt.

Wünscht ein Arbeitnehmer eine Berichtigung eines ihm erteilten Zeugnisses, weil es unrichtig oder unvollständig ist, so muß er sich bald nach Aushändigung des Zeugnisses melden. Die Fristen sind – wie beim Umtausch eines Zeugnisses – relativ kurz. Die absolute Obergrenze liegt bei 5 Monaten. Als Faustregel gilt eine Frist bis zu 4 Wochen.

Auch der Arbeitgeber kann ein Interesse an einer Zeugnisberichtigung haben und ein Zeugnis widerrufen, wenn es tatsächlich Unrichtigkeiten schwerwiegender Art enthält. Dies ist dann der Fall, wenn ein im guten Glauben ausgestelltes Zeugnis zu positive Aussagen enthält und den neuen Arbeitgeber zur Fehleinschätzung des Bewerbers führen kann. Ergibt sich z. B. im nachhinein, daß sich die Führung eines Arbeitnehmers im Betrieb anders verhalten hat, als bei Zeugniserteilung angenommen wurde, so kann diese Korrektur von ausschlaggebender Bedeutung für den neuen Arbeitgeber sein (siehe Zeugnishaftung). In allen gravierenden Fällen muß der Arbeitgeber das Zeugnis widerrufen und es zurückverlangen. Dies kann der Arbeitgeber nach dem Grundgedanken von Treu und Glauben jedoch nur so lange tun, als das Zeugnis noch keinem neuen Arbeitgeber vorliegt, also nur bis zur nächsten Einstellung, da sich sonst unangenehme Folgen für den Arbeitnehmer ergeben könnten.

Bei Verlust eines Zeugnisses ergibt sich aus der Fürsorgepflicht des Arbeitgebers, daß dieser im Rahmen des Möglichen und Zumutbaren das Zeugnis neu ausstellt. Grundlage hierfür bildet die sich beim Arbeitgeber befindliche Durchschrift des verlorenen Zeugnisses.

Die Frist, innerhalb derer ein Zeugnisanspruch geltend gemacht werden kann, ist weitgehend in den Tarifverträgen festgelegt. Wo ein solcher Tarifvertrag nicht zur Anwendung kommt, gilt die Verjährungsfrist von 30 Jahren nach Beendigung des Arbeitsverhältnisses. Hierbei ist nicht die rechtliche, sondern die tatsächliche Beendigung gemeint. Dies könnte in den Fällen Bedeutung erlangen, in denen der Zeitpunkt der rechtlichen Beendigung eines Arbeitsverhältnisses infolge eines Kündigungsrechtsstreites über mehrere Jahre offen ist.

Bis zum Ablauf der Verjährungfrist kann der Arbeitnehmer das Zeugnis noch anfordern, wenn er bisher noch kein Zeugnis – aus welchen Gründen auch immer – erhalten hat. Das Problem ist nur, daß nach vielen Jahren ein Arbeitgeber kaum noch in der Lage ist, zuverlässige Angaben zu machen, wenn die entsprechenden Personalunterlagen nicht mehr greifbar sind.

Über die Aufbewahrungspflicht von Personalunterlagen gibt es keine Spezialvorschrift. Grundsätzlich wird von einer 10jährigen Aufbewahrungspflicht ausgegangen, wobei gesagt werden muß, daß im Rahmen der internen Anweisung des Bundesministers der Finanzen eine Frist von 7 bzw. nach einer Betriebsprüfung eine solche von 5 Jahren ausreichend ist. Dem Arbeitgeber ist dann nicht mehr zuzumuten, daß er sich an alle Einzelheiten erinnert, die insbesondere für ein qualifiziertes Zeugnis ausschlaggebend sind; denn nicht alle diesbezüglichen Informationen lassen sich aus den Personalunterlagen ermitteln. Der Zeugnisanspruch erlischt nämlich dann, wenn nach Verstreichen eines längeren Zeitraumes der Arbeitgeber davon ausgehen kann, daß der Arbeitnehmer an einer Erteilung eines Zeugnisses nicht mehr interessiert ist. Das kann natürlich nicht exakt bestimmt werden, sondern richtet sich nach dem Einzelfall. Dies bedeutet, daß die praktische Verjährung letztlich zwischen 3 und 5 Jahren liegt.

Bei einem evtl. Konkurs bleibt der Gemeinschuldner zur Ausstellung des Zeugnisses verpflichtet, bei jedem Übergang der neue Arbeitgeber. Der bisherige Arbeitgeber haftet aber in bestimmtem Umfange neben dem neuen Arbeitgeber.

Der Zeugnisanspruch ist zwingend, auf ihn kann grundsätzlich nicht verzichtet werden (auch nicht in Ausgleichsquittungen). Ein erklärender Verzicht ist nur rechtswirksam, wenn dieser Wille aus dem Wortlaut oder den Begleitumständen der Erklärung eindeutig hervorgeht.

1.7 Welche formalen Gesichtspunkte sind zu beachten?

Das Zeugnis ist schriftlich zu erteilen und vom Arbeitgeber bzw. seinem Vertreter, der im Rang höher stehen muß als derjenige, für den das Zeugnis bestimmt ist, zu unterschreiben (Faksimilestempel ist nicht ausreichend).

Die höhere Rangstellung ergibt sich bei den Beamten durch die Angabe der Amtsbezeichnung, die der Angestellten des öffentlichen Dienstes durch die Erwähnung der Vergütungsgruppe. Auch könnte die Funktionsbezeichnung (z. B. Personalamtsleiter) genügen. Der Firmenstempel ohne Beifügung einer Unterschrift genügt nicht. Bei siegelführenden Behörden muß neben der eigenhändigen Unterschrift auch das Dienstsiegel angebracht sein. Das Zeugnis muß die volle Anschrift des Arbeitgebers sowie Ort und Datum der Ausstellung enthalten.

Da das Zeugnis die ,,Visitenkarte" darstellt, sollte es auf einer haltbaren Papierart von guter Qualität geboten werden. Empfohlen wird die Blattgröße DIN A 4, mindestens jedoch DIN A 5. Eine Faltung des Zeugnisses ist grundsätzlich zu vermeiden, keinesfalls sollte eine Faltung unter DIN A 5 vorgenommen werden. Üblich ist die Abfassung in Maschinenschrift. Sollte das Zeugnis einmal handschriftlich erstellt werden, so muß mit Tinte oder auch Kugelschreiber geschrieben werden und nicht mit Bleistift. Das Zeugnis darf keine Radierungen, Verbesserungen oder Einschaltungen enthalten. Formale Fehler sind zu vermeiden. Falls Korrekturen notwendig werden, muß der Arbeitgeber das Zeugnis neu schreiben.

Die Person des Arbeitnehmers ist genau zu bezeichnen: Angabe des Vornamens, des Familiennamens (bei Frauen auch der Mädchenname), des Geburtstages, des Geburtsortes, damit es nicht zu Verwechslungen mit Gleichnamigen kommt. Akademische Titel sind aufzuführen, da sie Bestandteil des Namens sind. Dagegen brauchen verliehene Titel wie Prokurist, Direktor usw. nicht aufgeführt werden. Es bestehen aber auch keine Bedenken gegen die Bezeichnung mit Betriebstiteln.

Das Zeugnis sollte durch die Überschrift „Zeugnis" gekennzeichnet sein. Vorgeschrieben ist es jedoch nicht. Ein Zeugnis könnte auch in Briefform mit persönlicher Anrede abgefaßt sein, und es kann auf eine Überschrift ganz verzichtet werden.

Bei einem Zwischenzeugnis sollte die Überschrift entsprechend „Zwischenzeugnis" lauten. Die Formulierungen im Zeugnis müssen klar und verständlich sein. Der Arbeitnehmer hat keinen Anspruch auf eine bestimmte Formulierung. Dies steht im Ermessen des Arbeitgebers bzw. bei einem Rechtsstreit im Ermessen des Gerichts. Der Arbeitgeber entscheidet somit über die Hervorhebung von positiven und negativen Leistungen, wobei er nur darauf zu achten hat, daß das Zeugnis nichts Falsches enthält.

Es ist teilweise gesetzlich untersagt, das Zeugnis mit Merkmalen und Geheimzeichen zu versehen, die den Arbeitnehmer anders kennzeichnen sollen als aus dem Zeugnistext ersichtlich ist (§ 113 Abs. 3 GewO, § 84 Abs. 4 Pr. BergG). Bei Verstößen dagegen macht sich der Arbeitgeber bei gewerblichen Arbeitnehmern strafbar (§ 146 Abs. 1 Nr. 3 GewO), bei den übrigen Arbeitnehmern schadensersatzpflichtig.

Zu diesen unzulässigen Kennzeichnungen gehört z. B. auch der so oft zitierte „schwarze Punkt" am Rand, der auf die Zugehörigkeit des Arbeitnehmers zur Gewerkschaft (Jugendvertreter) hinweisen soll. Ein senkrechter Strich mit Kugelschreiber/Füllfederhalter, links stehend von der Unterschrift, der aussieht wie ein „Ausrutscher", oder ein sogenannter Doppelausrutscher (Doppelhäkchen) nach links sollen auf die Mitgliedschaft einer linksgerichteten verfassungsfeindlichen Organisation hinweisen.

Ebenfalls als unzulässig wird auch angesehen, wenn der Arbeitgeber Beurteilungen des Arbeitnehmers mit Ausrufungszeichen versieht. Die Beurteilungen werden hierdurch in Frage gestellt. In einem konkreten Fall stand in einem Zeugnis: „Führung und Leistung waren ausreichend!" Das Arbeitsgericht verurteilte den Arbeitgeber, das Ausrufungszeichen durch einen Punkt zu ersetzen, da das Ausrufungszeichen den Leser besonders auf das Wort „ausreichend" hinweist im Sinn einer Warnung.

In den formalen Bereich eines Zeugnisses fällt schließlich auch die Art und Weise der Formulierung. Hierbei werden oft unverständliche Fehler gemacht, Fehler, die zur Entstellung von gutgemeinten Zeugnissen beitragen (siehe Beispiele der Zeugnisanalyse). Folgende Tips können aber helfen, Zeugnisse in dieser Hinsicht zu verbessern:

– Vermeiden Sie Amtsdeutsch (verbale, einfache Ausdrucksweise anstelle von abstrakten Substantivierungen und Verschachtelungen von Sätzen). Statt zu sagen „... besitzt ein gewandtes Auftreten..." sollte es heißen: „... ist gewandt im Auftreten";
– bilden Sie kurze Sätze;
– reduzieren Sie Sätze mit "-ung" soweit es geht;
– wählen Sie Wörter, die den Sachverhalt genau treffen;
– gebrauchen Sie nicht immer das Wort „wir";
– streichen Sie Tautologien;

- Partizip Perfekt nur dort anwenden, wo es nötig ist (die ihm übertragenen Aufgaben, besser: „... ihre Aufgaben bestanden ...");
- vermeiden Sie Wortwiederholungen (zählen Sie einmal, wie oft jedes Wort in einem Zeugnis vorkommt!);
- seien Sie besonders vorsichtig bei Superlativen (z. B. falsche Schreibweise bei „vollster ..." oder auch „einzigste");
- achten Sie auf die richtige Anwendung der Gegenwarts- und Vergangenheitsform (keine störenden Sprünge im Text);
- gliedern Sie die einzelnen Abschnitte;
- heben Sie Einrückungen hervor, benutzen Sie Spiegelstriche bei den Tätigkeitsbeschreibungen, der Text wird übersichtlicher;
- achten Sie darauf, daß formale Fehler einschließlich Satzzeichenfehler nicht gemacht werden;
- versuchen Sie das Wort „Zufriedenheit" durch sinnvolle, sachliche Umschreibungen zu ersetzen;
- vermeiden Sie eigene Wortschöpfungen, die keiner versteht;
- denken Sie daran, daß hierarchische Einordnung und Aufgabenstellung zur Wortwahl passen müssen.

Denken Sie bei der Abfassung und Gliederung von Zeugnissen stets daran, daß diese die Visitenkarte des Unternehmens darstellen, daher: klare Gliederung, sprachlich-präzise Formulierung! Es ist unbegreiflich, wie viele Unternehmen nicht merken, wie sie sich selbst darstellen. Wer Zeugnisse zu bearbeiten hat, entscheidet über die berufliche Entwicklung des Mitarbeiters. Und das ist beileibe keine Sache, die so „nebenbei" gemacht werden kann oder „nach unten" delegiert werden darf. Schlimm ist es auch, wenn in der Personalakte nach ähnlichen Zeugnissen gesucht wird, um bestimmte Formulierungen blindlings zu übernehmen. Die Ausstellung von Zeugnissen gehört in die Hand von Fachleuten mit einem breitgefächerten Wortschatz. Sollten diese Fachleute angeblich einmal nicht vorhanden sein, so gibt es genügend Beispiele in der Fachliteratur, ganz abgesehen von den Schulungsmöglichkeiten. Auch helfen Kammern und Berufsverbände hier gerne weiter.

1.8 Was besagt der Zeugnisinhalt, die sogenannte „Geheimsprache"?

Für das Zeugnis gilt der Grundsatz der Wahrheit. Alle Angaben müssen der Wahrheit entsprechen. Dies ist nicht immer einfach. Deshalb müssen auch alle wesentlichen Tatsachen darin enthalten sein, die für die Gesamtbeurteilung des Arbeitnehmers von Bedeutung und für Dritte von Interesse sind. Egal, ob die Tatsachen für den Arbeitnehmer günstig oder ungünstig sind. Andererseits muß der Arbeitgeber den Arbeitnehmer wohlwollend beurteilen, um das berufliche Fortkommen des Arbeitnehmers nicht unnötig zu erschweren. Dennoch muß deutlich werden, daß die Wahrheit oberstes Gebot ist! In der Praxis überwiegen jedoch die mehr zum Wohlwollen hin tendierenden „Gefälligkeitszeugnisse", da man sich oft vor unliebsamen Auseinandersetzungen mit dem Betroffenen scheut. Liegt allerdings das Leistungssoll erheblich unter dem Durchschnitt, so kommt dies durch die Formulierung: „Er/sie hat sich bemüht, die geforderte Leistung zu erbringen" zum Ausdruck. Mit anderen Worten, der Wille war gegeben, jedoch kam leider nichts dabei heraus. Diese Formulierung wird allgemein als abwertend verstanden und weist auf unzulängliche Leistung hin. Wenn dies für das ganze Arbeitsverhältnis zutrifft, darf der Arbeitgeber die Formulierung „hat sich bemüht" verwenden, ansonsten nicht.

Hierzu folgendes BAG-Urteil:

„1. War ein Physiker sechs Jahre in der Forschungsabteilung eines großen Unternehmens tätig und enthält bei seinem Ausscheiden das ihm erteilte Zeugnis neben einer sehr ausführlichen Tätigkeitsbeschreibung über seine Leistung im wesentlichen nur die Wendung: ‚Er führte die ihm übertragenen Aufgaben mit großem Fleiß und Interesse durch', dann ist das die Erklärung, der Arbeitnehmer habe sich bemüht, aber im Ergebnis nichts geleistet. Für die Richtigkeit einer solchen nachteiligen Leistungsbeurteilung ist der Arbeitgeber beweispflichtig.

2. Dafür, daß eine unrichtige Leistungsbeurteilung den davon betroffenen Arbeitnehmer geschädigt hat, ist der Arbeitnehmer darlegungs- und beweispflichtig. Dabei können ihm die Darlegungs- und Beweiserleichterungen des § 252 Satz 2 BGB zugute kommen, wobei die Gerichte nach den Maßstäben des § 287 Abs. 1 ZPO schätzen und würdigen können." (BAG-Urteil vom 24. 3. 1977 – 3 AZR 232/76.)

Was den Inhalt im einzelnen angeht, sind die Tätigkeiten in chronologischer Darstellung im wesentlichen zu beschreiben. Auch durchgeführte Fortbildungsmaßnahmen sind im einzelnen zu erwähnen. Bei einem qualifizierten Zeugnis tritt eine ausführliche Leistungs- und Verhaltens/Führungs-Bewertung noch hinzu.

Der Grund für die Beendigung von Arbeitsverhältnissen muß nicht unbedingt ins Zeugnis übernommen werden. Beim einfachen Zeugnis fehlt der Grund oft, sei es durch Zufall oder Absicht. Liegt z. B. eine arbeitgeberseitige Kündigung vor, dann ist dieses Unterlassen ein gewisses Wohlwollen, da sonst das Zeugnis negativ belastet worden wäre. Hat aber der Arbeitnehmer von sich aus gekündigt, so sollte dies auf jeden Fall im Zeugnis ohne Angabe des Kündigungsgrundes vermerkt werden. Ist nämlich die eigene Kündigung aus dem Zeugnis nicht zu ersehen, wird allgemein angenommen, daß dem Arbeitnehmer gekündigt wurde.

Bei der Beurteilung der Leistungen sind alle Fähigkeiten und Fertigkeiten des Arbeitnehmers entsprechend zu würdigen. Oft geschieht das leider mehr oder weniger gefühlsmäßig mit abgedroschenen Begriffen, einfach aneinandergereiht. Sympathie, Antipathie und persönliche Leistungsmaßstäbe des Vorgesetzten fließen in die Leistungsbewertung ein. Verfügt aber ein Unternehmen z. B. über ein funktionierendes Beurteilungssystem, dann kann die Personalabteilung bei der Zeugnisformulierung auf die Angaben der Leistungen, Fachkenntnisse und Fähigkeiten zurückgreifen.

Außer der Mitarbeiterbeurteilung, die bei vielen Betrieben in bestimmten Zeitintervallen schriftlich durchgeführt werden, gibt es weitere Informationsquellen, die bei der Formulierung von Zeugnissen hilfreich sein können. Die wichtigsten Informationsquellen sind:

– Personalakte und -datei (u. a. Belobigungen, Verbesserungsvorschläge, Abmahnungen).
– Arbeitsplatz-, Stellen- und Aufgabenbeschreibungen (möglichst detailliert mit Verantwortungsbereichen). Sie bezeichnen und beschreiben ausführlich die einzelnen Tätigkeiten. Bei der Zeugnisabfassung können die wesentlichen Tätigkeiten übernommen werden.
– Diverse Statistiken, Anforderungsprofile, Förderdateien usw.
– Mitarbeiter-Beurteilungen, Mitarbeiter-Beobachtungsbögen.

Die wichtigsten Informationen für die Zeugnisabfassung bilden Stellenbeschreibungen und Mitarbeiter-Beurteilungen. Die Anforderungsprofile zeigen deutlich die Wunschvorstellung vom Arbeitsplatz her gesehen, den der Bewerber mit seinem individuellen Eignungsprofil, seinem „Ist", ausfüllen soll bzw. bisher eingenommen hat.

Die Beurteilung des Verhaltens und/oder der Führung ist weit schwieriger als die der Leistung. Für die Bewertung des Verhaltens gibt es keine anerkannten objektiven Maßstäbe. Es ist von allen anderen Menschen im Betrieb und im betrieblichen Umfeld abhängig. Ein Mitarbeiter verhält sich so, wie der Vorgesetzte ihn gerne sehen möchte. Das gleiche gilt für die Kollegen und Untergebenen.

Zu den Verhaltensweisen, die im qualifizierten Zeugnis zu beurteilen sind, gehören
– Arbeitsbereitschaft (Initiative, Fleiß, Motivation),
– Zusammenarbeit (soziales Verhalten, Kontaktfähigkeit, Kritikfähigkeit, Hilfsbereitschaft, Teamfähigkeit),
– Führungsverhalten (nur bei Angestellten mit Vorgesetztenfunktion: Überzeugungskraft, Dispositionsfähigkeit).

Falls Verhaltensziele vorhanden sind, wird die Beurteilung von Verhalten erleichtert. Vereinbart z. B. ein Unternehmen die Formen der Zusammenarbeit, den Führungsstil, die Art der Kommunikation untereinander, so kann das Verhalten eines jeden Mitarbeiters leichter beobachtet werden, da Maßstäbe für Verhaltensweisen vorgegeben sind.

Auf soziales Verhalten wird ein besonders hoher Wert gelegt; es ist mindestens so bedeutsam wie das Fachwissen. Daher sollte es in einem Zeugnis auch besonders erwähnt und gewürdigt werden. Hierzu zählen:

– die Mitarbeit im Team, die Teamfähigkeit,
– die Förderung und Beeinflussung der Zusammenarbeit mit Kollegen, Vorgesetzten, Kunden usw.,
– das Einbringen konstruktiver, weiterführender Ideen und Lösungsvorschläge,
– die Kompromißfähigkeit zugunsten des Gruppenergebnisses sowie die Akzeptierung der Gruppenresultate.

Das Führungsverhalten sagt etwas darüber aus, wie man die Mitarbeiter führt (von autoritär bis kooperativ). Führungsaufgaben sind immer schwieriger geworden und werden es in Zukunft noch mehr. Es genügt nicht allein, wenn die Führungskraft ein guter Fachmann ist. Wichtiger ist es, gemeinsam mit den Mitarbeitern vorgegebene Ziele zu erreichen, die Mitarbeiter zu Leistungen zu motivieren (und das weitgehend nicht über Entgelt-Anreize). Ein Vorgesetzter, der das Führungsverhalten seiner Führungskraft zu beurteilen hat, sollte dabei folgende Überlegungen anstellen:

- Mit welchem personellen und sachlichen Aufwand erreichte die Führungskraft die vorgegebenen Ziele?
- Wie ist das Betriebsklima in der Abteilung dieser Führungskraft?
- Wie sieht es mit der Qualifikation der Mitarbeiter und des Stellvertreters dieser Führungskraft aus?
- Sind Fehlzeiten und Fluktuation in der Abteilung der Führungskraft hoch?
- Bringt die Führungskraft auch gute Nachwuchskräfte für das Unternehmen?
- Läßt der Führungsstil der Führungskraft eine sinnvolle Delegation von Verantwortungsbereichen und Routinetätigkeiten erkennen? Oder hat die Führungskraft stets wenig Zeit und muß alles selbst erledigen?

Bezüglich der Leistungs- und Verhaltensbewertung haben sich in der Praxis gewisse Formulierungen gebildet, die fälschlicherweise oft als „Geheimsprache" abgetan werden.

Gibt es so etwas wie eine Geheimsprache, einen Geheimcode? Laut § 113 (3) GewO ist es den Arbeitgebern untersagt, die Zeugnisse mit Merkmalen zu versehen, welche den Zweck haben, den Arbeitnehmer in einer aus dem Wortlaut des Zeugnisses nicht ersichtlichen Weise zu kennzeichnen.

Beachtet man unter diesem Aspekt die Formulierungen der **Leistungsbewertung** sowie die meisten Formulierungen in der **Verhaltensbeurteilung,** so gibt es im Grunde genommen keinen Geheimschlüssel (mehr), da er von den meisten Betrieben offen verwandt wird, und viele Arbeitnehmer auch die Bedeutung dieser Formulierungen kennen. Etwas anderes gilt für einige „Verschlüsselungen" im Verhaltensbereich sowie für die ganz selten anzutreffenden „Geheimzeichen". Im folgenden wird noch näher darauf eingegangen.

Die „Verschlüsselung" solcher Bewertungen hat ihre Ursachen darin, daß zum einen der Mitarbeiter ein Recht auf ein qualifiziertes Führungszeugnis hat, dieses Zeugnis ihn nicht behindern soll, zum anderen nicht die Unwahrheit gesagt werden darf. Das Zeugnis muß den tatsächlichen Gegebenheiten entsprechen. Dies ist für eine evtl. spätere Haftung des Arbeitgebers von großer Bedeutung. Verschweigt z. B. ein Arbeitgeber wesentliche negative Tatbestände, so kann der neue Arbeitgeber unter Umständen Schadensersatz vom bisherigen Arbeitgeber verlangen. Um aus dem Widerspruch — Wahrheit und Wohlwollen — herauszukommen, wurden bereits seit über 20 Jahren in der Literatur Hinweise gegeben, daß es sinnvoll sein könnte, bestimmte Formulierungen zu wählen, die einer Klassifizierung gleich kommen und eine Benotung „zwischen den Zeilen" erkennen lassen.

Der gewisse Gegensatz zwischen Wahrheit und Wohlwollen führt leider dann auch oft zu Formulierungen, die der Arbeitnehmer nicht anzuerkennen bereit ist. Die Streitigkeiten werden schließlich vor den Arbeitsgerichten ausgetragen (siehe Punkt 10). Das Grundübel liegt darin, daß es bis heute noch keine Rechtsvorschriften über bestimmte Aussagen in Zeugnissen gibt. Lediglich in Einzelfällen haben sich Rechtsauffassungen über bestimmte Formulierungen und Interpretationen gebildet.

Wird vom Arbeitgeber eine Formulierung im Zeugnis verwendet wie z. B.: „Er führte die ihm übertragenen Aufgaben mit großem Fleiß und Interesse durch", so wird vom Arbeitgeber verlangt, daß er die negative Aussage auch beweist. Die mangelhafte Leistung muß auf **Wahrheit** beruhen; sonst darf eine solche Formulierung im Arbeitszeugnis nicht verwendet werden. Ebenfalls nicht verwendet werden dürfen schlechte Zeugnisnoten wie in der Schule, etwa „mangelhaft" oder „ungenügend".

Die Fürsorgepflicht des Arbeitgebers führt oft dazu, daß negative Formulierungen im Zeugnis fast nie vorkommen. Die sogenannten „Verschlüsselungen" bei der Leistungs- und Verhaltensbewertung haben sich im Laufe der Jahre als „positive" Formulierungen herausgebildet, die für jeden Eingeweihten jedoch unmißverständlich sind und fälschlicherweise oft als „Geheimsprache der Personalleiter" bezeichnet werden.

Nachfolgende Übersicht zeigt einige Beispiele dieser sogenannten Geheimsprache.

1.8.1 „Kodierte" Leistungsbewertung

Gesamturteil	Formulierungen
1 (sehr gut)	Herr/Frau . . . hat unseren Erwartungen in jeder Hinsicht und in bester Weise entsprochen
	oder
	Herr/Frau . . . hat die ihm/ihr übertragenen Arbeiten stets zu unserer vollsten Zufriedenheit erledigt
	oder
	seine/ihre Leistungen haben in jeder Hinsicht unsere volle Anerkennung gefunden
	oder
	er/sie hat unseren Erwartungen in jeder Hinsicht und in allerbester Weise entsprochen
	oder

wir waren mit seinen/ihren Leistungen in jeder Hinsicht außerordentlich zufrieden

oder

seine/ihre Leistungen waren sehr gut

oder

wir waren mit seinen/ihren Leistungen stets sehr zufrieden.

2 (gut) Seine/Ihre Leistungen waren gut

oder

er/sie hat unseren Erwartungen in jeder Hinsicht und in bester Weise entsprochen

oder

er/sie hat die ihm/ihr übertragenen Aufgaben stets zu unserer vollen Zufriedenheit erledigt.

3 (befriedigend) ... jederzeit/stets zu unserer Zufriedenheit

oder

er/sie hat seine/ihre Aufgaben zur vollen Zufriedenheit erledigt

oder

wir waren mit seinen/ihren Leistungen jederzeit/stets zufrieden

oder

er/sie hat unseren Erwartungen in jeder Hinsicht entsprochen.

4 (ausreichend) Mit seinen/ihren Leistungen waren wir zufrieden

oder

er/sie hat die ihm/ihr übertragenen Arbeiten zu unserer Zufriedenheit erledigt

oder

er/sie hat unseren Erwartungen entsprochen

oder

die gezeigten Leistungen bewegten sich durchaus im Rahmen seiner/ihrer Fähigkeiten

oder

... hat zufriedenstellend gearbeitet.

5 (mangelhaft) ... hat sich stets bemüht

oder

er/sie hat sich bemüht (mit großem Fleiß), die ihm/ihr übertragenen Arbeiten zu unserer Zufriedenheit zu erledigen

oder

er/sie hat sich stets bemüht, den Anforderungen gerecht zu werden

oder

er/sie hat sich mit großem Eifer an diese Aufgabe herangemacht und war erfolgreich

oder

er/sie erledigte die ihm/ihr übertragenen Arbeiten mit Fleiß und war stets bestrebt, sie termingerecht zu beenden

oder

er ist ein zuverlässiger, gewissenhafter Mitarbeiter

oder

er/sie hat die ihm/ihr übertragenen Arbeiten im großen und ganzen zu unserer Zufriedenheit erledigt

oder

er/sie machte Vorschläge zur Bewältigung der Arbeit

oder

er/sie hatte Gelegenheit, dieses oder jenes kennenzulernen (in Ausbildungszeugnissen ist diese Formulierung in Ordnung, besser jedoch: lernte kennen/wurde vertraut mit ...)

oder

er/sie erreichte nicht unbedeutende Umsatzsteigerungen (also keine bedeutenden! Vorsicht bei positiven Aussagen mittels Verneinung von negativen Aussagen)

oder

	er war wegen seiner Pünktlichkeit jederzeit ein gutes Vorbild
	oder
Man kann ihm/ihr nichts vorwerfen, doch erwarten kann man auch nichts.	er/sie war immer mit Interesse bei der Sache
	oder
er/sie hat getan, was er/sie konnte, aber viel war es eben nicht.	er/sie hat sich im Rahmen seiner/ihrer Fähigkeiten eingesetzt
	oder
er/sie war faul und hat nichts geleistet	er/sie zeigte für die Arbeit Verständnis
	oder
er/sie war eifrig, aber nicht besonders tüchtig (Mangel an Leistungsbereitschaft).	er/sie erledigte alle Arbeiten mit großem Fleiß und Interesse.

Auf eine sehr verbreitete Unsitte muß in diesem Zusammenhang noch hingewiesen werden. Für die Betonung einer sehr guten Leistung wird auch häufig die Formulierung gebraucht: „Er/sie hat seine/ihre Aufgaben stets zur vollsten Zufriedenheit erledigt". Der Superlativ bei dem Wort „voll" ist zwar grammatikalisch falsch, in der Praxis jedoch verbreitet.

1.8.2 „Kodierte" Verhaltensbewertung

Formulierung	Bewertung
Er/Sie hatte ein ausgezeichnetes Verhältnis zu mir.	Sehr gutes Verhältnis zum Vorgesetzten.
Er/Sie hatte persönliches Format.	Hohe Wertschätzung des Mitarbeiters bei persönlich ausgezeichneter Beziehung zum Vorgesetzten.
Er/Sie besaß die Fähigkeit, Mitarbeiter zielgerecht zu motivieren.	Gute Personalführungsfähigkeit.

Er/sie hatte den Blick für das Wesentliche.	Gut ausgeprägte Zielstrebigkeit.
Er/Sie hatte alle Arbeiten ordnungsgemäß/pflichtbewußt erledigt.	Ein Bürokrat, der keine Initiative entwickelt.
Mit seinen Vorgesetzten ist er gut zurechtgekommen	Ein Mitläufer, der sich gut anpaßt (kein Durchsetzungsvermögen).
oder	
zu Vorgesetzten hatte er ein gutes Verhältnis und vermied Spannungen.	
Er war sehr tüchtig und wußte sich gut zu verkaufen.	Ein unangenehmer Mitarbeiter (Mangel an Kooperationsbereitschaft).
Durch seine Geselligkeit trug er zur Verbesserung des Betriebsklimas bei.	Er trinkt eine Menge im Dienst.
Für die Belange der Belegschaft bewies er/sie stets Einfühlungsvermögen.	Er/Sie flirtet mit jedem, sucht Sexkontakte.*)
Für die Belange der Belegschaft bewies sie ein umfassendes Einfühlungsvermögen.	Sie ist lesbisch.*)
Er hat ein umfassendes Einfühlungsvermögen.	Hinweis auf Homosexualität.*)

*) Die hier gemachten Formulierungen sollten unter allen Umständen vermieden werden, da die angebliche Bedeutung offenbar eine unzulässige Verschlüsselung darstellt, die höchstwahrscheinlich auch nur von den wenigsten Menschen so interpretiert wird.

Er erledigte die ihm zugewiesenen Arbeiten mit beachtlichem Fleiß und Interesse.	Keine ausreichende Initiative, trotz Bemühung wenig Erfolg.
Er trat stets für die Mitarbeiter ein, war freundlich und als Kollege sehr geschätzt.	Verfolgte eher menschliche als Unternehmensziele, Betriebsnudel.
Seine festen Auffassungen wußte er intensiv zu vertreten/verkaufen.	Wenig einsichtiger, unkollegialer und rechthaberischer Mitarbeiter.
Hervorzuheben ist seine Fähigkeit, die Aufgaben mit vollem/großem Erfolg zu delegieren.	Zeigte eine starke Tendenz sich zu drücken.

Im Kollegenkreis galt er als toleranter Mitarbeiter.	Probleme mit Vorgesetzten.
Wir lernten ihn als umgänglichen Kollegen kennen.	Mangel an Personalbetreuungs- und Personalführungsfähigkeiten. Die Mitarbeiter sehen ihn lieber gehen als kommen.
Er ist seinen Pflichten korrekt und pünktlich nachgekommen.	Ein Pedant.
Er/Sie hat nie zu Klagen Anlaß gegeben...	– aber auch nicht zu Lob.
Wir haben uns im gegenseitigen Einvernehmen getrennt.	Dem Arbeitnehmer mußte das Ausscheiden nahegelegt werden, sonst hätte die Kündigung erfolgen müssen (wir haben ihm letztlich gekündigt).

Soll z. B. die praktische Anwendung von Fachwissen hervorgehoben werden, so wirkt es stets positiv, wenn sich dies nicht nur auf das eigene Unternehmen, sondern auf alle Unternehmen dieser Art oder Branche bezieht z. B. durch Formulierungen wie: ,,beherrscht alle in einer Revisionsabteilung vorkommenden Aufgaben" oder ,,zeigt umfassende Erfahrungen in der Versicherungsorganisation" oder ,,aufgrund seiner hervorragenden Kenntnisse der eigenen Produkte sowie der Produktpalette der Konkurrenz".

Werden z. B. Kriterien wie ,,Sorgfalt" oder ,,Genauigkeit" im Zeugnis betont, ohne auch gleichzeitig etwas über die Arbeitsmenge auszusagen, so läßt dies auf einen Mangel in der Arbeitsschnelligkeit schließen. Auch ist es ein Unterschied, ob jemand ,,pünktlich" ist (besonders nach Feierabend) oder seine Arbeiten ,,pünktlich" erledigt (Bürokrat) oder die Arbeiten ,,stets termingerecht" abgibt (Zuverlässigkeit).

Einige Probleme werfen bei der Leistungs- und Verhaltensbeurteilung die Verben wie ,,bestätigen" und ,,bescheinigen" bzw. ,,gerne/wunschgemäß bescheinigen wir..." auf. Hierbei sieht es so aus, als habe der Arbeitnehmer den Arbeitgeber gegen dessen Willen bedrängt, schließlich eine solche Formulierung abzufassen. Ein Arbeitgeber, der froh ist, diesen Arbeitnehmer zu verlieren, könnte sich zu solchen Formulierungen hinreißen lassen. Heißt es z. B. im Zeugnis: ,,Herr X. galt (statt Herr X. ist) als guter Fachmann..." so kann das so verstanden werden, daß Herr X. nur dem Anschein nach ein Fachmann ist.

Auch bei der Beurteilung von Aus-, Fort- und Weiterbildungsaktivitäten ist es immer positiv zu werten, wenn Formulierungen gebraucht werden wie: ,,... hat sich angeeignet..." oder ,,... vervollkommnete..." anstatt ,,... wurde ausgebildet" oder ,,... hat absolviert...".

Abgesehen von der sogenannten ,,Kodierung" in der Leistungs- und Verhaltensbewertung wird zuweilen noch auf ,,kodierte Sonderzeichen" hingewiesen. So soll z. B.

ein senkrecht stehender Strich mit dem Kugelschreiber links von der Unterschrift des Zeugnisausstellers auf die Mitgliedschaft in einer Gewerkschaft hinweisen. Das gleiche wird auch von einem gesetzten Punkt am linken Rand des Zeugnisses gesagt. Hierbei muß allerdings beachtet werden, daß oftmals ein Punkt links am Ende eines Blattes mit eingedruckt ist und der Schreiberin/dem Schreiber signalisieren soll, daß hier das Blattende für das Schreiben auf der Schreibmaschine ist. Abgesehen von einer derartigen Verwechslungsmöglichkeit sollten diese oder ähnliche dubiose Interpretationen möglichst schnell vergessen werden. Das gilt auch für das sogenannte Doppelhäkchen nach links, welches auf die Mitgliedschaft in einer linksgerichteten, verfassungsfeindlichen Organisation hindeuten soll.

Jeder Fachmann im Personalbereich weiß, daß derartige ,,Verschlüsselungen`` in den meisten deutschen Unternehmen nicht verwendet werden und daß eine eindeutige Zuordnung kaum verstanden wird. Das Problem liegt darin, daß in den reißerisch aufgemachten Presseveröffentlichungen oft der Eindruck einer Geheimsprache entsteht. Die zu den Leistungs- und Verhaltensbeurteilungen gemachten Aussagen können allenfalls als Formulierungshilfen verstanden werden. Möglicherweise gibt es einige Personalleiter, die in Absprache mit ihren Kollegen bei gelegentlichen Erfahrungsaustausch-Treffs bestimmte Verständigungen über Formulierungen bzw. ,,Sonderzeichen`` treffen. Solche Absprachen sind nicht nur rechtswidrig, sondern auch gegen alle personalpolitischen Gepflogenheiten deutscher Unternehmen.

Alle diese ,,Verschlüsselungen`` erlauben mehr oder weniger zwischen den Zeilen zu lesen. Dennoch ist hier Vorsicht am Platz: nicht alle Unternehmen sind sich der Bedeutung im einzelnen bewußt. Klein- und Kleinstbetriebe, weite Bereiche der öffentlichen Verwaltung gebrauchen oft solche Formulierungen, ohne deren tiefere Bedeutung zu kennen, mit dem Zweck, tatsächlich etwas Gutes auszudrücken. So wird z. B. einer Operationsschwester oder auch einer Anästhesie-Ärztin im Krankenhaus bescheinigt, daß sie stets bemüht war, alles korrekt und ordentlich durchzuführen. Kaum jemand kommt vom Krankenhaus darauf, daß diese Formulierung nicht ausgezeichnet ist.

Das Problem bei dieser indirekten Bewertungsskala liegt somit darin, daß sie nicht allen Arbeitgebern und Arbeitnehmern bekannt ist. Manch ein Arbeitgeber spricht von ,,voller Zufriedenheit`` und meint wirklich eine sehr gute Leistung, da volle Zufriedenheit für ihn das höchste Erreichbare darstellt; oder ein hochqualifizierter Arbeitnehmer hat gekündigt, der Arbeitgeber ist darüber verärgert und teilt dem Arbeitnehmer diese Verärgerung im Zeugnis durch die Formulierung der ,,vollen Zufriedenheit`` mit. Der Arbeitnehmer kennt die Bedeutung dieser Formulierung nicht.

Zeugnissen von Großbetrieben kann man im allgemeinen größere Glaubhaftigkeit beilegen als Zeugnissen von Mittel- und Kleinbetrieben, die oft keine Personalabteilung und keinen Betriebsrat haben.

Vorsicht ist auch bei solchen Zeugnissen von Arbeitgebern geboten, bei denen aufgrund der Herrschaftsverhältnisse ein so schlechtes Betriebsklima herrscht, daß es kaum ein Arbeitnehmer wagt, in die Gewerkschaft einzutreten. Solche Zeugnisse sollten im Zweifel zugunsten des Arbeitnehmers ausgelegt werden.

Eine weitere Gefahr der ,,Kodierung" liegt dann vor, wenn zwar der ausstellende Arbeitgeber seine Formulierung im Zeugnis kennt, der neue Arbeitgeber als Leser aber nicht. Dieser stellt dann möglicherweise einen schlechten Bewerber ein und ist somit Opfer des Codes geworden; oder aber der neue Arbeitgeber stellt den Bewerber trotz des guten Zeugnisses nicht ein, weil er die Formulierungen falsch übersetzt.

Die ,,kodierten" Formulierungen umschreiben oft mittelmäßige und schwache Leistungen bzw. negative Verhaltensweisen. Alles was positiv ist, läßt sich – ohne in den Widerspruch von Wahrheit und Wohlwollen zu geraten – auch klar und positiv ausdrücken.

Außerhalb der ,,Kodierungen" wird, wie gesagt, auch viel ,,zwischen den Zeilen" gelesen. Es kommt dann vor, daß positive Beurteilungen weggelassen werden, wo sie zu nennen wären. Aber auch das **Weglassen** setzt voraus, daß Schreiber und Leser die Bedeutung des Weglassens kennen. Wenn z. B. in einem qualifizierten Zeugnis nur auf die Leistung Bezug genommen wird, über die Führung des Mitarbeiters jedoch keine Aussagen gemacht werden, so ist es für den eingeweihten Leser klar, daß der Arbeitnehmer mit seinem Vorgesetzten nicht ausgekommen ist.

Ebenfalls sollten **Widersprüche** im Zeugnis erkannt werden. Vorsicht ist z. B. dann angebracht, wenn Leistung im Zeugnis mit ,,stets sehr gut" oder ,,außergewöhnlich" beurteilt wird, das Zeugnis aber noch keine Seite füllt. Solche wohlwollenden Formulierungen sind höchstwahrscheinlich auf besonderen Wunsch des Arbeitnehmers zustande gekommen. Diese Diskrepanzen müßten unbedingt später im Vorstellungsgespräch geklärt werden.

Bei allen diesen Formulierungen ist zu beachten, daß es nicht auf die **einzelne** Formulierung ankommt, ob ein Zeugnis positiv oder negativ zu beurteilen ist, sondern auf die **gesamte** Formulierung im Zeugnis.

1.8.3 Ungünstige Angaben im Zeugnis

Verlangt ein Arbeitnehmer die Ausdehnung des Zeugnisses auf Führung und Leistung, dann muß er sich auch gefallen lassen, daß das Zeugnis, wenn dies der Wahrheit entspricht, für ihn ungünstige und abträgliche Angaben enthält, allerdings nur dann, wenn es sich um schwerwiegende, das ganze Charakterbild bestimmende Mängel und Fehler handelt.

Da die Bewertung des Arbeitnehmers eine vollständige sein soll, muß sie den gesamten Zeitraum des Arbeitsverhältnisses umfassen und darf sich nicht nur auf einen Teil der Zugehörigkeit zum Betrieb beschränken. Bei langer Betriebszugehörigkeit sollten wenigstens die letzten 2 bis 3 Jahre zur Beurteilung herangezogen werden. Einmalige ungünstige Vorgänge bleiben grundsätzlich unerwähnt. Die Bemerkung „in einem Fall hat er eine dienstliche Anweisung nicht befolgt" muß deshalb gestrichen werden. Das gleiche gilt auch für einmalige bzw. nur einzelne vorteilhafte Vorgänge. Sie sind genauso wenig charakteristisch.

Jeder Mensch unterliegt laufend Schwankungen bei der Intensität seiner Arbeit, die auf vielerlei Einflüsse beruhen (klimatische, gesundheitliche, private usw.). Daher sollte die Erwähnung von geringerer Leistung während bestimmter Perioden im Zeugnis unterbleiben.

Liegen aber nach Auffassung des Arbeitgebers überwiegend geringere Leistungen vor, als der Arbeitgeber vom Arbeitnehmer erwarten darf, und ist ein solcher Leistungsabfall nicht nur vorübergehend, so ist nach gängiger Rechtsauffassung die Formulierung von „verständigem Wohlwollen" zu begleiten, um das weitere Fortkommen des Arbeitnehmers nicht zu erschweren. Es ist aber nicht zu beanstanden, wenn es z. B. im Zeugnis heißt: „Die Führung im Dienst gab mehrfach zu Beanstandungen Anlaß" oder „des öfteren mangelte es ihm allerdings gegenüber der Geschäftsleitung, seinen Ausbildern und Kollegen am nötigen taktvollen Verhalten". Auch eine die Pflichten aus dem Dienstvertrag verletzende Straftat kann dann erwähnt werden, wenn sie zur Entlassung des Arbeitnehmers geführt hat. Anzuführen ist auch das Nichtbestehen einer Lehrabschlußprüfung.

Allerdings wird auch dafür gefordert, daß die ungünstigen Angaben nicht nur in einem allgemein gehaltenen Werturteil bestehen dürfen, sondern auch in Kürze die Tatsachen angegeben werden müssen, auf die sich das Urteil stützt, damit der neue Arbeitgeber die Beurteilung bei einer Bewerbung nachprüfen kann.

Ungünstige Tatsachen und negative Urteile sollten nicht unmittelbar genannt werden, sondern durch vorsichtige Formulierung oder Weglassen ausgedrückt werden. Die Gerichte gehen davon aus, daß der neue Arbeitgeber zwischen den Zeilen lesen kann und somit die Möglichkeit hat, Näheres beim alten Arbeitgeber zu erfahren.

Zum Grundsatz der wohlwollenden Beurteilung gehört es, daß einmalige Vorfälle, die nicht besonders schwer wiegen und länger zurückliegende Beanstandungen, die für die Führung und Leistung des Arbeitnehmers nicht typisch sind, nicht erwähnt werden. Hingegen müssen schwerwiegende, auch einmalige Verfehlungen, etwa Unterschlagungen und für den Arbeitnehmer charakteristische Mängel, z. B. ständiges Zuspätkommen, im Zeugnis erwähnt werden.

Da das Zeugnis Aussagen zu treffen hat über die „Führung im Dienst", scheidet das Privatleben in der Beurteilung aus. Nur dort, wo das Ansehen des Betriebes auf dem Spiele steht, hat der Arbeitgeber das Recht zum Eingreifen. Aussagen wie z. B. „X. neigt zum Schuldenmachen oder zur Trunksucht" sind unzulässig. Dies auch dann, wenn ein solches Verhalten zum Leistungsabfall geführt hat.

Schlechte Eigenschaften, die zur Störung des Betriebsfriedens geführt haben, müssen wahrheitsgemäß im Zeugnis erwähnt werden, wobei es auf Schwere und Häufigkeit ankommt. Ein alleiniger Tatverdacht rechtfertigt nicht eine Erwähnung im Zeugnis.

Auch kann das Weglassen von bestimmen Wörtern bei manchen Berufsgruppen negativ ausgelegt werden. So hat z. B. das Wort Ehrlichkeit bei der Beurteilung eines Kassierers eine große Bedeutung; die Nichterwähnung erweckt den Verdacht der Unehrlichkeit. Das gleiche gilt für Hausangestellte.

Es wirft ein negatives Bild auf den Arbeitnehmer, wenn diesem im Arbeitszeugnis lediglich bescheinigt wird, daß er seine Arbeiten gut ausgeführt hat, obwohl er viele Jahre dem Unternehmen angehört hat. Hier wird eine ausgiebige Beurteilung erwartet, da sonst gegenüber Dritten der Eindruck entsteht, man sei mit dem Arbeitnehmer nicht zufrieden gewesen.

Mit Rücksichtnahme auf das weitere Fortkommen des Arbeitnehmers sollten nur bedeutsame Vorkommnisse erwähnt werden, die nicht länger als 2 bis 3 Jahre zurückliegen.

1.8.4 Erwähnung von Straftaten

Die Erwähnung von Straftaten ist im Zeugnis unterschiedlich zu behandeln. Wenn diese mit dem Arbeitsverhältnis im engeren Zusammenhang stehen und es sich nicht um Vorstrafen handelt, die das augenblickliche Dienstverhältnis nicht betreffen, sind solche Angaben im Zeugnis aufzunehmen. Straftaten, die der Arbeitnehmer während seines Dienstverhältnisses begangen hat, die aber mit dem Arbeitsverhältnis nichts zu tun haben, dürfen nicht im Zeugnis erwähnt werden. Dagegen können Straftaten des Arbeitnehmers, die zugleich die Pflichten aus dem Dienstvertrag verletzen, wie Unterschlagungen, Diebstähle im Betrieb, Untreue, in einem auf Führung und Leistung ausgedehnten Zeugnis erwähnt werden. Sie müssen unter Umständen erwähnt werden, um eine Haftung Dritten gegenüber auszuschließen.

Vorstrafen und außerdienstliche Verhalten dürfen im Zeugnis nur erwähnt werden, wenn sie die Leistungen und die Führung im Dienst erheblich und maßgeblich beeinflußt haben. Eine mehr als sechsmonatige Unterbrechung des Arbeitsverhältnisses durch Untersuchungs- oder Strafhaft muß angegeben werden.

Der Verdacht einer strafbaren Handlung allerdings, auch wenn es sich um einen dringenden Verdacht handelt, darf im Zeugnis nicht erwähnt werden.

Schwebende Verfahren dürfen im Zeugnis grundsätzlich nicht erwähnt werden. Allerdings gibt es Ausnahmen: so ist es z. B. bei einem Ausbilder für Jugendliche, gegen den ein Verfahren wegen unsittlicher Handlungen schwebt, durchaus statthaft, dies im Zeugnis zu erwähnen, auch dann, wenn der Arbeitnehmer später freigesprochen wird. Schadensersatzforderungen des Ausbilders ergeben sich hieraus nicht.

1.8.5 Erwähnung von Krankheiten

Grundsätzlich sind Krankheiten im Zeugnis nicht zu erwähnen, und zwar auch dann nicht, wenn einzelne, wiederholte oder langdauernde Krankheiten Anlaß zur Kündigung waren. Etwas anderes kann aber gelten, wenn dem Arbeitnehmer deshalb fristlos gekündigt wurde, so, wenn ansteckende Krankheiten oder besonders lang anhaltende Krankheiten vorliegen. So hart es für den Betroffenen sein mag, so führen doch Krankheitserscheinungen wie z. B. Epilepsie zu empfindlichen Störungen des Betriebsablaufs und zur Beeinträchtigung anderer Arbeitgeber und ihrer Belegschaften, so daß es sich unter dem Zwang der Wahrheit rechtfertigen läßt, in einem qualifizierten Zeugnis eine solche Krankheit zu erwähnen. In einem Zeugnis dürfen solche schwerwiegenden Momente nicht unerwähnt bleiben, und es steht in der Formulierkunst des Arbeitgebers, dies so schonend wie möglich auszudrücken.

Es ist nicht zulässig, Fehlzeiten wegen Krankheit zusammenzuzählen und kenntlich zu machen. Nur Ausfallzeiten im letzten Jahr vor dem Ausscheiden können erwähnenswert sein, sofern es sich um eine Arbeitsunterbrechung von mindestens 6 Monaten handelt. Auch Heilverfahren von längerer Dauer, die ein Jahr und mehr zurückliegen, dürfen im Zeugnis nicht erwähnt werden. Zulässig ist allerdings eine Umschreibung von Fehlzeiten wie: „Herr X. war als . . . in unserer Abteilung eingesetzt. Das Arbeitsverhältnis dauerte vom 1. 4. 1981 bis 30. 6. 1988". Wäre Herr X. nicht oft krank gewesen bzw. hätte Herr X. nicht oft gefehlt, so würde die Formulierung lauten: „Herr X. war vom 1. 4. 1981 bis zum 30. 6. 1988 beschäftigt".

Bei den Krankheiten besonders hervorzuheben ist der **Alkoholismus.** Hierüber wird im Zeugnis weitgehend geschwiegen. Hierbei muß schon zwischen den Zeilen gelesen werden, wenn es z. B. heißt: „Herr X. blieb seit Februar dieses Jahres häufiger seinem Arbeitsplatz fern. Es kam zu Konflikten mit seinen Vorgesetzten. Daher sahen wir uns leider gezwungen, das Arbeitsverhältnis zum . . . zu lösen. Wir hoffen und wünschen, daß Herr X. bald wieder zu seiner früheren Leistungsfähigkeit zurückfindet. Wir wären dann auch wieder bereit, Herrn X. einzustellen." Hierbei wird Alkohol als Krankheit umschrieben. Der Leser weiß, daß dies der Entlassungsgrund war. Bei einem einfachen Zeugnis darf dieser Tatbestand weder direkt noch indirekt angesprochen werden.

1.8.6 Angabe der Betriebsratstätigkeit

Die Tätigkeit eines Arbeitnehmers als Betriebsrat oder Jugendvertreter darf grundsätzlich nur dann erwähnt werden, wenn der Arbeitnehmer dies ausdrücklich wünscht. Es gelten allerdings Ausnahmen. So ist es erlaubt bzw. so muß sogar diese Tätigkeit im Zeugnis erwähnt werden:

— wenn die Freistellung einen **längeren Zeitraum** umfaßt und im Verhältnis zur Dauer der Beschäftigung erheblich ist;
— wenn wegen Freistellung vor allem die Leistung des Arbeitnehmers nicht ausreichend gewürdigt werden kann;

- wenn der Arbeitnehmer mehrere Jahre freigestellt war und seine beruflichen Leistungen nicht hinreichend beurteilt werden können;
- wenn der Arbeitnehmer durch seine Freistellung über einen längeren Zeitraum an der eigentlichen Erfüllung seiner Arbeit gehindert war;
- wenn ein neuer Arbeitgeber im Falle der Nichterwähnung der Freistellung mit einer Berufspraxis des Arbeitnehmers rechnen würde, die gar nicht vorhanden ist;
- wenn der Arbeitgeber zur Beurteilung der Leistung für die Zeit der Freistellung außerstande ist oder
- wenn andernfalls die auf die Arbeitsleistung bezogenen Aussagen des Zeugnisses unrichtig würden, wie etwa in Folge der Freistellung und inzwischen eingeführter technischer Neuerungen im Arbeitsbereich das Betriebsratsmitglied seinem Arbeitsplatz entfremdet worden ist.

Zusammenfassend kann gesagt werden, daß ein Arbeitgeber die Betriebsratstätigkeit immer dann im Zeugnis erwähnen darf, wenn nur durch die Erwähnung eine ordnungsgemäße Beurteilung der Leistung möglich ist und dem neuen Arbeitgeber der richtige Eindruck vermittelt werden kann.

Mit der Angabe der Freistellung des Arbeitnehmers im Zeugnis muß der Arbeitgeber auch erwähnen, an welchen Bildungsmaßnahmen das Betriebsratsmitglied während seiner Freistellung teilgenommen hat und ob der Arbeitnehmer Gelegenheit hatte, nach der Freistellung die unterbliebene betriebsübliche Entwicklung nachzuholen.

1.8.7 Art der Auflösung des Arbeitsverhältnisses

Grundsätzlich dürfen im Zeugnis weder die Art des Ausscheidens noch der Kündigungsgrund angegeben werden. Oft erkennt man allerdings die Art der Auflösung eines Arbeitsverhältnisses aus dem Zeugnis heraus. Zum Beispiel wird ein Angestellter am 21. eines Monats fristlos entlassen, ergibt sich diese Tatsache schon daraus, daß die Dauer der Beschäftigung an diesem ungewöhnlichen Datum endet. War die fristlose Entlassung unwirksam, muß dies natürlich wieder korrigiert werden. Endet das Arbeitsverhältnis aber aus einem anderen Grund als einer fristlosen Kündigung an einem so ungewöhnlichen Tage, muß dieser Grund im Zeugnis mit angegeben werden. Der Arbeitgeber darf den Grund für die Auflösung des Arbeitsverhältnisses nicht angeben, wenn dies für das Fortkommen des Arbeitnehmers hinderlich sein kann. Das gilt zumindest für den Fall, wo eine einmalige Verfehlung des Arbeitnehmers gegeben ist, die zur fristlosen Kündigung führte, aber nicht typisch für das Gesamtverhalten des Arbeitnehmers ist. Hier liegt es an der Formulierungskunst des Arbeitgebers, diese Verfehlung so schonend wie möglich zu umschreiben. Die Wahrheit erfordert es aber, daß eine verschlüsselte Formulierung vorgenommen wird bzw. eine für die Auflösung des Arbeitsverhältnisses positive Formulierung unterbleibt.

1.9 Wie sind Auskünfte und Referenzen zu behandeln?

Auf Verlangen und im Interesse des Arbeitnehmers ist der Arbeitgeber verpflichtet, künftigen Arbeitgebern gegenüber Auskünfte über den Arbeitnehmer zu geben. Diese Auskünfte müssen genauso sorgsam und wahrheitsgemäß erfolgen und von Wahrheit und Wohlwollen getragen sein wie die Zeugnisformulierungen selbst.

Aber auch ohne Verlangen des Arbeitnehmers kann der bisherige Arbeitgeber Auskünfte über den Arbeitnehmer erteilen. Der Arbeitnehmer kann ihm das nicht verbieten. Nur wenn sich der Arbeitnehmer in einem ungekündigten Arbeitsverhältnis befindet und eine Auskunftseinholung beim bisherigen Arbeitgeber nicht wünscht, muß der neue Arbeitgeber davon Abstand nehmen, will er sich nicht gegebenenfalls schadensersatzpflichtig machen (den Nachweis der Indiskretion zu führen, dürfte allerdings schwierig sein). Hier überwiegt das Interesse an Diskretion das Interesse des künftigen Arbeitgebers an lückenloser Auskunft.

Weiterhin dürfen Auskünfte vom bisherigen Arbeitgeber nur erteilt werden, wenn sie den Vorschriften des Bundesdatenschutzgesetzes entsprechen. Personenbezogene Daten unterliegen ohne Einwilligung des Betroffenen der strengen Geheimhaltung und dürfen Dritten nicht weitergegeben werden. Viele Firmen lehnen daher vorsichtshalber entsprechende Auskünfte generell ab.

Außerhalb der geschützten Daten kann ein Arbeitgeber selbst dann Auskünfte über einen Arbeitnehmer geben, wenn diesem dadurch Schaden entsteht. Ein eventueller Widerspruch des Arbeitnehmers ist rechtlich ohne Wirkung.

Bei Angabe von Referenzen sollte der Arbeitnehmer unbedingt vorher Rücksprache mit dem Referenzgeber nehmen, um unliebsame Überraschungen zu vermeiden. Oft wissen die Referenzgeber nicht, um was es eigentlich geht, und sind sehr blauäugig mit ihren Auskünften. Auch sollten für Referenzangaben nur Personen genannt werden, die zum einen tatsächlich Auskünfte über Leistung und Verhalten des Arbeitnehmers erteilen können und die darüber hinaus nicht zum engen Familienkreis des Arbeitnehmers zählen.

Schließlich ist bei allen Auskünften anzuraten, diese nur schriftlich zu erteilen, um eventuellen Mißbräuchen vorzubeugen. Auch zwingt eine schriftliche Formulierung zu größerer Überlegung und dient der Dokumentation für spätere Unstimmigkeiten.

2. WAS IST BEI ZEUGNISSEN DER BERUFSAUSBILDUNG NACH § 8 BBiG ZU BEACHTEN?

§ 8 BBiG besagt, daß der Ausbildende dem Auszubildenden bei Beendigung des Berufsausbildungsverhältnisses ein Zeugnis auszustellen hat. Wenn der Ausbildende (der Lehrherr) die Berufsausbildung nicht selbst durchgeführt hat, so soll auch der Ausbilder das Zeugnis unterschreiben.

Das Zeugnis muß Angaben enthalten über Dauer, Art und Ziel der Berufsausbildung sowie über die erworbenen Fertigkeiten und Kenntnisse des Auszubildenden.

Die Beschreibung der Fertigkeiten und Kenntnisse muß so erfolgen, daß ein Außenstehender sich ein genaues Bild darüber machen kann, welche Ausbildungsstationen der Auszubildende durchlaufen hat und was er dort im einzelnen schwerpunktmäßig gelernt hat. Durch diese Beschreibung wird selbst ein einfaches Zeugnis umfangreicher sein als die übrigen einfachen Zeugnisse. Auf Verlangen des Auszubildenden, also nicht automatisch, sind auch Angaben über Führung, Leistung und besonders fachliche Fähigkeiten aufzunehmen. Hierdurch wird das einfache Zeugnis zum qualifizierten.

Das Ausbildungszeugnis kann somit wie folgt gegliedert werden.:

Vor- und Familienname, Geburtsdatum und Geburtsort des Auszubildenden.

Dauer des Ausbildungsverhältnisses
Hierbei ist nicht die im Ausbildungsvertrag festgelegte vertragliche Dauer gemeint, sondern die tatsächliche Ausbildungszeit, die mit Bestehen der Abschlußprüfung endet. Wurde die Ausbildungszeit verkürzt, insbesondere wegen guter Leistungen des Auszubildenden, so sollte dies genannt werden. Auch sollte erwähnt werden, vor welcher Kammer (Industrie- und Handelskammer, kurz: IHK, Handwerkskammer) und in welchem Ort die Prüfung abgelegt wurde.

Art und Ziel der Berufsausbildung
Hiermit ist die genaue Bezeichnung des Ausbildungsberufs gemeint, z. B. Industriekaufmann, Bürokaufmann.

Erworbene Fertigkeiten und Kenntnisse
Es handelt sich hierbei um den praktischen Teil der Ausbildung („Herr X. lernte buchen ..."). Darüber hinaus sollte aber erwähnt werden, ob der Auszubildende diese Fertigkeiten auch gut anwenden kann, in welchem Umfange er die einzelnen Aufgaben beherrscht (z. B. „Frau X. beherrscht die Textverarbeitung auf dem Computer YZ"). Die Vermittlung des theoretischen Wissens allein genügt nicht, sie sagt wenig über das eigentliche Können aus. Hierbei ist von dem Ziel der Abschlußprüfung vor den Kammern am Ende der Ausbildung auszugehen. Die dort durchgeführten Facharbeiter- und Kaufmannsgehilfenprüfungen haben das Ziel, ein Urteil über den Ausbildungserfolg zu finden und festzustellen, ob der Prüfungskandidat die für den Eintritt in den Beruf für notwendig erbrachten Kenntnisse, Fähigkeiten und Fertigkeiten erworben hat.

Angaben über Verhalten und Leistung
Obwohl die Angaben über Verhalten und Leistung nur auf besonderen Wunsch des Auszubildenden im Zeugnis anzugeben sind, schreiben viele Firmen unaufgefordert zu diesen Punkten ihre Beurteilung.
Außer der Vermittlung von Kenntnissen und Fertigkeiten sollte der Auszubildende auch auf die Berufswelt hingeführt werden, was bedeutet, daß auch Arbeits- und Sozialtugenden zu vermitteln sind. Hierzu zählen z. B. Teamfähigkeit, Kooperationsbereitschaft.
Das (soziale) Verhalten des Auszubildenden zeigt sich einmal gegenüber Gleichgestellten und zum anderen gegenüber Vorgesetzten, evtl. auch noch gegenüber Dritten wie Kunden („Herr X. zeigte sich gegenüber... hilfsbereit... aufgeschlossen... kollegial").
Bei der Leistung sind Lern- und Arbeitsleistungen zu erwähnen. Die Lernleistung wird z. B. durch Merkmale ausgedrückt wie: Arbeitsstil, Orientierungs- und Lernaktivität, Auffassungsgabe, Denkfähigkeit, Fleiß, Arbeitsmenge/Arbeitstempo, Fremdsprachen, Interesse, Bemühungen, Sorgfalt, Stenographie, Eifer, Ehrgeiz. In der Arbeitsleistung zeigt sich das „Wie" des Einsatzes (Arbeitsgüte, Einsatz/Interesse), mit welcher Intensität, Gewissenhaftigkeit und Geschicklichkeit der Auszubildende an die Arbeit heranging. Ebenso sollten Ordnungs- und Sauberkeitssinn angesprochen werden. Zu einer sinnvollen Ausbildung gehört einmal auch, daß der Auszubildende an die wirklichen, praktischen Aufgaben herangeführt wird und diese auch erfolgreich bewältigt. Übungsbeispiele allein sind keineswegs geeignet, den Auszubildenden für seinen Beruf zu motivieren. Ausbildungsziel ist die Hinführung auf die spätere Tätigkeit.

Besondere Fähigkeiten und „sonstiges" Engagement
Besondere Aktivitäten des Jugendlichen wie z. B. Zugehörigkeit zur Jugendvertretung oder Mitwirkung bei Sozialeinrichtungen, Jugendgruppen usw. sind auf Wunsch des Auszubildenden ebenfalls im Zeugnis aufzunehmen. Hierbei zeigt sich oft schon ein früh geübtes soziales Engagement, welches gerade im Hinblick auf spätere Führungsaufgaben von großer Bedeutung ist.

3. WELCHE BESONDERHEITEN GELTEN FÜR ZEUGNISSE DER LEITENDEN MITARBEITER?

Das Zeugnis der leitenden Mitarbeiter wird inhaltlich andere Schwerpunkte setzen als Zeugnisse der Tarifangestellten. Dies ergibt sich aus der Stellung im Betrieb, aus den speziellen Aufgaben in Stabs- und Linienfunktionen (Handlungsvollmacht, Prokura usw.).

Hier geht es um die detaillierte Beschreibung der **Führungsqualitäten**. Mitarbeiter richtig zu führen ist mindestens so wichtig wie fachliches Wissen und Leistungspotential. Das Sozialverhalten ist ein wesentliches Kriterium bei Führungskräften aller Kategorien.

Ein sehr gutes Zeugnis einer Führungskraft zeichnet sich dadurch aus, daß ein stetiger Anstieg eines qualifizierten Mitarbeiters von Beginn an zu erkennen ist. Die fachliche Qualifizierung, seine Leistungen und sein Führungsverhalten, seine sonstigen Fähigkeiten und Weiterbildungsaktivitäten vermitteln dem Außenstehenden ein positives Bild.

In den jeweiligen beruflichen Stationen eines leitenden Mitarbeiters sollen seine Aufgaben genannt und seine Leistungen und Beförderungen hervorgehoben werden. Ein solches Zeugnis muß Anerkennung und Dankbarkeit widerspiegeln.

Eines sollte jedoch noch beachtet werden; nicht alle Merkmale, die in einem Beurteilungs-/Beobachtungsbogen aufgelistet sind, spielen bei allen Führungskräften die gleiche Rolle. Folgendes Beispiel möge dies zeigen:

Anforderungskriterien laut Beurteilungsbogen	Abteilungsleiter/ Kaufm. Bereich	Abt. Entwicklung und Konstruktion	Meister
Fachwissen und Anwendung	■	■	■
Initiative/Aktivität	■	■	■
Ausdauer/Belastbarkeit	■	□	■
Wendigkeit/Aufgeschlossenheit	□	□	□
Eifer/Sorgfalt/Fleiß		□	□
Zuverlässigkeit/Vertrauenswürdigkeit/Verantwortung	■	■	■
Aufmerksamkeit/Weitblick	■		□
Arbeitsweise/Leistung			□

Forts. nächste Seite

Fortsetzung von S. 41

Anforderungskriterien laut Beurteilungsbogen	Abteilungsleiter/ Kaufm. Bereich	Abt. Entwicklung und Konstruktion	Meister
Auftreten/Verhalten	■	☐	■
Kooperation/Teamarbeit/ Kontaktpflege	■	■	■
Führungsverhalten	■	■	☐

■ notwendig
☐ erwünscht

Es ist sinnvoll, im Unternehmen einen spezifischen Merkmalskatalog für die jeweiligen Mitarbeitergruppen zu erstellen, um an solchen „Soll-Vorgaben" den Mitarbeiter im Zeugnis zu beurteilen (siehe 9.5). Sicherlich wird jedes Unternehmen hierbei unterschiedliche Akzente setzen.

Weitere Beobachtungskriterien für die Zielgruppe „Führungskräfte" sind:

- Kreativität,
- Beherrschung von Rhetorik, Kommunikationstechniken, Dialektik, Konferenztechnik,
- Motivationsfähigkeit,
- Loyalität,
- Zusammenarbeit nach allen Seiten,
- Beherrschung von Konfliktlösungen,
- Beherrschung von Problemlösungstechniken,
- Entscheidungsfähigkeit, Entscheidungsfreudigkeit, Treffsicherheit,
- Durchsetzungsvermögen,
- kooperativer Führungsstil

usw.

Das Zeugnis eines leitenden Mitarbeiters, welches neben dem Aufgabengebiet sein Fachwissen, die berufstypischen Merkmale, sein Verhalten und seinen Führungsstil ausführlich und lobend hervorhebt und mit der bekannten Schlußformel (eigenes Ausscheiden ... bedauern und gute Wünsche für die Zukunft ...) endet und dem Zeitraum und der Funktion des Leitenden Rechnung trägt (2 bis 3 Seiten), wird sicherlich bei jedem Leser einen positiven Eindruck hinterlassen.

4. KANN DER ZEUGNISANSPRUCH ERZWUNGEN WERDEN?

Der Arbeitnehmer kann sein Recht auf Erteilung eines Zeugnisses im Klageweg erzwingen. Das gleiche gilt auch für die Berichtigung unmittelbar nach Erhalt. Die Beweispflicht für die Vollständigkeit und Richtigkeit des Zeugnisses hat der Arbeitgeber. Die Beweislast kann sich jedoch umkehren, wenn der Arbeitnehmer erst später mit Einwendungen aufwartet, nachdem der erhoffte Erfolg auf dem Arbeitsmarkt ausgeblieben ist. Die Beweispflicht des Arbeitgebers endet spätestens nach Einstellung beim neuen Arbeitgeber.

5. WIE IST DIE HAFTUNG BEIM ZEUGNIS GEREGELT?

Der Arbeitgeber haftet dem Arbeitnehmer gegenüber, wenn er die Ausstellung des Zeugnisses verweigert oder das Zeugnis verspätet erteilt oder sachlich unrichtige oder unvollständige Angaben macht. Die Schadensersatzpflicht richtet sich nach dem entstandenen Schaden (ein mit Wahrscheinlichkeit entgangener Gewinn). Das bedeutet nach dem BAG-Urteil vom 22. 2. 1976, daß statt des positiven Nachweises die Wahrscheinlichkeit eines Minderverdienstes genügt, wobei keine besonders strengen Maßstäbe an die Wahrscheinlichkeitsschätzungen anzulegen sind.

Schadensersatzansprüche können sich auch dann ergeben, wenn das Zeugnis nachteilige Bewertungen enthält, die einer richterlichen Nachprüfung nicht standhalten. Allerdings trifft hier den Arbeitnehmer die Beweislast, wobei er darauf achten muß, daß er seine Einwendungen alsbald geltend macht (siehe 1.6). Immer sind jedoch die näheren Umstände im Einzelfall zu prüfen, insbesondere auch, ob ein Verschulden des Arbeitnehmers für die verspätet vorgenommenen Einwendungen vorliegt oder nicht.

Hat z. B. ein Arbeitgeber dem Arbeitnehmer ein qualifiziertes Zeugnis ausgestellt, in dem dem Arbeitnehmer Gewissenhaftigkeit und Ehrlichkeit bescheinigt werden, obwohl der Arbeitgeber ein Jahr vorher ein Kassenmanko festgestellt und auch geltend gemacht hat, so kann der Arbeitgeber keinen Schadensersatz mehr geltend machen, wenn ihm der Arbeitnehmer dieses Zeugnis entgegenhält. Durch die Bescheinigung der Gewissenhaftigkeit brachte der Arbeitgeber zum Ausdruck, daß dem Arbeitnehmer das Manko nicht vorzuwerfen ist. Mit anderen Worten: ein Arbeitgeber muß sich im Streitfall die Formulierungen im Arbeitszeugnis entgegenhalten lassen und kann deshalb unter Umständen nach Erteilung des Zeugnisses keine Ersatzansprüche dem Arbeitnehmer gegenüber mehr geltend machen. (Der Regelstreitwert für das Zeugnis eines Angestellten beträgt übrigens im Normalfall ein Monatsgehalt.)

Der Arbeitgeber haftet auch Dritten gegenüber, wenn er vorsätzlich in einer gegen die guten Sitten verstoßenden Weise einem anderen Schaden zufügt. Es ist hierbei an die „frisierten" Zeugnisse gedacht. Zur Schadensersatzpflicht dem anderen Arbeitgeber gegenüber genügt bereits der bedingte Vorsatz, d. h. der Arbeitgeber muß damit rechnen können, daß durch die günstige Formulierung des Zeugnisses dem anderen Arbeitgeber Schäden entstehen können. Dies ist z. B. dann der Fall, wenn der alte Arbeitgeber weiß, daß der Arbeitnehmer nicht über die fachlichen Fähigkeiten verfügt, die im Arbeitszeugnis bescheinigt wurden oder eine Veranlagung besitzt (zu Diebstahl, Unterschlagung, unsittlichen Handlungen, Neigung zur Brutalität usw.), die unerwähnt bleibt, oder der Arbeitnehmer eine ansteckende Krankheit hat oder gesundheitlich sehr gefährdet ist, ohne daß hierüber im Zeugnis etwas gesagt wurde. Ein nur fahrlässiges Handeln des Arbeitgebers hingegen reicht nicht aus, um eine Schadensersatzpflicht zu begründen. Fahrlässiges Handeln liegt z. B. dann vor, wenn der Arbeitnehmer dem Arbeitgeber gegenüber versprochen hat, die zu Recht bestehenden Vorbehalte hinsichtlich Führung und Leistung zukünftig auszuräumen und sich zu verbessern, und der Arbeitgeber daraufhin auf eine diesbezügliche Erwähnung im Zeugnis verzichtet.

7. WELCHE FUNKTION HAT DER BETRIEBSRAT BEI DER ERSTELLUNG VON ZEUGNISSEN?

Da der Arbeitnehmer den Anspruch auf Zeugniserstellung **bei** Kündigung hat, also zu einem Zeitpunkt, wo er noch Betriebsangehöriger ist, kann der Betriebsrat für ihn tätig werden, falls der Arbeitgeber dem Antrag nicht zeitgerecht entspricht und der Arbeitnehmer darauf großen Wert legt.

Ebenso kann sich der Arbeitnehmer unmittelbar an den Betriebsrat wenden und seine diesbezügliche Beschwerde anbringen (§§ 84 und 85 BetrVG).

Praktischer Teil

8. ZEUGNISANALYSEN ANHAND VORLIEGENDER ZEUGNISSE – NEUEINSTELLUNG –

Wie mehrere empirische Untersuchungen zeigen, halten Personalchefs Zeugnisse für eine sehr wichtige Methode zur Beurteilung von Mitarbeitern, insbesondere von Führungskräften. Rund 50% der Personalchefs messen der Analyse von Zeugnissen eine große, 15% sogar eine sehr große Bedeutung bei. Ähnlich wichtig für die Vorauswahl ist nur noch der Lebenslauf des Bewerbers.

In diesem Kapitel soll nur auf die Bedeutung der Zeugnisanalyse bei **Neueinstellungen** eingegangen werden. Die Behandung der Zeugnisformulierung bei **Austritt** eines Mitarbeiters aus dem Unternehmen erfolgt im nächsten Kapitel.

Die Analyse der Zeugnisse muß selbstverständlich im Gesamtrahmen der Beurteilung erfolgen. Dazu gehören die Auswertung des Bewerbungsschreibens, des Lebenslaufs, der Interviews und Tests, die Analyse von Sprache, Stil und Handschrift, evtl. auch die Auswertung von Referenzen.

8.1 Inhalt und Umfang der Zeugnisanalyse

Arbeitszeugnisse sollten nach folgenden Gesichtspunkten analysiert werden:

Checkliste zur Analyse von Arbeitszeugnissen

Anzustellende Vorüberlegungen	ja	nein
Ist der bisherige Berufsweg lückenlos durch Arbeitszeugnisse nachgewiesen?	☐	☐
Falls Zeugnisse fehlen, liegen Begründungen vor?	☐	☐
Überwiegen qualifizierte Zeugnisse?	☐	☐
Gibt es plausible Gründe für das Vorliegen von einfachen Zeugnissen?	☐	☐

Genaue Dauer des Arbeitsverhältnisses	ja	nein
Rechtfertigt die Dauer der jeweiligen Beschäftigung die bestätigten Befähigungen bzw. Leistungen?	☐	☐
Stehen Zeugnisumfang und Dauer der Beschäftigung in einem entsprechenden Verhältnis?	☐	☐

(Zeugnisse für Zeiten der Berufstätigkeit müssen vor allem funktionsbezogen interpretiert werden. So wird z. B. die Dauer der Beschäftigung in der jeweiligen Funktion im Unternehmen unterschiedlich gewertet. Führungskräfte im Marketingbereich haben generell eine geringere Verweildauer in den einzelnen Positionen als Mitarbeiter in den Bereichen Forschung, Entwicklung, Rechnungswesen usw.)

	ja	nein
<u>Ausführliche Beschreibung der Tätigkeiten</u>		
Sind die Tätigkeitsnachweise vollständig und stimmen sie mit den Lebenslaufangaben überein?	☐	☐
Haben die einzelnen Tätigkeitsbeschreibungen die nötige Aussagekraft? (In diesem Zusammenhang sollte auch untersucht werden, ob der Bewerber sein Berufsleben systematisch aufgebaut hat, sich stets verbessern konnte, keine „Brüche" vorliegen; des weiteren häufiger Firmenwechsel, sehr langes Verharren in derselben Position, Aufgaben-, Berufs- oder Branchenwechsel; sind Aussagen im Zeugnis wie „ihm oblag" oder „zu seinen Aufgaben gehörte", die nicht erkennen lassen, ob und wie der Arbeitnehmer seine Arbeit ausführte, statt dynamische Aussagen wie „arbeitete" oder „führte aus" oder „erledigte". Auch signalisieren die oft passiv gehaltenen Formulierungen wie „wurde beschäftigt als ... in ..." oder „fand Verwendung als" fehlende Initiative, mangelhafte Leistung und Unselbständigkeit, d. h. der Arbeitnehmer tat nur das, was er mußte. Die aktive Ausdrucksweise signalisiert hingegen Initiative und Selbständigkeit.)	☐	☐
Wird auf die Haupttätigkeit angemessen eingegangen?	☐	☐
Welche besonderen Anforderungen stellen diese Aufgaben an den Arbeitnehmer?	☐	☐
Entsprechen die ausgeführten Tätigkeiten der geforderten Berufserfahrung?	☐	☐
Werden relativ unwichtige Nebenarbeiten besonders hervorgehoben? (Zur Klärung eventueller Ungereimtheiten muß im Vorstellungsgespräch hierauf eingegangen werden.)	☐	☐
Läßt die Tätigkeitsbeschreibung besondere Aufgabenschwerpunkte erkennen?	☐	☐
Sind die Tätigkeiten ihrer Bedeutung entsprechend beschrieben?	☐	☐
Sind wichtige Aufgaben, die zum Tätigkeitsfeld gehören, nicht erwähnt?	☐	☐
Oder werden Aufgaben erwähnt/beurteilt, die mit der eigentlichen Tätigkeit nur wenig zu tun haben?	☐	☐
Entspricht der Umfang des Zeugnisses der innegehabten Position?	☐	☐

Erscheinen die vorgebrachten Einsatzwünsche angesichts der bisherigen
Tätigkeiten realistisch? .... □ □

Sind Angaben über die berufliche Fort- und Weiterbildung enthalten, die für
die ausgeübte Tätigkeit von Bedeutung sind? .... □ □

Steht die Beurteilung vom Umfang und Inhalt her im angemessenen Verhältnis zur Tätigkeitsbeschreibung? .... □ □

Entspricht die derzeitige Aufgabe des Bewerbers den Anforderungen der
neuen Stelle? .... □ □

Entsprechen die bisherigen Befugnisse, die zugeordneten Mitarbeiter der
neuen Position? .... □ □

Würdigung der starken Seiten des Bewerbers   ja   nein

Geben die Zeugnisse der letzten Jahre Auskunft über die anforderungsrelevanten Fähigkeits- und Fertigkeitsbewertungen? .... □ □

Lassen die Zeugnisse Fachkönnen, Quantität und Qualität der Arbeitsergebnisse sowie Aktivität, Initiative, Identifikation und Kreativität erkennen? □ □
(Die beste Leistungsbeurteilung verliert z. B. an Wert, wenn sie sich nur auf
einen sehr kurzen Zeitraum, bei qualifizierten Bewerbern etwa unter einem
Jahr, bezieht. Auch kommt es darauf an, mit welchen Bewertungen die genannten Eignungen/Fähigkeiten/Fertigkeiten verbunden sind. Bereits bei
der Formulierung der Schwerpunktaufgaben des Arbeitnehmers sollte notiert werden, welche Aussagen über Leistung in Betracht kommen.)

Genaue Beurteilung des Verhaltens gegenüber Vorgesetzten und Mitarbeitern
                                                        ja   nein

Wird über dieses Verhalten positiv berichtet? .... □ □

Wird das Verhalten gegenüber Vorgesetzten **und** Mitarbeitern erwähnt,
evtl. auch gegenüber Kollegen und Kunden? .... □ □

Fehlen wichtige Informationen, die man im Zusammenhang mit der alten und
neuen Position erwarten darf? .... □ □
(Fehlt z. B. der Hinweis auf Ehrlichkeit bei einem Kassierer?)

Werden Informationen gegeben, die auf negatives Verhalten schließen
lassen? .... □ □
(Wird z. B. der Hinweis auf die „Geselligkeit" betont?)

Bestehen aufgrund der Beurteilung Bedenken gegen die Eignung des
Bewerbers insgesamt oder gegen einzelne Hauptmerkmale? .... □ □

| Führungsverhalten bei Führungskräften | ja | nein |

Lassen die erwähnten Kompetenzen im Arbeitszeugnis z. B. Vergrößerung der Führungsqualitäten oder sonstige Fähigkeits-Entwicklungsprozesse erkennen? .... ☐ ☐

| Angabe, wer gekündigt hat und der Kündigungsgrund | ja | nein |

Nennt der Bewerber die Austrittsgründe selbst und überzeugen diese? . . ☐ ☐

Erfolgte das Ausscheiden entsprechend den üblichen Kündigungsterminen? .... ☐ ☐

| Bedauern über das Ausscheiden des Mitarbeiters | ja | nein |

Werden Austritte aus den jeweiligen Firmen glaubhaft bedauert? . . . . . ☐ ☐
(Das „Bedauern" über das Ausscheiden eines Mitarbeiters findet man eher im unteren und manchmal im mittleren Management, wenn man auf einen besonders qualifizierten Mitarbeiter hinweisen will. Für Mitarbeiter des Top-Managements verzichtet man eher auf das „Bedauern". Das liegt daran, daß bei äußerster Zufriedenheit mit diesem Mitarbeiter das Unternehmen den Wechsel negativ aufnimmt, da ein ähnlich hoch qualifizierter Mitarbeiter erst wieder einmal gefunden werden muß. Außerdem ist der Weggang z. B. eines Geschäftsführers mit spürbaren Umsatzeinbußen begleitet, mit einem Verlust an wirtschaftlichem Know-how. Erfolgte die Trennung aufgrund sachlicher oder persönlicher Differenzen, so haben die Parteien keinen Grund, etwas zu „bedauern", so daß sich diese Formulierung im Zeugnis erübrigt.)

| Sonstiges | ja | nein |

Begleiten den Bewerber gute Wünsche für den weiteren beruflichen Werdegang? .... ☐ ☐
(Diese Wünsche signalisieren dem Zeugnisleser eine positive Einstellung des früheren Arbeitgebers dem Mitarbeiter gegenüber. Nach einer guten Leistungsbeurteilung wirken solche Wünsche ehrlich, nach einer negativen Beurteilung hingegen wie eine Erleichterung über die Trennung. Die Floskel muß im Einklang mit dem genannten Zeugnisinhalt stehen. Man sollte sich darüber Gedanken machen, wie es mit der Bonität der ausstellenden Firmen steht.)

Verläßt der Mitarbeiter die Firma aufgrund eigener Kündigung? . . . . . . ☐ ☐
(Bei Fehlen dieser Klausel liegt der Verdacht nahe, daß die Kündigung arbeitgeberseitig oder einvernehmlich geschah, z. B. durch Aufhebungsvertrag. Diese Formel wird nämlich zum Teil verwandt, wenn Aufhebungsverträge oder arbeitgeberseitig initiierte Kündigungen vorliegen. In jedem Fall muß im Bewerbergespräch hierauf Bezug genommen werden.)

Wird der Kündigungsgrund im Zeugnis angegeben? ....☐ ☐
(Abgesehen von den Fällen, in denen der Kündigungsgrund angegeben werden muß [siehe 1.8 und 1.8.7], ist es beim Arbeitszeugnis generell nicht üblich, den Kündigungsgrund zu erwähnen. Meist findet man Leerformeln wie „um sich zu verändern" oder „aus persönlichen Gründen". Es spricht aber nichts dagegen, plausible Gründe z. B. wegen Studium oder bestimmter Weiterbildungsmaßnahmen, Wohnortwechsel usw. im Zeugnis zu nennen. Hat der Arbeitgeber gekündigt, so wird das im Zeugnis manchmal dadurch ausgedrückt, daß es schlicht heißt: „Das Arbeitsverhältnis endet am...". Bei Führungskräften ist allerdings Vorsicht geboten. Hier wertet man die Angaben des betriebsbedingten Grundes als eigenes Führungsversagen.)

Enthält das Zeugnis sonstige Ungereimtheiten? ....☐ ☐
(Hierzu gehört auch die Unsitte, Betriebsabteilungen derart abzukürzen, daß der Leser nicht weiß, wo der Bewerber eingesetzt war.)

Stimmt das Ausstellungsdatum des Zeugnisses mit dem rechtlichen letzten Tag des Arbeitsverhältnisses überein? ....☐ ☐
(Das Ausstellungsdatum sollte nach Möglichkeit mit dem Ausscheidedatum des Arbeitnehmers übereinstimmen. Vor- bzw. Nachdatierungen lassen jedoch nicht unbedingt darauf schließen, daß hier etwas nicht in Ordnung sei.)

Ist das Zeugnis außer durch den unmittelbaren Vorgesetzten noch zusätzlich von einem in der Hierarchie höher angesiedelten Vorgesetzten (z. B. Vorstand) unterzeichnet? ....☐ ☐
(Hierdurch steigt das Gewicht des Zeugisses.)

Lassen sich Schlüsse über die bisherige Bedeutung des Bewerbers bei der letzten Firma ziehen? ....☐ ☐

Beherrscht der Aussteller des Zeugnisses seine Aufgabe in formaler und inhaltlicher Sicht? ....☐ ☐
(Beherrscht er folgende Kriterien: Beschreibung verschiedener Positionen des Mitarbeiters, klare Gliederung in Absätzen, Beachtung des Zeugnis-Aufbauschemas. Vollständigkeit, Systematik, angemessener Umfang. Die Längen der Abschnitte müssen zueinander logisch sein, das Zeugnis sollte positionsorientiert formuliert sein, grammatikalisch richtig, präzise formuliert und fehlerfrei sein.)

Wird die Berufung des Bewerbers aufgrund der vorgelegten Zeugnisse plausibel? ....☐ ☐
Ist die persönliche Sphäre im Zeugnis gewahrt? ....☐ ☐
Gibt es Erklärungen für sonstige Brüche im Zeugnis? ....☐ ☐

8.2 Gefahren und Fehler bei Zeugnisanalysen/Zeugnisinterpretationen

Es besteht die Gefahr,

— daß der Vorgesetzte, der selbst mehr aufgrund seiner fachlichen Kompetenz, weniger aufgrund seiner Führungspersönlichkeit avancierte, oft nicht die Fähigkeit besitzt, seine Mitarbeiter richtig zu beurteilen,

— daß zum Zeitpunkt der Kündigung der Vorgesetzte oft verärgert ist, wenn es sich um einen guten Mitarbeiter handelt. Der Vorgesetzte empfindet die Kündigung des Mitarbeiters als persönliche Beleidigung. Vielleicht mißfällt dem Mitarbeiter der Führungsstil oder die Persönlichkeit des Vorgesetzten. Außerdem ist jede Fluktuation mit viel Zeit und erheblichen Kosten verbunden, da doch ein geeigneter Nachfolger gesucht und eingearbeitet werden muß. Erst später denkt der Vorgesetzte vielleicht an die Karriere und die familiäre Situation seines ehemaligen Mitarbeiters; dann ist aber ein Zeugnis oft schon geschrieben, ohne daß ein entsprechendes ,,Wohlwollen" berücksichtigt wurde.

Fehler bei der Zeugnisanalyse können leicht dadurch auftreten,

— daß die Arbeitszeugnisse hinsichtlich der fachlichen Fähigkeiten und persönlichen Eigenschaften durch Fehlinterpretationen und Formulierungen falsch beurteilt wurden,

— daß auch mangelnde Kenntnisse über Qualität und Anforderungen von Weiterbildungsaktivitäten (Zusatzdiplome usw.) bestehen.

Dort, wo anstelle von Arbeitszeugnissen Ausbildungszeugnisse vorgelegt werden – so bei der Ersteinstellung eines Bewerbers – bzw. Ausbildungszeugnisse gemeinsam mit den Arbeitszeugnissen analysiert und interpretiert werden, werden besonders oft typische Fehler gemacht:

— Es erfolgt eine zu starke Orientierung an Einzelnoten der Schulzeugnisse,
— besonders Fremdsprachenkenntnisse werden nach Zeugnisnoten beurteilt,
— Hochschulzeugnisse mehrerer Bewerber werden einem einfachen Notenvergleich unterzogen (dabei sollten zumindest Qualität und Ausbildungsgänge der Hochschulen beachtet werden),
— mangelnde Kenntnis über den Schwierigkeitsgrad und die Ausbildungsinhalte von Hochschulen und weiterführenden Ausbildungsgängen wie Promotion usw. führt zu Fehleinschätzungen der Bewerber. Das gleiche gilt auch für die falsche Beurteilung von unterschiedlichen Ausbildungsgängen (z. B. die Vielfalt von Abschlüssen der Betriebswirte).

In der Berufspraxis hat sich herausgestellt, daß sich Bewerber mit überdurchschnittlichen Schulnoten in den Betrieben nicht so bewähren, wie man es annehmen möchte.

Das liegt daran, daß vom Zeugnis her zu hohe Erwartungen an den Bewerber gestellt werden, der „Einser-Mann" selbst zu hohe Ansprüche stellt, die nicht realitätsbezogen sind. Oft handelt es sich bei diesen Bewerbern um ausgesprochene Individualisten, deren Kontaktfähigkeit aufgrund ihres übersteigerten Selbstwertgefühls gering ausgebildet ist und die daher ein Verhalten an den Tag legen, welches die übrigen Mitarbeiter als „ekelhafte Könner" empfinden und ihm daher die Anerkennung versagen. Man sollte dabei nicht vergessen, daß in der Schule/Hochschule überwiegend theoretischer Stoff vermittelt wird, der keineswegs immer „Theorie der Praxis" ist, weshalb gerade bei diesen Bewerbern der typische Praxisschock besonders groß ist. Schließlich kann ein überdurchschnittlich gutes Zeugnis beim Zeugnisinhaber dazu führen, daß er glaubt, sich in der Praxis nicht groß anstrengen zu müssen, zumal es sich hier um viele Routinetätigkeiten handelt.

Die einzelnen Noten der Schul-/Hochschulzeugnisse sind als objektiver Maßstab der Leistungs- und Verhaltensbewertung nur bedingt brauchbar. Allenfalls kann aus dem Durchschnitt eines oder mehrerer solcher Ausbildungszeugnisse vorsichtig der Schluß gezogen werden, daß dieser Bewerber einen erfolgreichen Anpassungsprozeß im Schulsystem vollzogen hat und daher wenig Einordnungsschwierigkeiten im Berufsleben haben und seinen Pflichten nachkommen wird.

8.3 Beispiele von Zeugnisanalysen

Nachfolgend werden unterschiedliche Zeugnisse (einfache, qualifizierte) für Angestellte, Arbeiter, Auszubildende usw. dargestellt und analysiert. Dabei werden zuerst die jeweiligen Arbeitszeugnisse dem Wortlaut nach wiedergegeben und anschließend kritisiert.

Zur allgemeinen Einführung in diesen Praxisteil dienen als Übungsfall ein **einfaches** und ein **qualifiziertes** Zeugnis eines **Angestellten**.

Grundsätzlich ist bei allen Arbeitszeugnissen auf folgendes zu achten: sie sollten auf Geschäftspapier oder zumindest auf gutem Papier geschrieben sein („Visitenkarte" des Mitarbeiters und auch des ausstellenden Betriebes, siehe 1.7).

Übungsfall 1

Zeugnis

Herr Emil Schulz trat am 1. 4. 1975 als kaufmännischer Angestellter in unsere Dienste. Er wurde als Kassierer eingestellt. In dieser Funktion hatte er die täglichen Geldein- und -ausgänge durchzuführen und auszuzeichnen. Außerdem oblag ihm die gesamte Finanzdisposition.

Herr Schulz scheidet mit dem heutigen Tag aus, um sich finanziell zu verbessern.

Wiesbaden, den 25. 2. 1988   Firmenstempel

8.3.1 Einfaches Zeugnis einer Angestellten

Briefkopf

Ort, den 24. 8. 1984

Z e u g n i s

Frau . . ., geb. am . . ., wohnhaft in . . . war vom 1. 10. 1983 bis zum 31. 7. 1984 als Geschäftsführerin der Firma . . . tätig.

Aufgrund der Betriebsgröße war Frau . . . vorwiegend mit allgemeiner Büroarbeit betraut; die ihr übertragenen Aufgaben bemühte sie sich, zu unserer Zufriedenheit auszuführen. Wir dürfen bestätigen, daß sie aufgrund ihres freundlichen Wesens bei allen Speditionskollegen geschätzt und beliebt war und es ihr gelungen ist, schnell speditionelle Kontakte zu knüpfen.

Aufgrund betrieblicher Umorganisation waren wir leider gezwungen, das Arbeitsverhältnis per 31. 7. 1984 in beiderseitigem Einvernehmen zu lösen.

Wir wünschen Frau . . . für ihren weiteren Lebensweg alles Gute.

Firma und Unterschrift

Kritik:

Geburtsort und evtl. der Mädchenname von Frau X. fehlen.

Als Geschäftsführerin hat sie offenbar versagt. Sie hat sich nur 9 Monate gehalten.

Als Geschäftsführerin war sie nur „vorwiegend mit allgemeinen Büroarbeiten vertraut", die man ihr auch noch „übertragen" hatte. An Selbständigkeit und qualifizierten Büroarbeiten hat es offenbar gefehlt.

Die Arbeitsausführung, d. h. ihre Leistung, wird mangelhaft beurteilt.

Der Wortlaut: „Wir dürfen bestätigen . . ." zeigt, daß hier auf Wunsch der Arbeitnehmerin der Satz geschrieben wurde, der Arbeitgeber damit aber Negatives sagt, wenn er nur ein „freundliches Wesen" auszudrücken vermag und im übrigen bestätigt, daß Frau X. „geschätzt und beliebt war . . . und speditionelle Kontakte knüpfte" (was das auch immer heißen mag).

Vom Arbeitgeber wurde sie jedenfalls nicht geschätzt.

Die „betriebliche Umorganisation" sowie das „leider" sind Schutzbehauptungen im Sinne eines wohlwollenden Zeugnisses. Man hat das Arbeitsverhältnis im „beiderseitigen Einvernehmen" gelöst, d. h. Frau X. wurde nahegelegt zu gehen, weil man ihr sonst gekündigt hätte.

Um der Wahrheit willen hat man auf ein qualifiziertes Zeugnis verzichtet, da dieses trotz Wohlwollens zu schlecht ausgefallen wäre.

8.3.2 Qualifizierte Zeugnisse von Angestellten

Briefkopf

Zeugnis

Herr X., geboren am 15. März 1961, trat am 1. August 1977 als Auszubildender (Bürokaufmann) in unser Unternehmen ein.

Nach erfolgreicher abgeschlossener vorzeitiger Prüfung wurde er ab 14. Januar 1980 in ein Angestelltenverhältnis übernommen und seinen Neigungen und Fähigkeiten entsprechend als kaufmännischer Angestellter in der Buchhaltung eingesetzt.

Zunächst wurde er mit der Bearbeitung eines Teilbereiches des Kreditorenkontokorrents betraut. Dazu gehörte schwerpunktmäßig die selbständige Aufbereitung und Verbuchung der Kostenrechnungen für Strom, Wasser, Heizung, Nebenkosten und Telefongebühren sowie die für Energiekosten zu erstellende Kostenübersicht.

Aufgrund der gezeigten sehr guten Leistungen sowie seiner Einsatzbereitschaft übertrugen wir Herrn X. die Verantwortung für den Bereich „Verrechnung mit verbundenen Unternehmen". Hierzu gehörte die Aufbereitung und Verbuchung der Belege, Führung der einzelnen Konten je Unternehmen und deren Abstimmung zu vorgegebenen Terminen. Weiterhin waren die Zusammenstellung der Umlagen und deren permanente Überprüfung auf Plausibilität vorzunehmen. Da dieses Aufgabengebiet sämtliche Bereiche der Buchhaltung tangierte, konnte sich Herr X. ein breites Spektrum an Wissen über organisatorische Abläufe in der Buchhaltung aneignen.

Herr X. zeichnete sich durch einen hohen Arbeitseinsatz aus, was sich insbesondere in der Einführungsphase eines EDV-Dialogsystems Anfang September 1981 zeigte.

Zeitweise wurde er mit der Erfassung und Erstellung des Anlagevermögens sowie den Aufgaben in der Debitorenbuchhaltung zusätzlich betraut.

Herr X. erledigte die ihm gestellten Aufgaben mit Fleiß, Umsicht und Durchsetzungsvermögen stets zu unserer völligen Zufriedenheit. Sein Verhalten gegenüber Vorgesetzten und Mitarbeitern war immer korrekt und zuvorkommend.

Herr X. scheidet zum 31. Juli 1983 auf eigenen Wunsch aus unserem Unternehmen aus. Wir danken für seine Mitarbeit und wünschen ihm für die Zukunft alles Gute und viel Erfolg.

Ort, den 28. Juli 1983

Firma und Unterschrift

Kritik:

Der Geburtsort fehlt.

Er wurde mit allen Arbeiten „betraut". Unklar ist, ob und wie er diese Arbeiten erledigte.

Als Zeugnisaussteller sollte man Worte wie „verbuchen" nicht gebrauchen. In der Buchhaltung wird „gebucht" und nichts vertuscht, verbucht oder weggebucht.

Leistung, Einsatzbereitschaft und Arbeitseinsatz werden gut bewertet. Es stört etwas, daß sich „Herr X. ein breites Spektrum an Wissen über organisatorische Abläufe... aneignen konnte". Die Frage lautet: Hat er es getan?

Auch der letzte Absatz zeigt, daß man mit dem Arbeitnehmer sehr zufrieden war.

Herr X. hat von sich aus gekündigt, daran ist nicht zu zweifeln. Die guten Wünsche, die ihn begleiten, sind ehrlich gemeint. Wenn auch die Bedauernsklausel fehlt, so ist dem Gesamttext des Zeugnisses doch zu entnehmen, daß man den Mitarbeiter nicht gerne verliert.

Briefkopf

Ort, den 2. 11. 1987

Z e u g n i s

Frau X., geboren am..., begann ihre Tätigkeit in unserem Unternehmen am... als Export-Sachbearbeiterin in unserer Niederlassung Kelsterbach.

Zu ihren Aufgaben gehörte die Abwicklung der anfallenden Exportaufträge, das Zusammenstellen sowie Abschließen der Consolidation-Sendungen an unsere ausländischen Partner, das Erstellen von Voravisen per Telex oder Telefax sowie die Überwachung der Abflüge für die von uns gebuchte Fracht.

Bedingt durch personelle Veränderungen innerhalb unseres Unternehmens, übernahm Frau X. die Aufgabe, die eingehenden Importsendungen abzufertigen, d. h. das Erstellen der notwendigen Zollformulare vorzunehmen, damit die Sendungen vom Hauptzollamt freigegeben wurden und die Auslieferung der Fracht an die Kunden erfolgen konnte.

Aufgrund ihrer Einsatzbereitschaft wurde Frau X. die Leitung der Export-/Importabteilung übertragen, und sie war somit als Abfertigungsleiterin tätig. Bedingt durch ihr fundiertes Fachwissen auf dem Import- und Exportsektor war Frau X. bei unserer Kundschaft ein sehr gefragter Ansprechpartner, denn sie war stets in der Lage, die notwendigen Informationen zu übermitteln.

Innerhalb kürzester Zeit eigenete sich Frau X. hervorragende Kenntnisse in der Bedienung unseres NCR Computer-Systems an. Sie übernahm es zusätzlich, Tarife zu speichern und Kundenanschriften einzulesen. Es gehörte ebenfalls zu ihren Aufgaben, bei Tarifänderungen die entsprechenden Daten im Computer zu ändern.

Neben ihren täglichen Arbeiten fand Frau X. die Zeit, einen Kurs für bedingt zulässige Güter bei der Verladung per Luftfracht (DGR) erfolgreich zu absolvieren.

Wir können bescheinigen, daß sie über sehr gute Fachkenntnisse verfügt. Sie war stets fleißig und gewissenhaft und erledigte die ihr übertragenen Aufgaben zu unserer vollsten Zufriedenheit. Ihr Verhalten gegenüber Vorgesetzten und Kollegen war immer einwandfrei.

Leider müssen wir das Arbeitsverhältnis mit Frau X. zum 31. 12. 1987 beenden. Die Kündigung erfolgte ausschließlich aus betriebsbedingten Gründen.

Wir wünschen Frau X. für die Zukunft alles Gute.

Firma und Unterschrift

Kritik:

Geburtsort und evtl. der Mädchenname fehlen.

Positiv zu werten ist die Absolvierung des Kurses für die Verladung per Luftfracht. Dies wird von der ausstellenden Firma als Einsatz und Initiative bewertet.

Ihr werden sehr gute bis gute Leistungen bescheinigt.

Ihr Verhalten war einwandfrei.

Daß die Kündigung ausschließlich aus betriebsbedingten Gründen erfolgt, ist glaubhaft; ungern läßt man die Mitarbeiterin gehen.

Briefkopf

Ort, den 16. März 1979

Zeugnis

Frl. . . ., geb. am . . ., wohnhaft in . . ., ist seit dem 1. 3. 1976 als Mitarbeiterin in der Marketingabteilung unseres Hauses tätig. Ihr umfangreiches Arbeitsgebiet umfaßt neben Sekretariatsaufgaben in engster Zusammenarbeit mit dem Marketingleiter vor allem die selbständige Angebots- und Auftragsabwicklung sämtlicher Fremdleistungen in den Bereichen Marketing und Marketing-Service sowie die alleinverantwortliche Budgetführung. Alle in diesem Zusammenhang notwendigen externen Kontakte sowie die vielfältigen Dispositionen im Verkehr mit den internen Verkaufs- und Vertriebsabteilungen für das In- und Ausland sowie zum Buchhaltungs- und Finanzbereich gehören zu ihren Aufgaben.

Wegen ihrer besonderen Genauigkeit und Zuverlässigkeit wurde Frl. . . . auch die Verantwortung für den technischen Änderungsdienst für Prospekte und Betriebsanweisungen übertragen.

Frl. . . . verfügt über ein ausgeprägtes Organisationstalent und einen stark entwickelten Ordnungssinn, ohne in Maximen zu erstarren. Aufgrund dieser Voraussetzungen konnten ihr sehr schnell so verantwortungsvolle Aufgaben wie die Budgetführung und

Kritik:

Der Geburtsort fehlt.

Der 2. Absatz gehört nicht in ein Zeugnis. Hier handelt es sich um eine Darstellung der Firma, nicht aber um ein persönliches Zeugnis.

Wie bereits erwähnt, sollten statt Passivformen (..."oblagen ihr...") und Substantivierungen (..."Neben der Erledigung...") dynamisch-aktive Wörter und verbale Ausdrucksweise verwendet werden.

Auch im nächsten Absatz ist nichts darüber ausgesagt, ob durch die Übernahme von Schreibarbeiten der verschiedenen Presse- und Informationsdienste die Tätigkeiten auch **erfolgreich** von Frau X. erledigt wurden.

Die Leistung von Frau X. wird mit gut bewertet.

Über ihr Verhalten wird keine Aussage gemacht, wenn einmal von der vagen und nichtssagenden Andeutung „wertvolle Mitarbeiterin und gute Kollegin" abgesehen wird. Nun wäre es sicherlich falsch, bei diesem Zeugnis ein mangelhaftes Verhalten erkennen zu wollen, da der Zeugnisschreiber offenbar unkundig ist, sowohl was die formale Gestaltung als auch die inhaltliche Wiedergabe angeht. Zumindest sollte man aber den Verhaltensaspekt beim Vorstellungsgespräch erwähnen.

Sicherlich kann davon ausgegangen werden, daß der Zeugnisschreiber ein gutes Zeugnis ausstellen wollte und daß die Dienststelle auch offenbar ehrlich das Ausscheiden von Frau X. bedauert.

Briefkopf

Zeugnis

Frau ..., geb. am ..., wohnhaft in ..., war in der Zeit vom 1. Januar bis 30. April 1986 in der Redaktion der Zeitschrift ... tätig.

Folgende Aufgabengebiete waren ihr übertragen:

Selbständiges Bearbeiten von Manuskripten für die Zeitschrift ..., Teilnahme an Sitzungen der Organe der Fachgruppe ... bzw. Veranstaltungen des ... in der Bundesrepublik (Bundesvorstand der Fachgruppe ..., Bundesausschuß ..., regionale ..., Seminare der Berufsfachgruppe ...) und selbständiges Auswerten und Berichten über diese Sitzungen bzw. Veranstaltungen für die Zeitschrift ...

Darüber hinaus hat Frau ... eigenverantwortlich statistisches Material zur Situation des deutschen ... gesammelt und äußerst verwertbar zusammengestellt.

Frau ... hat die ihr übertragenen Aufgaben stets zu unserer vollen Zufriedenheit erfüllt.

Wir wünschen Frau ... für ihren zukünftigen beruflichen Lebensweg alles Gute und viel Erfolg.

Firma und Unterschrift

Ort, 7. Mai 1986

Kritik:

Geburtsort und evtl. der Mädchenname fehlen.

Wie Frau X. ihre Tätigkeiten ausführte, wird nicht gesagt im Zusammenhang mit der Tätigkeitsbeschreibung. Der Satz: „... Frau X. hat die ihr übertragenen Arbeiten stets zu unserer vollen Zufriedenheit erfüllt" steht im Gegensatz zu der kurzen Beschäftigungsdauer von 4 Monaten. Aus welchem Grund „mußte" Frau X. doch angeblich noch während der Probezeit gehen? Die Leistung war sicherlich nicht gut, zumindest nicht in den Augen des Arbeitgebers.

Offenbar hat sich Frau X. mit dem Arbeitgeber überworfen. Über ihr Verhalten wird nichts ausgesagt. Auch deutet der kurze Beschäftigungszeitraum darauf hin, daß es Ärger gab.

Auch die Floskel „... wir wünschen ... alles Gute und viel Erfolg" ist eine wohlwollende Geste, die im Widerspruch zum Sachverhalt steht, aber den Arbeitgeber natürlich auch nicht viel Überwindung kostet.

Es handelt sich hier um ein schlechtes Zeugnis, welches – falls es nicht der Wahrheit entspricht – von Frau X. unbedingt angefochten werden sollte. Mit solchen Zeugnissen wird Frau X. kaum zu Vorstellungsgesprächen eingeladen werden.

Briefkopf

Ort, 3. 7. 1987

Zeugnis

Herr Dipl.-Ing. agr. ..., geb. am ..., in ..., war in der Zeit vom 1. 10. 1985 bis 31. 3. 1987 als wissenschaftlicher Angestellter unter Eingruppierung in die Vergütungsklasse IIa des Bundesangestelltentarifvertrages(BAT) in unserem Hause tätig.

Während dieser Zeit waren ihm die Aufgaben eines Referenten in zwei Referaten der Abteilung „Land- und Forstwirtschaft, Umweltangelegenheiten" übertragen.

Im Rahmen projektbezogener Aufgabenzuweisungen arbeitete Herr ... in den Referaten „Agrarmärkte, Betriebswirtschaft, Landtechnik, Bauwesen" und „Verbesserung der Lebensverhältnisse im ländlichen Raum, Umwelt, Naturschutz, Landschaftspflege".

Seine Tätigkeit erstreckte sich in erster Linie auf die Bearbeitung von Veröffentlichungen aus den Themenbereichen seiner fachlichen Spezialisierung, d. h. der Agrarmärkte, der Betriebswirtschaft und der Sozialökonomik. Dabei oblag ihm die zielgruppengerechte redaktionelle Aufbereitung von Fachinformationen unter konzeptionellen, inhaltlichen, mediendidaktischen und gestalterischen Gesichtspunkten.

Darüber hinaus hat Herr . . . maßgeblich an der fachlichen und organisatorischen Vorbereitung und Durchführung einer mehrtägigen Tagung zur ,,Vermarktung alternativ erzeugter Agrarprodukte" mitgewirkt sowie den Tagungsbericht eigenverantwortlich zusammengestellt und redigiert.

Herr . . . brachte eine fundierte wissenschaftliche Ausbildung auf einer Basis einer guten Allgemeinbildung ein, die es ihm zusammen mit einer schnellen Auffassungsgabe ermöglichte, sich flexibel in die übertragenen Aufgaben einzuarbeiten. Dabei kam ihm die Fähigkeit einer praxisnahen, konkreten Anschaulichkeit in der Formulierung ebenso zugute wie Kontaktfreude, Spontaneität und Aufgeschlossenheit.

Die Bereitschaft zur Übernahme persönlicher Verantwortung, die hohe Arbeits- und Leistungsmotivation zur eigenständigen, selbstbezogenen Problemlösung zeichneten Herrn . . . in gleichem Maße aus wie aufrichtiges Kritikverhalten und hohes soziales Engagement.

Er war ein allgemein geschätzter Mitarbeiter und paßte sich gut in die Betriebsgemeinschaft ein. Sein Verhalten gegenüber Vorgesetzten war korrekt.

Herr . . . erledigte seine Aufgaben zuverlässig und verantwortungsbewußt stets zu unserer vollen Zufriedenheit.

Mit Ablauf des 31. 3. 1987 ist Herr . . . auf eigenen Wunsch aus dem Arbeitsverhältnis ausgeschieden. Wir danken ihm für seine erfolgreiche Arbeit und wünschen ihm auf seinem weiteren Berufs- und Lebensweg alles Gute.

Kritik:

Das Zeugnis spricht von Aufgaben, die ,,übertragen" wurden, die Herrn X. ,,oblagen", von Tätigkeiten, die Herrn X. ,,ermöglichte, sich flexibel in die übertragenen Aufgaben einzuarbeiten". Dabei kamen ihm ,,Fähigkeiten zugute". Alles dies sagt wiederum nichts über das **Wie** des Arbeitsvollzugs aus. Lediglich der Satz, daß Herr X. seine Aufgaben ,,zuverlässig und verantwortungsbewußt stets zu unserer vollen Zufriedenheit" erledigte, läßt eine (zweifelhafte) gute Leistung insgesamt erkennen.

Das Verhalten von Herrn X. (,,allgemein geschätzter Mitarbeiter, der sich gut in die Betriebsgemeinschaft eingliedert") läßt den Schluß zu, daß er als Mitläufer und Betriebsnudel betrachtet wird. Ob sein Verhalten gegenüber Vorgesetzten (in den Augen der Vorgesetzten) korrekt war, läßt Zweifel aufkommen, zumal der Abgang nach nur 1,5 Jahren Betriebszugehörigkeit auch nicht weiter bedauert wird. Bei diesem Zeugnis gibt es einiges im Vorstellungsgespräch zu hinterfragen.

Briefkopf

Ort, 2. Januar 1986

Zeugnis

Herr X., geboren am . . ., war vom 1. Mai 1982 bis zum 31. Dezember 1985 in der Gruppe Landbau . . . im Rahmen der wissenschaftlichen Untersuchungen zur „Verringerung der Nitratbelastung des Grundwassers" mit Dienstsitz in . . . tätig.

Der Minister für Umwelt, Raumordnung und Landwirtschaft des Landes . . . hatte mit Erlaß vom . . . zur Lösung der mit Nitratbelastung des Grundwassers verbundenen Probleme eine wissenschaftliche Untersuchung über die Zusammenhänge zwischen Landwirtschaftsmaßnahmen und Grundwasserqualität in Auftrag gegeben. Insbesondere war im Rahmen dieses Forschungsvorhabens zu klären, wie bei den gegebenen Verhältnissen die Bodenwirtschaft in Wasserschutzgebieten des Landes . . . zu gestalten ist.

An dem Forschungsvorhaben ist unter der Federführung des . . . die Landesanstalt für . . . beteiligt.

Der Erfolg dieser komplexen und interdisziplinären Aufgabe hing entscheidend von der Kommunikation und gegenseitigen Anregung, der Flexibilität und Einsatzbereitschaft der beteiligten Mitarbeiter und Dienststellen ab.

Herrn . . . konnte aufgrund der ihm eigenen Selbständigkeit, Einsatzbereitschaft, Gewissenhaftigkeit, Kooperationsbereitschaft sowie seiner Flexibilität und Führungseigenschaften die verantwortliche Leitung sowie Durchführung und Auswertung der im Bereich der . . . gelegenen Versuche einschließlich der Verhandlungen mit den beteiligten Institutionen und Forschungsstellen übertragen werden. Darüber hinaus oblag ihm die Betreuung und Beratung der 6 Versuchsansteller.

Die Versuchspläne wurden im Rahmen des Forschungsvorhabens mit der . . ., die Versuchsdurchführung unter zusätzlicher Beteiligung des . . ., des . . ., der Stadtwerke . . . abgesprochen. Ausgewertet wurden die Versuche in Zusammenarbeit mit dem Insitut für . . . der . . . in . . . sowie der Technischen Universität . . . – Lehreinheit . . .

Für die Durchführung der Versuche (verschiedene Versuchsflächen und Waldstandorte) unterstanden Herrn . . . 2 staatlich geprüfte Landwirte als Versuchstechniker. Die Messungen mit der Berthold-Neutronensonde wurden von Herrn . . . in der Regel selbst durchgeführt und insbesondere die Eichkurven selbständig erstellt. Die beim Einsatz der Neutronensonde auftretenden versuchs-und meßtechnischen Probleme hat Herr . . . nach ausführlicher Diskussion mit erfahrenen Fachleuten selbst gelöst.

Eine umfassende Beschreibung der vielfältigen, Herrn . . . übertragenen Aufgaben ist im Rahmen eines Zeugnisses kaum möglich. Alle übertragenen Arbeiten führte Herr . . . selbständig und mit großem Eifer selbstkritisch und mit außerordentlicher Gewissenhaftigkeit durch. Dabei waren sein Ideenreichtum, seine schnelle und sichere Auffassungsgabe, die Erfassung der oftmals schwierigen Zusammenhänge und Erkennen der entscheidenen Probleme und sein sicheres, abgewogenes Urteil Voraussetzung für die erfolgreiche Bewältigung der Aufgaben.

Herr ... verfügt über ein sehr gutes Fachwissen und gute organisatorische Fähigkeiten; er plant sorgfältig und hat ein überzeugendes Verhandlungsgeschick. Sein mündliches und schriftliches Ausdrucksvermögen sind anschaulich, klar gegliedert und gewandt.

Herr ... hat ein bescheidenes, stets ausgeglichenes, freundliches Wesen und zuvorkommendes, aber sicheres Auftreten. Er versteht es, seine Mitarbeiter wie auch andere zu motivieren, ist selbst äußerst gewissenhaft und pflichtbewußt und besitzt ein hohes Maß an Bereitschaft, dann wenn die Aufgabenstellung es erfordert, ohne jegliche Aufforderung weit über die tägliche Arbeitszeit hinaus den gestellten Aufgaben nachzugehen. Er ist entschlußfreudig und stets auf der Suche nach besseren Aufgabenlösungen.

Gegenüber Vorgesetzten ist Herr ... stets aufrichtig und vertrauensvoll, um Rat bemüht; gegenüber Kollegen kameradschaftlich, hilfsbereit und kooperativ, wird anerkannt. Er ist kollegial, aber mit sicherem und bestimmtem Auftreten gegenüber unter seiner Leitung und nach seiner Weisung arbeitenden Mitarbeitern.

Herr ... ist mit Ablauf des 31. Dezember 1985 ausgeschieden und will am Institut für ... der Universität ... promovieren. Die ... verliert mit ihm einen hervorragenden, qualifizierten Mitarbeiter. Wir wünschen ihm für seinen beruflichen Werdegang und den weiteren Lebensweg alles Gute.

Institution und Stempel

Unterschrift

Kritik:

Die Angabe des Geburtsorts fehlt.

Das Zeugnis ist viel zu lang für eine 3,5jährige Tätigkeit. Die Beschreibung über den Auftrag des Ministers für Umwelt usw., die Forschungsvorhaben unter Federführung ..., die Durchführung der Versuchspläne, gehören nicht in ein Zeugnis. Bringt man all dies in Abzug, dann erstreckt sich das Zeugnis noch auf ein vernünftiges Maß, auf rund 1,5 Seiten.

Was soll die Formulierung: „Der Erfolg ... hing entscheidend ... ab"? Was hat Herr X. konkret erfolgreich getan? Was heißt: „... der ihm eigenen Selbständigkeit"? Muß man an seiner Selbständigkeit zweifeln? Es ist äußerst schlecht, Substantive aneinanderzureihen (Selbständigkeit, Einsatzbereitschaft, Gewissenhaftigkeit, Kooperationsbereitschaft usw.). Das klingt wörterbuchmäßig wahllos herausgesucht und wenig überzeugend. Daß Herr X. alle übertragenen Aufgaben „mit großem Eifer" durchgeführt hat, bedeutet in der Zeugnissprache ein Bemühen ohne Erfolg, also eine mangelhafte Leistung. Herr X. verfügt zwar über ein sehr gutes Fachwissen und über sonstige gute Fähigkeiten; offenbar aber gelingt es ihm nicht, dies in der Arbeit zu verwirklichen. Man verliert einen hervorragenden qualifizierten Mitarbeiter (so der letzte Absatz), der aber im Zeugnistext in der Leistungsbewertung schlecht abschneidet. Diese Widersprüchlichkeit beruht – wie unschwer dem Gesamtzeugnis zu entnehmen ist – auf der Unfähigkeit des Zeugnisausstellers, ein formal und inhaltlich einwandfreies Zeugnis zu erstellen. Man sollte diesen Bewerber keinesfalls aussondern, sondern Widersprüchlichkeiten im Vorstellungsgespräch abklären.

Daß Herr X. ein „bescheidenes ... freundliches und zuvorkommendes Wesen" hat, mag zwar gut klingen. Der Leser dieses Zeugnisses ist jedoch geneigt, hierin eine übertriebene Unterwürfigkeit und Anpassung nach oben zu erblicken. Nach unten scheint Herr X. mehr Druck-Typ zu sein (siehe Formulierung: „... aber mit sicherem und bestimmtem Auftreten gegenüber unter seiner Leitung und nach seiner Weisung arbeitenden Mitarbeitern"). Er zeigte ein hohes Maß an Bereitschaft, wenn es die Aufgabe erforderte, um den gestellten Aufgaben nachzugehen. Nur dann? Hat er selbst keine Aufgaben gesehen, die es zu erledigen gab? Vorgesetzten gegenüber war er um Rat bemüht. Konnte er die Vorgesetzten nicht wirklich beraten? War er zu sehr in der Theorie befangen (siehe auch der Wunsch, zu promovieren), um praktische Arbeitshilfen geben zu können?

Es handelt sich hier offenbar um ein gut gemeintes, äußerst schlecht formuliertes Zeugnis, welches viele Fragen aufwirft.

Briefkopf der Firma

Zeugnis

Herr Diplom-Kaufmann Heinrich Rost, geboren am 5. 1. 1925 in Köln, trat am 1. 4. 1961 als Angestellter in unser Unternehmen ein. Er war seitdem im Finanz- und Rechnungswesen tätig.

Sein Aufgabengebiet umfaßte:

— jährliche Bilanzerstellung,

— Erstellung von Finanzplänen und kurzfristigen Erfolgsrechnungen,

— Entwicklung neuer Kostenrechnungsverfahren und Aufstellung des Betriebsabrechnungsbogens je Quartal,

— Abfassen des Rechenschaftsberichts für die Geschäftsleitung,

— Ausarbeiten von Richtlinien und Arbeitsanweisungen für den gesamten kaufmännischen Bereich,

— Betreuung der kaufmännischen Auszubildenden,

— Verhandlung mit Banken.

Herr Rost besitzt ein hervorragendes Fachwissen und war selbst den schwierigsten Aufgaben stets gewachsen. Bereits im Mai 1965 wurde Herrn Rost Handlungsvollmacht und 2 Jahre später Gesamtprokura für den kaufmännischen Bereich erteilt.

Herr Rost durchblickte schon nach kurzer Einarbeitung den sehr umfangreichen Aufgabenbereich vollkommen und schaffte es durch sinnvolles, gekonntes Delegieren von Routine- und Vorbereitungsaufgaben stets die Übersicht zu behalten und seine Mitarbeiter aufgaben- und menschenorientiert optimal zu führen.

Seine ausgezeichnete Zeitplanung gab die Möglichkeit, weitere hochqualifizierte Aufgaben Herrn Rost zu übertragen, ohne daß irgendwann einmal wichtige Themen versäumt wurden. So schaffte Herr Rost z. B. die Umstellung der Buchführung und Bilanzierung, des Berichtswesens und diverser Statistiken auf die EDV ohne nennenswerte zusätzliche Kosten. Dabei verbesserte er das Zahlenmaterial und die Qualität und Aktualität der Unterlagen erheblich.

Seinen Mitarbeitern und Vorgesetzten war er stets ein gutes Vorbild. Außerordentliches Pflichtgefühl, enormer Einsatz seiner Person, Loyalität gegenüber seinen Vorgesetzten sowie eine starke Kooperationsbereitschaft nach allen Seiten hin, sind die wesentlichen Charaktereigenschaften von Herrn Rost.

Seine Mitarbeiter führte er im Team und sehr kooperativ. Er verlangte viel von ihnen, sparte aber auch nicht mit Lob, Anerkennung und Einsatz. So konnten gute Mitarbeiter – oft zum Leidwesen von Herrn Rost – bereits nach wenigen Jahren für Führungsaufgaben auch für andere Bereiche als das Finanz- und Rechnungswesen eingesetzt werden.

Über all diese Jahre zeigte sich Herr Rost als verantwortungsvoller Könner auf seinem Gebiet mit großem pädagogischen Geschick und großer Motivationskraft. Seine Leistungen sind ohne Unterbrechungen stets sehr gut gewesen. Sein Verhalten gegenüber Vorgesetzten, Kollegen, Mitarbeitern und Kunden war stets einwandfrei.

Herr Rost scheidet am 29. 4. 1988 mit Erreichen der Altersgrenze aus unserem Unternehmen aus. Wir bedauern seinen Austritt außerordentlich, danken ihm ausdrücklich für die langjährige treue Mitarbeit und wünschen ihm weiterhin alles Gute und viel Gesundheit und noch schöne Lebensjahre.

Köln, den 29. 4.1988

Unterschrift

Kritik:

Es handelt sich um das qualifizierte Zeugnis eines leitenden Angestellten im oberen Management. Es ist rundum positiv und in sich geschlossen. Auch hat ein Aufstieg bis zum Prokuristen stattgefunden. Die geschilderte fachliche Qualifizierung und die Leistungen und sein Führungsverhalten geben dem Außenstehenden ein gutes Bild von der Person des Beurteilten und seinen Fähigkeiten.

Das Zeugnis ist voller Anerkennung und Dankbarkeit. Es ist eine gute Visitenkarte für den Arbeitnehmer wie für den Arbeitgeber.

Briefkopf

Ort, 10. 12. 1986

Zeugnis

Frau X., geborene . . ., geboren am . . . in . . ., war hier in der Zeit vom 15. 3. 1977 bis 30. 9. 1986 als Schreib- und Bürokraft in einem Arbeitsverhältnis mit wöchentlich 20 Stunden nach den Bestimmungen des Bundesangestelltentarifvertrags (BAT) beschäftigt.

Zunächst war sie bis zum 16. 2. 1983 in dem Referat . . . und anschließend in dem Referat . . . tätig. Frau X. hatte die Aufgabe, Korrespondenz dieser Referate nach Phonodiktat, teilweise nach Stichwortangaben, selbständig zu erledigen. Hierzu gehörten auch sehr schwierige Texte einschließlich anfallenden Korrekturlesevorgängen mit den Referatsleitern. Frau X. hatte die Referatsleiter von laufenden Verwaltungsarbeiten zu entlasten. Außerdem führte sie selbständig die Referatskarteien über Anschriften und Fachliteratur. Während der Abwesenheit der Referatsleiter erteilte sie selbständig Zwischenbescheide und Auskünfte.

Das Arbeitsgebiet von Frau X. umfaßte eine ausgesprochen vielseitige Tätigkeit, die sie mit Umsicht und Gewissenhaftigkeit sowie Initiative und Selbständigkeit wahrnahm. Ihre Arbeiten erledigte Frau X. zuverlässig und verantwortungsbewußt zu unserer vollen Zufriedenheit. Ihr Verhalten gegenüber Vorgesetzten und Arbeitskollegen war stets einwandfrei. Frau X. war in ihrer hilfsbereiten Art eine allseits geschätzte Mitarbeiterin.

Das Arbeitsverhältnis wurde von Frau X. aus persönlichen Gründen zum 30. 9. 1986 gekündigt, so daß sie uns zu diesem Termin aus eigenem Entschluß verläßt. Für ihre Mitarbeit danken wir Frau X. bei dieser Gelegenheit nochmals und wünschen ihr für die Zukunft alles Gute.

Unterschrift

Kritik:

Es handelt sich hier um ein qualifiziertes Zeugnis einer Teilzeitbeschäftigten. Ihre Leistungen waren ,,befriedigend" (3).

Ihr Verhalten war stets einwandfrei.

Sie hat ordnungsgemäß von sich aus zum Quartalsende gekündigt, wobei man sich fragt, welche ,,persönlichen Gründe" für das Ausscheiden nach so langer Zeit (9,5 Jahre) zur Kündigung führten. Auch ist der Umfang des Zeugnisses für diese lange Beschäftigungszeit etwas zu kurz ausgefallen. Gab es vielleicht doch Ärger mit dem Vorgesetzten?

8.3.3 Einfaches Zeugnis für einen gewerblichen Arbeitnehmer

Briefkopf

Z e u g n i s

Herr Ludwig Birke, geboren am 27. 6. 1953 in Köln, war als Hilfsarbeiter vom 15. 7. 1975 bis zum 31. 3. 1988 in unserer Versandabteilung tätig. Dort war er mit dem Ein- und Auspacken unserer Produkte beschäftigt. Dabei kontrollierte er auch die Unversehrtheit der ausgehenden Ware.

Herr Birke verläßt uns auf eigenen Wunsch.

Wir bedauern dies und wünschen ihm für die Zukunft alles Gute.

Köln, den 31. 3. 1988

Unterschrift

Kritik:·

Es ist ein einfaches Zeugnis für einen unqualifizierten gewerblichen Arbeitnehmer. Neben den Angaben zur Person erfolgt nur eine kurze Beschreibung der Tätigkeit.

Der Mitarbeiter hat selbst gekündigt (auf eigenen Wunsch). Würde dieser Satz nicht stehen, ergäbe sich für den Zeugnisleser, daß dem Mitarbeiter gekündigt wurde.

Das Bedauern und die guten Wünsche für die Zukunft können auch einem einfachen Zeugnis nicht schaden.

Briefkopf

Z e u g n i s

Herr Egon Timm, geboren am 20. 4. 1949 in Braunschweig, war als Gabelstaplerfahrer in unseren Lägern beschäftigt.

Das Arbeitsverhältnis dauerte vom 1. 4. 1976 bis zum 31. 12. 1987.

Düsseldorf, den 31. 12. 1987

Unterschrift

Kritik:

In diesem einfachen Zeugnis ist nichts über die Kündigung gesagt, so daß davon ausgegangen werden kann, daß von Seiten des Arbeitgebers gekündigt wurde.

Herr Timm war offenbar lange bzw. häufig krank. Dies drückt die Formulierung: „Das

Arbeitsverhältnis dauerte vom . . . bis . . .". Wäre keine Krankheit im Spiel, so hieße es im Zeugnis: „Herr Timm war vom 1. 4. 1976 bis 31. 12. 1987 . . . beschäftigt".

Es liegt somit nahe, daß Herrn Timm aufgrund der zahlreichen Fehltage gekündigt wurde.

8.3.4 Qualifiziertes Zeugnis für einen gewerblichen Arbeitnehmer

Briefkopf

Ort, 5. 4. 1988

Zeugnis

Herr X., geboren am . . . in . . . war hier in der Zeit vom 16. 3. 1981 bis 31. 3. 1988 als Hausmeister in einem Arbeitsverhältnis nach den Bestimmungen des Manteltarifvertrages für Arbeiter des Bundes (MTB II) tätig.

Zu seinen Hauptaufgaben gehörten:

– die Wahrnehmung des Schließdienstes für alle Gebäude der Hauptdienststelle,
– die Pflege der Außenanlagen der Hauptdienststelle und der beiden angemieteten Objekte,
– die ständige Überprüfung aller Gebäude zum Zweck der Sicherstellung einer steten Benutzbarkeit und Funktionsfähigkeit,
– die Durchführung kleinerer Reparaturen, für die kein Fachhandwerker herangezogen wurde,
– die Kontrolle der Arbeiten des Reinigungsdienstes.

Ab Januar 1984 . . . übernahm Herr . . . zusätzlich die Überwachung und Pflege des Dienstkraftfahrzeugbestandes; gleichzeitig die Reparaturarbeiten kleinerer Karosserie- und Lackschäden. Mit Wirkung zum 8. Juli 1983 wurde Herr . . . zum Sicherheitsbeauftragten des AID nach § 719 Reichsversicherungsordnung (RVO) bestellt. In den fünf letzten Jahren seiner Tätigkeit in unserem Haus nahm er vertretungsweise die Aufgaben eines Kraftfahrers im Kurierdienst und in der Personenbeförderung wahr.

Nach kurzer Einarbeitungszeit war Herr . . . seinen Aufgaben voll gewachsen. Seine guten handwerklichen Fähigkeiten machten es ihm möglich, Unterhaltungsarbeiten aller Art einschließlich fälliger kleinerer Reparaturen durchzuführen. Herr . . . erwies sich als ein sehr vielseitiger, pflichtbewußter und gewissenhafter Hausmeister. Er zeigte sich immer überdurchschnittlich einsatzbereit. Seine Aufgaben erledigte er mit lobenswertem Fleiß, äußerst sorgfältig, zuverlässig und verantwortungsbewußt stets zu unserer vollen Zufriedenheit.

Die Führung von Herrn . . . war jederzeit einwandfrei, sie gab uns zu Beanstandungen niemals Anlaß. Wegen seiner immer freundlichen und hilfsbereiten Art war Herr . . . bei seinen Kollegen und Vorgesetzten gleichermaßen beliebt.

Herr . . . ist mit Ablauf des 31. März 1988 auf eigenen Wunsch aus dem Arbeitsverhältnis ausgeschieden. Für seine Mitarbeit danken wir Herrn . . . bei dieser Gelegenheit nochmals und wünschen ihm auf seinem weiteren Berufs- und Lebensweg alles Gute.

Firma, Unterschrift

Kritik:

Der Betrieb war mit dem Hausmeister sehr zufrieden, was die gute Beurteilung zeigt.

Man bescheinigt zwar Herrn X. eine einwandfreie Führung, leider aber auf negative Art „. . . sie gab uns zu Beanstandungen niemals Anlaß". Der Arbeitgeber meint es positiv, somit sollte er es auch positiv ausdrücken.

Der Dank und die guten Wünsche zum Schluß passen zur gesamten guten Bewertung.

8.3.5 Qualifiziertes Zeugnis für Angestellte mit einem befristeten Arbeitsvertrag

Briefkopf

Ort, den 15. Juni 1984

Zeugnis

Frau X., geb. am . . . in . . ., wohnhaft in . . ., war auf Zeitdienstvertragsbasis vom 1. 11. 1983 bis 14. 6. 1984 als Aushilfsangestellte unter Einreihung in die Vergütungsgruppe VIII des Bundesangestelltentarifvertrages im Bundesministerium für Bildung und Wissenschaft beschäftigt. Sie war zunächst mit ganzen Tagen und ab. 1. 1. 1984 mit 20 Wochenstunden tätig.

Während dieser Zeit war sie in der Zeitschriftenstelle der gemeinsamen Bibliothek der Bundesministerin für Bildung und Wissenschaft und für Forschung und Technologie eingesetzt und mit folgenden Arbeiten schwerpunktmäßig betraut:

– Zeitschrifteneingang, -umlauf, -rücklauf, -ablage (für ca. 800 Zeitschriften),

– Vorbereiten der Zeitschriften für den Buchbinder, Erteilung des Buchbinderauftrages, Bearbeitung der gebundenen Bände einschl. Katalogisierung,

– Auskunft und Leihverkehr sowie

– Bearbeitung der Rechnungen, Fertigung von Auszahlungsanordnungen.

Frau X. hat sich dank ihrer Intelligenz und ihrer guten Vorbildung schnell und erfolgreich in das umfangreiche, vielseitige Aufgabengebiet eingearbeitet. Hervorzuheben ist ihre gute Auffassungsgabe und der Blick für das Wesentliche. Sie hat die ihr übertragenen Tätigkeiten korrekt, zuverlässig und engagiert zur vollen Zufriedenheit erledigt.

Durch ihre ausgeglichene kollegiale Haltung und ihr freundliches und hilfsbereites Wesen war sie bei Vorgesetzten, Mitarbeitern und Benutzern der Bibliothek beliebt und geschätzt. Das Arbeitsverhältnis endet durch Vertragsablauf. Auf ihrem weiteren Lebensweg begleiten sie die besten Wünsche.

Im Auftrag
Unterschrift

Kritik:

Die Leistung von Frau X. wird mit ,,befriedigend" bewertet (zur vollen Zufriedenheit).

Bezüglich ihres Verhaltens ,,beliebt und geschätzt" ist zu entnehmen, daß Frau X. eher menschliche als Unternehmensziele verfolgte (Betriebsnudel). Hätte sie sich stärker für das Unternehmen eingesetzt, so wäre möglicherweise auch das befristete Arbeitsverhältnis verlängert worden. Diese Schlußfolgerung ist zwar nicht zwingend, aber naheliegend.

Briefkopf

Ort, 18. Mai 1984

Zeugnis

Frau X., geboren am ... in ... wohnhaft in ..., war auf Zeitdienstvertragsbasis vom 1. 3. 1983 bis 29. .2. 1984 als Aushilfsangestellte unter Einreihung in die Vergütungsgruppe VIII des Bundesangestelltentarifvertrages im Bundesministerium für Bildung und Wissenschaft beschäftigt. Die wöchentliche Arbeitszeit betrug 40 Stunden.

Während dieser Zeit war sie je zur Hälfte in den Referaten ... und ... im Bereich der Hochschulmedizin, Hochschulkliniken eingesetzt. Im Referat ... hat sie insbesondere bei der Auswertung der Länderanmeldungen zum ... für den Hochschulbau, bei der Aufstellung von Tabellen und Statistiken, bei der Bearbeitung von Eingabeaufträgen in die Datenbank ..., bei den Vorbereitungen zur Drucklegung der Länderteile des ... und bei der Bearbeitung von Einzelfragen und unerledigten Großgeräteanträgen mitgewirkt. Darüber hinaus hat sie die sonstigen Büroarbeiten erledigt.

In der anderen Arbeitseinheit war sie mit der Führung der Rechtsprechungskartei, der Verwaltung der im Referat vorhandenen Akten von ... und der Zusammenstellung von Materialien für Vorlagen (u. a. Approbationsordnungen der akademischen Heilberufe) betraut.

Frau X. hat die ihr übertragenen Aufgaben mit besonderem Engagement, großem Fleiß und stetiger Zuverlässigkeit zur vollen Zufriedenheit wahrgenommen. Sie zeigte Verantwortungsbewußtsein und eigene Initiative. Durch ihre ausgeglichene kollegiale

Haltung und ihre freundliche und hilfsbereite Art war sie bei Vorgesetzten und Mitarbeitern gleichermaßen geschätzt. Das Arbeitsverhältnis endete durch Vertragsablauf. Auf ihrem weiteren Lebensweg begleiten sie die besten Wünsche.

Im Auftrag
Unterschrift

Kritik:

Die Leistung von Frau X. wird mit „befriedigend" bewertet (zur vollen Zufriedenheit).

Ihr Verhalten wird bei allen geschätzt, Ihre Art ist „freundlich" und „hilfsbereit". Sicherlich hat man mehr Einsatz erwartet. Möglicherweise ist aber der Zeugnisschreiber hier – wie auch im vorherigen Fall – im Zeugnisschreiben nicht versiert, so daß er annimmt, etwas sehr Positives damit auszudrücken. Immerhin wurde auch hier der Zeitdienstvertrag nicht verlängert, was natürlich viele Gründe haben kann.

Briefkopf

Z w i s c h e n z e u g n i s

Frau X., geboren am ... wohnhaft in ... ist seit dem 13. November 1985 in der Abteilung Verbrauchsberatung ... tätig. Dabei vertritt sie bis zum 31. Juli befristet den Referenten für ...

Aufgabe der Abteilung Verbrauchsberatung ist die inhaltliche und organisatorische Koordination der Arbeit unserer Verbraucherberatungsstellen in ...
Frau X. beschäftigt sich im Rahmen ihres Tätigkeitsgebietes derzeit vor allem mit der Organisation und Verwaltung der Fortbildung für die Mitarbeiter/innen der Verbraucherberatungsstellen. Weiterhin übernimmt sie im Rahmen der Gesamtarbeit der Abteilung die Verantwortung und Mitarbeit bei verschiedenen Arbeitsschwerpunkten.

Ihre Aufgaben sind im einzelnen:

– die Planung, Organisation und Koordination der Fort- und Weiterbildungsveranstaltungen,

– die Verwaltung des Fortbildungsetats der Verbraucherzentrale (in Abstimmung mit der zweiten Referentin),

– die Mitarbeit bei der Erstellung eines Fortbildungsprofils der Verbraucherberaterinnen,

– gemeinsam mit der Stiftung ... die inhaltliche und methodische Aufarbeitung der Ergebnisse einer Fachtagung „Perspektiven der Verbraucherberatung" zur Veröffentlichung durch ...,

– die Mitarbeit bei der Ausgestaltung der ... Angebote der ... in ihren Beratungsstellen.

Weiterhin wurde Frau X. von der Abteilungsleitung damit betraut, in der kurzfristig eingerichteten Arbeitsgruppe „Konsequenzen aus Tschernobyl" mitzuarbeiten und die besonderen Interessen und Aufgaben der Beratungsstellen zu vertreten. In dieser Arbeitsgruppe wurden konkrete Beratungs- und Informationsmaterialien für Verbraucher erstellt sowie Schlußfolgerungen für die weitere Arbeit der . . . erarbeitet. In diesem Zusammenhang nahm Frau X. auch an einem Seminar der . . . zum Thema . . . teil.

Bereits nach relativ kurzer Einarbeitungszeit konnten wir Frau X. diesen äußerst vielschichtigen Arbeitskomplex in Zusammenarbeit mit den weiteren Mitarbeitern der Abteilung selbständig übertragen. Daneben wurde sie von Beginn ihrer Tätigkeit an mit Aufgaben der zentralen Organisation und Verwaltung der Verbraucherberatungsstellen betraut. Alle ihr übertragenen Aufgaben löste Frau X. mit großem Engagement, großer Sorgfalt und Zuverlässigkeit zu unserer vollsten Zufriedenheit. In den Mitarbeiterkreis der Abteilung Verbraucherberatung hat sie sich problemlos und kollegial eingefügt durch ihre große Bereitschaft, anfallende Arbeiten mitzutragen, im Team zu arbeiten und Aufgaben zu übernehmen. Dabei hat sie sowohl organisatorische und Durchführungsqualitäten im Bereich der Fortbildung unter Beweis gestellt, als auch ihre fachliche und wissenschaftliche Qualifikation in der Arbeitsgruppe „Tschernobyl".

Durch ihre Zuverlässigkeit, ihre Aufgeschlossenheit und Offenheit ist sie beliebt bei Kollegen und Vorgesetzten.

Die Stelle von Frau . . . ist zunächst befristet bis zum 31. 7. 1986. Aufgrund verschiedener fachlicher Umstrukturierungen in der Abteilung können wir zu unserem großen Bedauern Frau X. derzeit keine Dauerbeschäftigung anbieten. Frau X. hat dieses Zwischenzeugnis erbeten, weil sie sich auf eine externe Stellenausschreibung bewerben möchte.

Ort, den 1. Juli 1986

Firma, Unterschrift

Kritik:

In diesem Zwischenzeugnis werden Frau X. insgesamt gute Leistungen bescheinigt; aber auch hier wieder die Passivform: „. . . wurde betraut" statt: „führte die Arbeit so . . . aus". Statt negativ „problemlos" sollte es positiv heißen: „gut eingefügt".

Bezüglich ihres Verhaltens „beliebt bei Kollegen und Vorgesetzten" will auch dieser Zeugnisschreiber – wenn man den Gesamttenor im Zeugnis heranzieht – höchstwahrscheinlich etwas Positives ausdrücken. Daß es positiv gemeint ist, könnte man auch noch daraus ableiten, daß man großes Bedauern darüber empfindet, keine Dauerbeschäftigung anbieten zu können.

8.3.6 Qualifiziertes Zeugnis für Angestellte mit Aushilfstätigkeiten

Briefkopf

Zeugnis

Herr X., geb. . . ., war in der Zeit vom 25. März 1985 bis zum 31. Juli 1985 im . . . als Aushilfsangestellter, Vergütungsgruppe VII BAT, beschäftigt.

Seine Tätigkeit umfaßte in der Hauptsache:

- Erstellung von detaillierten Sonderstatistiken aus vorhandenen allgemeinen Statistiken, Aufstellungen, Berichten u. a., insbesondere zu den Fragen . . .
- Selbständiges Herausarbeiten von speziellen Kriterien – vielfach durch eigene Übersetzung fachspezifischer Begriffe aus verschiedenen fremdsprachlichen Texten (englisch/französisch).
- Beschaffung und Zusammenstellung von Unterlagen zur Vorbereitung von Haus- und Ressortbesprechungen und Sitzungen.
- Einholung von Stellungnahmen aus dem Hause und beteiligten Ressorts.

Die Erstellung der Statistiken (Sonderstatistik) sowie die Auswertungsergebnisse dienen dem Referat als Arbeitsgrundlage z. B. bei Ministertagungen oder bei Ressortbesprechungen.

Außerdem oblag ihm die Besorgung eiliger Druckaufträge.

Herr X. konnte schon nach kurzer Einarbeitungszeit die ihm übertragenen Arbeiten selbständig und zur vollen Zufriedenheit durchführen.

Seine gute und schnelle Auffassungsgabe erlaubten ihm, auch kurzfristig komplizierte Aufgabenstellungen zu bewältigen und den oranisatorischen Ablauf selbständig und zügig voranzutreiben.

Herr X. arbeitete zügig und andauernd. Seine Einsatzbereitschaft und seine Zusammenarbeit waren lobenswert.

Für die Zukunft wünsche ich Herrn X. alles Gute.

Im Auftrag

Unterschrift

Kritik:

Die viermonatige Aushilfstätigkeit wird leistungsmäßig mit ,,befriedigend'' bewertet.

Wie ein organisatorischer Ablauf ,,selbständig und zügig vorangetrieben'' werden kann, bleibt wohl das Geheimnis des Zeugnisschreibers. Auch hier zeigt sich eine gewisse Ungeschicklichkeit in der Wortwahl.

Obwohl Herr X. „zügig und andauernd" arbeitete, schaffte er aber nur befriedigende Leistungen.

Der Vorgesetzte ist offenbar nicht so recht mit Herrn X. zurechtgekommen; zumindest wird der Verhaltensaspekt nicht erwähnt.

Briefkopf

Ort, 16. 8. 1983

Zeugnis

Frau X., geboren am ... in ... war hier vom 16. 2. 1983 bis 15. 8. 1983 als vollbeschäftigte Aushilfsangestellte zur Vertretung unter Eingruppierung in die Vergütungsklasse VII des Bundesangestelltentarifvertrages (BAT) tätig.

Während dieser Zeit betreute sie in der Hauptsache als Büro- und Schreibkraft das Vorzimmer einer Referatsleiterin, ihr oblagen die Erledigung der anfallenden Büro- und Schreibarbeiten. Diese Arbeiten bestanden aus dem Schreiben nach Phono- und Stenodiktat, Schreiben von Manuskripten, Korrekturlesen von Druckbeiträgen, selbständige Bearbeitung von Broschürenbestellungen, Führung der Aktenablage, Terminkoordination für die Referatsleiterin sowie der organisatorischen Mitarbeit bei der Herstellung und Herausgabe einer Ergänzungslieferung zu einer Lose-Blatt-Sammlung.

Daneben wurde Frau X. regelmäßig in einem Sachgebiet zur Mithilfe bei der Bearbeitung des gesamten Postein- und -ausgangs des ..., Abrechnung der eingesandten Postwertzeichen bei Broschürenbestellungen und der allgemeinen Büro- und Schreibarbeiten für die Bibliothek, das Zeitungsarchiv und die Angebotsbearbeitung eingesetzt. Außerdem übernahm Frau X. in der Zeit ihrer Beschäftigung Urlaubsvertretungen in der Fernsprechzentrale und Auskunftsstelle, 2 Referaten und der Verwaltung wahr.

Die fundierten beruflichen Vorkenntnisse von Frau ... eröffneten uns die Möglichkeit des vielseitigen Einsatzes. Sie erledigte die ihr übertragenen Aufgaben mit Umsicht, steter Einsatzbereitschaft und Verantwortungsbewußtsein zu unserer vollsten Zufriedenheit.

Im Umgang mit dem Publikum, den Kollegen und Vorgesetzten war sie höflich und korrekt. Ihr dienstliches Verhalten war einwandfrei.

Frau X. ist mit Ablauf des befristeten Arbeitsverhältnisses ausgeschieden.

Wir wünschen ihr für die Zukunft alles Gute.

Unterschrift

Kritik:

Die Leistung von Frau X. wird für den sechsmonatigen Aushilfszeitraum mit gut bewertet (zu unserer vollsten Zufriedenheit). Aber auch hier gilt – wie bereits mehrmals schon erwähnt – daß dynamische Aussagen darüber, ob und wie der Arbeitnehmer seine Arbeiten erledigte, aussagefähiger sind als Redewendungen wie „ihr oblag" oder „wurde eingesetzt", was auf fehlende Initiative, unbefriedigende Leistung oder Unselbständigkeit hindeuten kann. Offenbar sind passiv formulierte Tätigkeiten bei Zeugnissen kaum auszumerzen. Die Bedeutung der passiven Redewendungen ist dem Zeugnisschreiber wohl nicht bekannt. Unbewußt wird der Zeugnisschreiber höchstwahrscheinlich diesen Stil bei allen Zeugnissen – unabhängig von jeder Wertung – anwenden. Bei der Analyse solcher Zeugnisse hilft nur eines: man muß den gesamten Zeugnisinhalt würdigen und sich nicht sehr an einzelnen Sätzen festhalten. In diesem Fall sollte wohl insgesamt eine positive Leistungsbewertung abgegeben werden.

Das Verhalten von Frau X. ist einwandfrei. Sie scheidet mit Ablauf des befristeten Arbeitsverhältnisses aus. Zu fragen wäre nur, ob einer guten Kraft es nicht doch möglich gewesen wäre, die Frist zu verlängern. Dies hängt allerdings von mehreren Faktoren ab und kann nur im Vorstellungsgespräch geklärt werden.

8.3.7 Befristete Zeugnisse von Werkstudenten/Praktikanten

Briefkopf

Ort, 14. September 1983

Zeugnis

Fräulein . . ., geboren am . . ., war in der Zeit vom 1. 7. 1983 bis zum 31. 8. 1983 als Werkstudentin bei uns beschäftigt. Sie wurde als Küchenhilfe eingesetzt.

Aufgrund ihres eingeschlagenen Bildungsweges (Oecotrophologin) hat sie sich schnell in den Küchenbetrieb eingefügt.

Zu ihren Tätigkeiten gehörten:

Mithilfe bei der Bewirtung von Gästen wie z. B. Eindecken, Servieren, Bereitstellen von Getränken,

Ausgabe der Waren für den Verkauf an den Cafeterias,

Mithilfe bei der Ausgabe des Essens,

Mitarbeit an der Spülmaschine.

Fräulein . . . hat sich bestens bewährt; sie war fleißig, ehrlich und sehr zuverlässig.

Das Beschäftigungsverhältnis endet mit Vertragsablauf.

Firma

Unterschrift

Kritik:

Es fehlt die Angabe des Geburtsortes.

Es bleibt ein einfaches Zeugnis, auch wenn es zusätzlich heißt: ,,Fräulein X. hat sich bestens bewährt; sie war fleißig, ehrlich und zuverlässig". Da Fräulein . . . nur 2 Monate gearbeitet hat, wäre es auch sehr schwer, hier eine Leistungsbewertung vorzunehmen. Ihr Verhalten ist nicht besonders erwähnt, aber es ist auch nicht anzunehmen, daß sich Fräulein . . . in dieser kurzen Zeit etwas hat zuschulden kommen lassen. Im übrigen sind für so kurze Beschäftigungsverhältnisse nicht die strengen Maßstäbe anzuwenden wie bei Dauerarbeitsverhältnissen.

Briefkopf

Ort, 21. August 1985

Zeugnis

Fräulein . . ., geb. . . ., deutsche Staatsangehörige, absolvierte vom 15. Juli bis 23. August 1985 ein Praktikum in unserer Firma.

Fräulein . . . arbeitete in allen Bereichen der Qualitätssicherung unseres Unternehmens aktiv und weitgehend selbständig mit.

Im einzelnen war sie mit folgenden Aufgabenstellungen konfrontiert:

Bakteriologisches Labor:

- Nährbodenaufbereitung
- Aseptische Probefassung und -aufbereitung
- Mikrobiologische Untersuchung von Ice Cream, Sauermilchprodukten, pasteurisierten und UHT-erhitzten Produkten
- Bakteriologische Eingangskontrolle von Rohstoffen
- Prozeßunterstützende Stufenkontrollen.

Chemisches Labor:

- Trockenmassebestimmung
- Fettbestimmung
- Gefrierpunktsmessungen
- Dichtemessungen

- Phosphatasennachweis
- Aciditätsmessungen
- Untersuchungen von Betriebswasser und Reinigungsmitteln

Zusätzlich hatte Frl. . . . . Einblick in unsere Entwicklungsabteilung (Entwicklungskonzepte, Ultrafiltration, Sensorik) sowie unser Rückstandsanalysenlabor (Spurenanalytik).

Wir schätzten Fräulein . . . als selbständige, sehr interessierte Praktikantin, welche die ihr übertragenen Aufgaben zu unserer vollen Zufriedenheit erledigte.

Für ihre Zukunft wünschen wir Fräulein . . . alles Gute.

Firma

Unterschrift

Kritik:

Die Geburtsortsangabe fehlt.

Die Angabe der Staatsangehörigkeit sollte unterbleiben, auch wenn es sich, wie in diesem Fall, um eine Schweizer Firma handelt. Man könnte hierin eine Diskriminierung ausländischer Mitarbeiter sehen. Im übrigen ist es nicht einzusehen, weshalb die Staatsangehörigkeit für die aufgeführten Tätigkeiten erwähnenswert sein sollte.

Obwohl für das einmonatige Praktikum kaum eine Leistungsaussage gemacht werden kann, bescheinigt man ihr eine befriedigende Leistung, ohne allerdings im Rahmen eines solchen qualifizierten Zeugnisses auf ihr Verhalten näher einzugehen. Wie im vorigen Beispiel gilt auch hier, daß wegen des kurzen Beschäftigungszeitraumes kaum Aussagen über Leistung und Verhalten gemacht werden können. Man sollte daher auch lieber den Leistungsansatz ganz weglassen, um den Leser des Zeugnisses nicht erst auf den Gedanken zu bringen, daß durch das Weglassen der Verhaltensbewertung etwas nicht in Ordnung sei.

Briefkopf

Ort, 19. 12. 1986

Z e u g n i s

Frau Dipl.-Ing. agr. . . ., geboren am . . ., in . . ., war im Rahmen ihrer Ausbildung an der . . . in der Zeit vom 27. Oktober bis 19. Dezember 1986 als Praktikantin in unserem Referat . . . tätig.

Frau . . . hat im Verlauf ihres Praktikums Einblick in die Organisation und Aufgabenstellung unseres Hauses gewonnen. Im Vordergrund stand die Mitarbeit in der Redaktion von zwei Pressediensten. Sie hatte vor allem Forschungsberichte und andere wissenschaftliche Veröffentlichungen auszuwerten und zielgruppengerecht zu Pressemitteilungen aufzubereiten.

Weiterhin leistete Frau . . . Mitarbeit bei dem Erstellen von Tagungsberichten, indem sie Tonbandmitschnitte und Zusammenfassungen von Referaten und Diskussionsbeiträgen redigierte bzw. neu formulierte. Darüber hinaus oblagen ihr die kritische Durchsicht der Manuskripte für die . . . und die Umsetzung in eine allgemeinverständliche Form. Daneben unterstützte sie die zuständige Fachreferentin bei der Überarbeitung und Korrektur von Beiträgen für die Monatszeitschrift . . .

Frau . . . erledigte die ihr aufgetragenen Arbeiten sehr interessiert und dank ihres fundierten Fachwissens sowie ihrer sprachlichen Sicherheit zu unserer vollsten Zufriedenheit.

Firma

Unterschrift

Kritik:

Bis auf den letzten Satz handelt es sich um ein einfaches Praktikantenzeugnis für den Zeitraum von knapp zwei Monaten.

Im letzten Absatz erfolgt zusätzlich eine gute Leistungsbewertung, ohne auf ihr Verhalten während dieser Zeit einzugehen. Auch hier gilt, wie in den beiden anderen Fällen vorher, die Leistung besser nicht zu erwähnen oder aber im Rahmen eines qualifizierten Zeugnisses auch etwas über das Verhalten zu sagen. In diesem Fall kann nicht davon ausgegangen werden, daß das Verhalten von Frau X. zu beanstanden gewesen wäre.

8.3.8 Ausbildungszeugnis bei Beendigung des Berufsausbildungsverhältnisses

Briefkopf

Ort, den 18. März 1983

Z e u g n i s

Frl. . . , geboren am . . ., in . . ., hat ihre Ausbildung zur Anwaltsgehilfin beim Unterzeichner am 1. August 1981 begonnen. Sie hat bis zum heutigen Tage ohne Unterbrechung in unserem Büro gearbeitet.

Frl. . . . ist im Laufe ihrer Ausbildung zu einer selbständigen Kraft herangereift, die allein und umsichtig alle Arbeiten erledigt, die in den Bereich der Anwaltsgehilfin fallen. Es muß insbesondere bemerkt werden, daß sie die Tätigkeiten äußerst **umsichtig** nunmehr durchzuführen versteht. Dies stellte sich insbesondere dann heraus, wenn sie urlaubsbedingt alleinverantwortlich im Büro war.

In diesem Zusammenhang hat sie sämtliche im Büro anfallenden Arbeiten, einschließlich Zwangsvollstreckung, Erstellung Gebührenrechnungen, Kontrolle des üblichen Büroablaufs usw. zur vollen Zufriedenheit erledigt.

Frl. . . . hat sich immer sehr einsatzbereit gezeigt und ist eine sehr gute Mitarbeiterin geworden. Den von ihr ausgeführten Arbeiten kann volles Vertrauen geschenkt werden. Des weiteren beherrscht sie es gut, mit dem Publikum umzugehen und Mandatsgespräche zu führen.

Wir wünschen ihr für die Zukunft weiterhin viel Erfolg.

Rechtsanwalt

Unterschrift

Kritik:

Die Angabe der tatsächlichen Ausbildungszeit fehlt. Wann, wo und mit welcher Note wurde das Berufsausbildungsverhältnis abgeschlossen?

Die Tätigkeiten als Anwaltsgehilfin werden kurz aber ausreichend beschrieben.

Mit ihrer Leistung und ihrem Verhalten war man zufrieden, genauer gesagt ihre Arbeitsleistung wird mit befriedigend bewertet. Ihr Verhalten wird etwas kurz erwähnt. Gab es keine weiteren Auszubildenden in diesem Anwaltsbüro?

Wie war ihr Verhalten den übrigen Mitarbeitern, ihrem Ausbilder gegenüber? Der Anwalt, der dieses Zeugnis verfaßte, hatte sichtlich Schwierigkeiten, die wichtigsten und wünschenswerten Angaben über Frl. X. zu machen.

Briefkopf

Ort, den 28. 7. 1987

Ausbildungszeugnis

Frau . . ., geboren am . . ., in . . ., hat am 1. 8. 1985 in unserem Hause ein Berufsausbildungsverhältnis als Bürogehilfin begonnen.

Während der Ausbildungszeit wurde Frau . . . in den verschiedenen Bereichen unserer Verwaltung, so in der Buchhaltung, der Lohn- und Gehaltsstelle, der Posteingangs- und Beschaffungsstelle, der Postausgangsstelle und dem Versand sowie im Bereich der Daten- und Textverarbeitung eingesetzt. Frau . . . ist während der gründlichen Ausbildung mit allen das Berufsbild der Bürogehilfin betreffenden Arbeiten befaßt worden.

Wir bestätigen Frau . . ., daß sie die ihr übertragenen Arbeiten weitgehend selbständig und sorgfältig ausgeführt hat.

Mit den Leistungen von Frau . . . waren wir immer zufrieden. Sie hat gezeigt, daß sie mit den in betriebspraktischer Schulung angeeigneten Kenntnissen und Fertigkeiten den Anforderungen des gewählten Berufes der Bürogehilfin gerecht wird.

Das Verhalten von Frau . . . gegenüber Ausbildern, Vorgesetzten und Kollegen war stets einwandfrei.

Frau . . . war ehrlich, fleißig und pünktlich.

Das Ausbildungsverhältnis mit Frau . . . endete mit Wirkung zum 29. 6. 1987.

Firma

Unterschrift

Kritik:

Hat Frau X. ihre Abschlußprüfung gemacht, wenn ja mit welcher Note?

Frau X. ist mit allen Tätigkeiten „befaßt" worden. Was hat sie wirklich getan? Wie hat sie ihre Arbeit ausgeführt? Mit ihr war man zufrieden, d. h. ihre Leistungen werden ausreichend (4) bewertet. Der Betrieb bescheinigt ihr (wohl auf ihren Wunsch hin), daß sie die Arbeiten selbständig und sorgfältig ausgeführt hat. Daran dürften Zweifel bestehen. Auch zeigt die Kürze des Zeugnisses, daß bei Frau X. bezüglich ihrer Leistung nicht viel zu erwähnen war.

Immerhin war man mit ihrem Verhalten rundum zufrieden.

Briefkopf

Ausbildungszeugnis

Frau . . ., geboren am 20. 1. 1958 in . . ., hat am 1. 8. 1985 in unserem Hause ein Berufsausbildungsverhältnis als Bürogehilfin begonnen.

Während der Ausbildungszeit wurde Frau . . . in den verschiedenen Bereichen unserer Verwaltung, so in der Buchhaltung, der Lohn- und Gehaltsstelle, der Posteingangs- und Beschaffungsstelle, der Postausgangsstelle und dem Versand sowie im Bereich der Daten- und Textverarbeitung eingesetzt.

Frau . . . ist während der gründlichen Ausbildung mit allen das Berufsbild der Bürogehilfin betreffenden Arbeiten befaßt worden.

Wir bestätigen Frau . . ., daß sie die ihr übertragenen Arbeiten weitgehend selbständig und sorgfältig ausgeführt hat.

Mit ihren Leistungen waren wir immer zufrieden. Sie hat gezeigt, daß sie mit den in betriebspraktischer Schulung angeeigneten Kenntnissen und Fertigkeiten den Anforderungen des gewählten Berufes der Bürogehilfin gerecht wird.

Das Verhalten von Frau . . . gegenüber Ausbildern, Vorgesetzten und Kollegen war stets einwandfrei.

Frau . . . war ehrlich, fleißig und pünktlich.

Das Ausbildungsverhältnis mit Frau . . . endete mit Wirkung zum 29. 6. 1987.

Ort, den 1. 7. 1987

Firma

Unterschrift

Kritik:

Das Berufsausbildungsverhältnis endete mit Wirkung zum 29. 6. 1987. Ist dieser Termin der im Arbeitsvertrag festgelegte oder ist es die tatsächliche Ausbildungszeit, die mit dem Tag des Bestehens der Abschlußprüfung endet und auf die es hier ankommt? Vor welcher IHK und mit welchem Ergebnis wurde die Abschlußprüfung beendet?

Die Tätigkeitsbeschreibung ist kurz gehalten. Welche Kenntnisse Frau X. hierbei im einzelnen erworben hat, wo ihre Stärken liegen usw. wird nicht ersichtlich.

Die Leistungen von Frau X. sind „ausreichend" (4). Frau X. wird „bescheinigt" (wohl auf ihr Drängen hin), daß sie ihre Arbeiten weitgehend selbständig und sorgfältig ausgeführt hat.

Das Verhalten von Frau X. war einwandfrei.

Briefkopf

Ort, 10. April 1981

Zeugnis

Frl. . . ., geboren am . . ., in . . ., hat ihre Ausbildung zur Anwaltsgehilfin beim Unterzeichner am 1. August 1979 begonnen. Ihre Ausbildungszeit hat sie bis zum heutigen Tage nicht unterbrochen oder hat sie in irgendeiner Form verzögert.

Frl. . . . ist insbesondere in der letzten Zeit ihrer Ausbildung zu einer lobenswerten Kraft des Büros herangewachsen. Zeitweilig war sie gezwungen, die Tätigkeit bereits alleinverantwortlich und anderen gegenüber weisungsbefugt auszuüben. Insbesondere in dieser Zeit hat sie nachgewiesen, daß sie zu einer tatsächlich selbständigen Kraft herangewachsen ist.

Während dieser Zeit hat sie alleinverantwortlich die in einem Anwaltsbüro anfallenden Arbeiten im vollem Umfange erledigt. Dies ist zur vollen Zufriedenheit geschehen.

Abschließend ist daher zusammenfassend festzustellen, daß Frl. . . . während ihrer Ausbildungszeit zu einer außerordentlich guten Mitarbeiterin herangewachsen ist und die sachlichen Qualifikationen, die in diesem Zusammenhang gestellt werden können, in erwähnenswerter Weise erlangt hat.

Wir wünschen ihr für die Zukunft weiterhin viel Erfolg.

Unterschrift

Kritik:

Wann endet die Ausbildungszeit von Frau X.? Mit welchem Erfolg und vor welcher IHK hat sie ihre Abschlußprüfung gemacht? Oder hat sie vielleicht die Prüfung nicht bestanden?

Über die Tätigkeiten wird nur kurz berichtet „alle im Anwaltsbüro anfallenden Arbeiten". Der Leser muß hier einige Phantasie entwickeln.

Man war mit ihren Leistungen „voll zufrieden", also befriedigend (3).

Bei dieser kurzen Beschreibung braucht nicht mehr „zusammengefaßt" zu werden, wie der Aussteller meint. Wie gut war nun die Mitarbeiterin?

Über ihr Verhalten ist in diesem Zeugnis nichts gesagt, so daß anzunehmen ist, daß hier Schwierigkeiten vorliegen. Zumindest sollte man hierüber einiges im Vorstellungsgespräch zu klären versuchen.

Briefkopf

Ort, 7. Juli 1983

Z e u g n i s

Frl. . . ., geb. am . . ., in . . ., hat hier am 1. 9.1981 ihre Ausbildung zur Bürogehilfin begonnen. Ihre Ausbildungszeit endete mit bestandener Abschlußprüfung am 1. Juli 1983.

Frl. . . . ist in dieser Zeit im Rahmen der praktischen Ausbildung mit allen das Berufsbild der Bürogehilfin betreffenden Arbeiten befaßt worden. Hauptschwerpunkte ihrer praktischen Ausbildung waren das Behandeln der ein- und ausgehenden Post, das Verwalten von Büromaterial, das Ausführen von Kartei-, Registratur- und einfachen statistischen Arbeiten sowie das Schreiben nach Vorlage, Steno- und Phonodiktat.

Insbesondere im letzten Halbjahr ihrer Ausbildung in der Verwaltung ist Frl. . . . zu einer lobenswerten Kraft herangewachsen. Hier lernte sie die Systematik und die Arbeitsabläufe im Haushalts-, Kassen- und Rechnungswesen, im Personalwesen und die Aufgaben der allgemeinen Verwaltung und gemeinschaftlichen Einrichtungen theoretisch und praktisch kennen. Zeitweilig war sie gezwungen, die anfallenden

Schreibarbeiten und die schreibtechnischen Arbeiten im Zahlungsverkehr bereits allein auszuüben.

Abschließend ist daher zusammenfassend festzustellen, daß Frl. . . . während ihrer Ausbildungszeit zu einer guten Mitarbeiterin herangewachsen ist und die sachlichen Qualifikationen, die in diesem Zusammenhang gestellt werden können, in voll zufriedenstellender Weise erlangt hat.

Nach bestandener Abschlußprüfung ist Frl. . . . mit Wirkung ab 2. Juli 1983 in ein unbefristetes Angestelltenverhältnis übernommen worden.

Firma

Unterschrift

Kritik:

Bei welcher Kammer und mit welcher Note hat Frl. X. ihre Abschlußprüfung bestanden? Der Leser muß von einer ausreichenden Note ausgehen.

Auch bei dieser kurzen Tätigkeitsbeschreibung hätte man sich die ,,Zusammenfassung'' sparen können. Was heißt ,,zu einer guten Mitarbeiterin herangewachsen''? Ihre Leistungen sind befriedigend. Immerhin ist es positiv zu werten, daß die Firma Frl. X. in ein unbefristetes Arbeitsverhältnis übernimmt.

Warum hat man sich nicht zum Verhalten von Frl. X. geäußert? Schlecht kann es nicht gewesen sein, da man sonst Frl. X. sicherlich nicht übernommen hätte.

Briefkopf

Ort, 14. 7. 1976

Zeugnis

Herr . . ., geb. am . . ., begann am 1. 8. 1973 seine Berufsausbildung als Radio-Fernsehtechniker. Der Vertrag wurde zwischen Herrn . . . und der Firma . . . am 18. Mai 1973 abgeschlossen. Zum 1. 10. 1974 wurde der techn. Betrieb der Firma . . . in der neuen Firma . . . eingeordnet. Das Ausbildungsverhältnis wurde unverändert weitergeführt.

Herr . . . hatte Gelegenheit, während der Ausbildung die Instandsetzung von Radio- und Fernsehgeräten kennenzulernen. Während der Ausbildung bot sich auch Gelegenheit, Instandsetzungen beim Kunden durchzuführen und auch beim Aufbau von Antennenanlagen mitzuarbeiten.

Herr . . . war ehrlich, aufgeschlossen, <u>sein Verhalten gegenüber Mitarbeitern und Vorgesetzten war korrekt.</u>

Am 9. 7. 1976 bestand Herr . . . mit Erfolg die Prüfung als Radio-Fernsehtechniker. Mit diesem Datum endet das Ausbildungsverhältnis. Im beiderseitigen Einvernehmen wurde eine Beschäftigung bis zum 31. 7. 1976 vereinbart.

Herr . . . scheidet auf eigenen Wunsch aus unserem Unternehmen, um seine Fertigkeiten und Fähigkeiten in der beruflichen Weiter- und Fortbildung noch stärker zu festigen. Wir wünschen ihm für die Zukunft viel Erfolg.

Firma

Unterschrift

Kritik:

Wo wurde die Prüfung abgelegt? Sie wurde bestanden.

Herr X. hat während der Zeit einiges „kennengelernt", aber selbst nicht viel gelernt. Mit seinem Einsatz, seiner Initiative und Leistung war man zufrieden. Daher wurde ein „beiderseitiges Einvernehmen" getroffen, nur noch bis zum Ende des Monats, in den die Abschlußprüfung fällt, beschäftigt zu werden.

Das Verhalten von Herrn X. war in Ordnung.

Der genaue Ausscheidungsgrund im letzten Absatz ist wenig glaubhaft. Jemand, der sich während der ganzen Ausbildungszeit wenig Mühe gab, wird kaum freiwillig aufhören, „um seine Fertigkeiten und Fähigkeiten in der beruflichen Weiter- und Fortbildung noch stärker zu festigen". Man hätte den Grund hier ganz weglassen sollen, da er im gesamten Zusammenhang wenig überzeugend wirkt.

9. PRAKTISCHE HILFEN ZUR ZEUGNISFORMULIERUNG – KÜNDIGUNG –

Im Gegensatz zu Kapitel 8, in dem es um Zeugnisanalysen bei der Einstellung neuer Mitarbeiter geht, wird hier der Fall betrachtet, wo ein Mitarbeiter aus dem Unternehmen ausscheidet, und ihm daher ein entsprechendes Zeugnis zu erteilen ist.

9.1 Vorarbeiten für die Ausstellung von Arbeitszeugnissen

Bevor einem Mitarbeiter ein Zeugnis ausgestellt wird, sind bestimmte Informationen über diesen Mitarbeiter notwendig, die zweckmäßigerweise durch gewisse Arbeitshilfen, Formblätter, zusammengestellt werden können.

So kann z. B. ein „Formblatt zur Ausstellung eines Arbeitszeugnisses" verwendet werden, welches von der Personalabteilung im oberen Teil bereits ausgefüllt an den Vorgesetzten des Mitarbeiters geht. Der Vorgesetzte füllt die Zeilen über „Ausgeführte Tätigkeiten–Aufgabenbeschreibung" aus, wobei ihm hierzu ebenfalls als Hilfe von der Personalabteilung die Stellenbeschreibung/Aufgabenbeschreibung des Mitarbeiters übergeben wird.

Formblatt zur Ausstellung eines Arbeitszeugnisses

☐ Einfaches Zeugnis ☐ Qualifiziertes Zeugnis ☐ Zwischenzeugnis

Angaben zur Person

☐ Frau ☐ Fräulein ☐ Herr

Titel: ....

Familienname: ....
(evtl. Geburtsname)

Vorname: ....

geboren am: ....

in (Geburtsort): ....

War in der Zeit vom ....

bis ....

in der Abteilung ....

beschäftigt als . . . .

bzw.

wurde nach Beendigung ihrer/seiner Ausbildungszeit zur/zum . . . .

. . . .

vom . . . . bis . . . .

als (Berufsbezeichnung): . . . .

in der Abteilung: . . . .

in unserem Hause beschäftigt.

Ausgeführte Tätigkeiten – Aufgabenbeschreibung

. . . .

. . . .

. . . .

. . . .

. . . .

. . . .

. . . .

. . . .

. . . .

9.2 Formulierungshilfen zur Bewertung der Mitarbeiter im Zeugnis

Nachdem die persönlichen Daten des ausscheidenden Mitarbeiters (siehe Personaldatei) und die von ihm ausgeführten Tätigkeiten (siehe Stellenbeschreibung/Tätigkeitsbeschreibung) nunmehr bekannt sind, kann mit der eigentlichen Zeugnisformulierung begonnen werden. Hierzu empfiehlt es sich, Formulierungshilfen – wie im folgenden exemplarisch dargestellt – aufzubauen. Selbstverständlich läßt sich nachstehender Formulierungskatalog erweitern. Ob Sie die Formulierungen im Katalog in der Gegenwarts- oder Vergangenheitsform vornehmen oder auch beide Formen mischen, bleibt ganz in ihrem Ermessen. Im Zeugnistext allerdings sollte später eine Einheitsform gewahrt sein, es sei denn, bei bestimmten Aussagen sei ein Wechsel der Zeiten notwendig und angebracht.

Jedes Unternehmen muß sich vorher Gedanken darüber machen, welche Beurteilungskriterien für welche Mitarbeitergruppen bedeutsam sind. Danach richtet sich der Umfang des oder der Kataloge, je nachdem, ob nur ein Katalog für alle Mitarbeiter oder mehrere Kataloge für die einzelnen Mitarbeitergruppen (Auszubildende, Sachbearbeiter, Führungskräfte, technische Angestellte usw.) erstellt werden.

Für die Beurteilungsmerkmale werden in diesem Beispiel mehrere Formulierungsmöglichkeiten für vier Stufen (sehr gute Leistung, gute Leistung, durchschnittliche Leistung, unterdurchschnittliche/mangelhafte Leistung) gebildet, die der Vorgesetzte des ausscheidenden Mitarbeiters auswählt und der Nummer nach in die nachfolgenden ,,Beurteilungsformblätter" durch Ankreuzen überträgt. Dies stellt ein rationelles Verfahren dar und gewährleistet, daß keine wichtigen Informationen ausgelassen werden. Falls ein Vorgesetzter einmal nicht mit den Formulierungsvorgaben einverstanden ist, bleibt ihm auch die Möglichkeit, einen bestimmten Zeugnistext selbst zu formulieren und in das vorgesehene Feld des Formblattes zu übertragen. Die Kriterien über ,,Sonstiges", in unserem Fall ,,Weiterbildung" und ,,Beförderungen/Ernennungen", sowie ,,Austrittsgrund und Schlußformulierung" sind – soweit zutreffend und erwünscht – vom Vorgesetzten auszufüllen und anzukreuzen. Danach kann die Personalabteilung das Zeugnis schreiben.

Formulierungskatalog nach Bewertungsstufen

Wissen

Fachwissen/Anwendung

<u>Stufe 1:</u>

1. ... zeigte ein hervorragendes und fundiertes Fachwissen, das sie/er bei schwierigen Aufgaben sehr sicher einsetzte.

2. ... beherrschte ihren/seinen Arbeitsbereich hervorragend und vollkommen, fachlich souverän.

3. ... findet sehr gute Lösungen.

4. ... löst durch ihre/seine sehr sichere Anwendung selbst schwierige Aufgaben.

5. ... findet sich in neuen Situationen sicher zurecht.

<u>Stufe 2:</u>

6. ... zeigte ein gut fundiertes Fachwissen, das sie/er zur Lösung schwieriger Aufgaben sicher einsetzte.

7. ... löst schwierige Aufgaben, arbeitet sicher und selbständig.

8. ... hat gründliche Fachkenntnisse, löst schwierige Aufgaben.
9. ... findet sich in neuen Situationen gut zurecht.

<u>Stufe 3:</u>

10. ....zeigte das erforderliche Fachwissen, das sie/er erfolgreich einsetzte.
11. ... findet brauchbare Lösungen.
12. ... paßt sich neuen Situationen erfolgreich an.

<u>Stufe 4:</u>
13. ... zeigte ein entsprechendes Fachwissen.
14. ... beherrscht seinen Arbeitsbereich entsprechend den Anforderungen.
15. ... bewältigt neue Situationen nicht ohne Schwierigkeiten.

Sprachkenntnisse

<u>Stufe 1:</u>

16. ... die sehr guten englischen/französischen usw. Sprachkenntnisse kamen ihr/ihm in Ausübung der Tätigkeit zugute.

<u>Stufe 2:</u>

17. ... vorhandenen englischen/französischen usw. Sprachkenntnisse konnte sie/er gut einsetzen.

<u>Stufe 3:</u>
18. ... konnte die vorhandenen englischen/französischen usw. Sprachkenntnisse gut einsetzen.

<u>Stufe 4:</u>
19. ....bei Übersetzungen vom ... ins ... gab es nicht selten unterschiedliche Auffassungen.

Arbeitseinsatz/Arbeitsbereitschaft

Selbständigkeit

<u>Stufe 1:</u>
20. ... zeichnete sich durch ein hohes Maß an Selbständigkeit aus.

Stufe 2:

21. ... arbeitete sehr selbständig.

Stufe 3:

22. ... arbeitete selbständig.

Stufe 4:

23. ... braucht hin und wieder Anleitung und Führung, arbeitet nach genauen Einzelanweisungen.

Initiative/Aktivität

Stufe 4:

24. ... erwies sich als einsatzbereite(r) Mitarbeiter(in), die/der konstruktive Vorschläge unterbreitete, diese erfolgreich einsetzte und entscheidend zu Problemlösungen beitrug.
25. ... ist ideenreich, gibt wertvolle Anregungen.
26. ... zeigt ausgesprochene Initiative.
27. ... ergreift selbständig Maßnahmen und übernimmt volle Verantwortung.

Stufe 2:

28. Wir lernten sie/ihn als engagierte(n) Mitarbeiter(in) kennen, die/der Einsatz bei der Lösung von Aufgaben zeigte.
29. ... hat oft gute Ideen und gibt wertvolle Anregungen.
30. ... handelt selbständig und ergreift Initiative.
30. ... packt Aufgaben tatkräftig an und übernimmt Verantwortung.

Stufe 3:

32. ... zeigte Initiative und arbeitet zügig.
33. ... gibt Anregungen.
34. ... ist willig im Handeln und zeigt ausreichend Initiative.
35. ... übernimmt Aufgaben im allgemeinen Verantwortungsbereich.

Stufe 4:

36. ... war bestrebt, Anregungen zu geben und sachgerechte Lösungen zu finden.

Belastbarkeit/Beanspruchung

Stufe 1:

37. ... war ein(e) sehr ausdauernde(r) und belastbare(r) Mitarbeiter(in), die/der auch bei andauernden Arbeitsspitzen alle Aufgaben gut erledigte.

38. ... war unermüdlich und hielt sehr gut durch.

39. ... bewältigt selbst unter schwierigsten Arbeitsbedingungen ...

Stufe 2:

40. ... war gut belastbar und hielt auch hohen Beanspruchungen stand.

41. ... war hohen Beanspruchungen gewachsen und hielt unter Termindruck durch.

Stufe 3:

42. ... war belastbar und hielt den üblichen Beanspruchungen stand.

43. ... hält im ganzen durch.

44. ... ist den Anforderungen gewachsen.

Stufe 4:

45. ... zeigt Belastbarkeit.

Wendigkeit/Aufgeschlossenheit

Stufe 1:

46. ... in jeder Situation kam ihr/ihm ihre/seine schnelle Auffassungsgabe und Beweglichkeit zustatten. Sie/er war für neue Aufgaben sehr aufgeschlossen.

47. ... ist sehr umstellungsfähig und überall einsetzbar.

48. ... ist aufgeschlossen gegenüber allem Neuen.

Stufe 2:

49. ... sie/er hat sich in neuen Problemstellungen rasch zurechtgefunden und meistert neue Aufgaben recht gut.

50. ... ist vielseitig, wendig und stellt sich auf neue Aufgaben ein.

Stufe 3:

51. ... sie/er erkannte Problemstellungen und war neuen Aufgaben gegenüber aufgeschlossen.

52. ... kann sich genügend schnell umstellen.

53. ... bevorzugt gleichbleibende Tätigkeiten.

Stufe 4:

54. ... sie/er war eine aufgeschlossene(r) Mitarbeiter(in).

Arbeitsweise/Arbeitsergebnis

Fleiß/Sorgfalt

Stufe 1:

55. ... wir haben in Frau/Fräulein/Herr ... eine(n) äußerst einsatzfreudige(n) Mitarbeiter(in) kennengelernt, die/der die gestellten Aufgaben mit äußerster Genauigkeit erledigte.

56. ... zeigte ständigen Fleiß und Eifer.

57. ... zeigte echte Schaffensfreude.

58. ... war in ihrer/seiner Arbeit peinlich genau, sehr gewissenhaft und von großer Sorgfalt.

Stufe 2:

59. ... erledigte ihre/seine Aufgaben mit großem Fleiß und überzeugte durch korrekte und gewissenhafte Arbeitsweise.

60. ... arbeitet immer gern.

61. ... ist gründlich, gewissenhaft und sorgfältig.

Stufe 3:

62. ... war aktiv, fleißig und gewissenhaft.

63. ... ist mitunter abhängig vom Anstoß, zeigt ausreichenden Fleiß.

64. ... ist zum Mitmachen bereit.

65. ... ist ordentlich und hütet sich vor Fehlern.

Zuverlässigkeit/Vertrauen/Verantwortung

Stufe 1:

66. ... war äußerst zuverlässig und in besonderem Maße bereit, volle Verantwortung zu übernehmen. Sie/er genoß unser absolutes Vertrauen.
67. ... ist äußerst pflichtbewußt und verschwiegen.
68. ... ist stets zuverlässig und kontrolliert sich selbst.

Stufe 2:

69. ... erledigte die gestellten Aufgaben sehr konzentriert.
70. ... ist pflichtbewußt und vertrauenswürdig.
71. ... ist zuverlässig und vergißt nichts Wichtiges.

Stufe 3:

72. ... ist zuverlässig, vertrauenswürdig und zeigt Verantwortungsfreude.

Stufe 4:

73. ... war meistens zuverlässig.

Aufmerksamkeit

Stufe 1:

74. ... erledigte die gestellten Aufaben mit höchster Konzentration und sicherem Überblick auch über große Arbeitsbereiche.
75. ... arbeitet sehr konzentriert und gesammelt.
76. ... wendet sich jeder Aufgabe voll zu und bleibt bei der Sache.
77. ... ist von der Arbeit ganz erfüllt und dringt bis zur letzten Klarheit vor.

Stufe 2:

78. ... erledigt die gestellten Aufgaben sehr konzentriert.
79. ... arbeitet konzentriert und läßt sich auch nicht ablenken.
80. ... konzentriert sich auf ihre/seine Arbeit.
81. ... kann einen überdurchschnittlichen Arbeitsbereich genügend sicher überblicken.

Stufe 3:

82. ... konzentriert sich überwiegend auf die gestellten Aufgaben.
83. ... ist genügend konzentriert und bleibt bei der Sache.
84. ... achtet mehr auf Einzelheiten, ohne den Zusammenhang immer zu berücksichtigen.
85. ... beachtet nicht immer alles, läßt sich gelegentlich ablenken.

Stufe 4:

86. ... konnte sich meist auf ihre/seine Aufgaben konzentrieren.
87. ... läßt sich manchmal gerne ablenken.
88. ... ist etwas flatterhaft. Ihr/ihm gelingt es nicht immer, sich Störeinflüssen zu entziehen.
89. ... bleibt immer an einem Vorgang haften und erledigt andere wichtige Dinge der Reihe nach, ohne unbedingt die Eilbedürftigkeit in den Vordergrund zu stellen.

Arbeitsqualität

Stufe 1:

90. ... den an sie/ihn gestellten hohen Anforderungen ist Frau/Fräulein/Herr ... vollauf gerecht geworden.
91. ... Arbeitsausführungen entsprechen auch in schwierigen Fällen überdurchschnittlicher Arbeitsqualität.
92. ... zeigt weit überdurchschnittliche Arbeitsqualität.

Stufe 2:

93. ... Arbeitsausführung entspricht auch bei wechselnden Anforderungen der geforderten Qualität.
94. ... zeigt überdurchschnittliche Arbeitsqualität.
95. ... arbeitet stets mit Sorgfalt und Genauigkeit.

Stufe 3:

96. ... den an sie/ihn gestellten Anforderungen ist ... gerecht geworden.
97. ... Die Arbeitsqualität entspricht den Erwartungen.
98. ... arbeitet sorgfältig und genau.

Stufe 4:

99. ... den an sie/ihn gestellten Anforderungen ist ... in der Regel gerecht geworden.

100. ... zeigt im allgemeinen zufriedenstellende Arbeitsqualität.

101. ... arbeitet im allgemeinen sorgfältig und genau.

Verhalten

Auftreten

Stufe 1:

102. ... zeigte ein gesundes Selbstvertrauen und ein äußerst sicheres Auftreten.

103. ... ist sehr sicher und bestimmt, liebenswürdig und zuvorkommend.

104. ... ist selbstsicher, sehr höflich, ihr/sein Benehmen und ihre/seine Haltung sind hervorragend.

Stufe 2:

105. ... zeigt ein sicheres Auftreten und besitzt Selbstvertrauen.

106. ... ist betont sicher und bestimmt, stets höflich und korrekt.

107. ... ist herzlich im Umgang, offen, höflich.

Stufe 3:

108. ... hat korrekte Umgangsformen und ein natürliches Auftreten.

109. ... ist sicher und bestimmt, dabei nicht herausfordernd, aber stets korrekt.

110. ... macht einen guten Eindruck, ist bescheiden, im allgemeinen sicher und bestimmt.

Stufe 4:

111. ... zeigt ein bescheidenes und zurückhaltendes Auftreten.

112. ... ist distanziert und überkorrekt.

113. ... ist etwas lässig in ihrer/seiner Erscheinung.

Verhalten/Zusammenarbeit

Stufe 1:

114. ... ist von natürlicher Freundlichkeit und Offenheit und hat deshalb sofort ein vertrauensvolles Zusammenarbeitsverhältnis zu ihren/seinen Vorgesetzten sowie allen Mitarbeitern gefunden.
115. ... ist sehr sicher und bestimmt.
116. ... wird als Persönlichkeit von allen sehr geschätzt und voll anerkannt.
117. ... versteht es sehr gut anzuleiten und schätzt Mitarbeiter richtig ein.
118. ... hat gesundes Selbstvertrauen und einen positiven Einfluß auf andere Mitarbeiter.
119. ... wird als Vorbild anerkannt, weiß, wann er/sie sich einordnen, und wann sie/er sich durchsetzen muß.

Stufe 2:

120. ... war gegenüber ihren/seinen Kollegen stets hilfsbereit und aufgeschlossen. Ihr/sein Verhalten gegenüber Vorgesetzten und Mitarbeitern war vorbildlich.
121. ... ist korrekt und beherrscht, findet guten Kontakt, ohne sich etwas zu vergeben.
122. ... hat Gemeinschaftssinn, ist hilfsbereit, kameradschaftlich und setzt sich für andere ein.
123. ... hält den nötigen Abstand, gibt klare, einprägsame Anweisungen.
124. ... überzeugt, behandelt die Mitarbeiter individuell, ist geradezu und gerecht.
125. ... wirkt anspornend, fördert Teamarbeit und stellt die eigenen Interessen hinter sachlicher Notwendigkeit zurück.

Stufe 3:

126. ... war gegenüber ihren/seinen Kollegen hilfsbereit. Ihr/sein Verhalten gegenüber Vorgesetzten und Mitarbeitern war einwandfrei.
127. ... ist bescheiden und hält sich gern zurück.
128. ... ist im Umgang mit ... zurückhaltend.
129. ... ist einordnungsbereit und zieht mit.
130. ... ist kontaktbereit, kameradschaftlich, sachlich, ausgeglichen.
131. ... ist taktvoll und überzeugt andere von der Sache her.

Stufe 4:

132. ... war ein entgegenkommender Mitarbeiter, ihr/sein Verhalten hat nie zu Klagen Anlaß gegeben.

133. ... sucht immer das Gespräch mit Kollegen, manchmal etwas zu Lasten der eigenen Arbeit.

134. ... zuweilen zeigt sie/er wenig Verständnis für andere.

135. ... liebt es ein wenig, Außenseiter zu sein.

136. ... läßt sich leicht beeinflussen. Ihr/ihm fällt es bisweilen schwer, sich in andere hineinzudenken.

137. ... setzt sich nicht immer durch und unterliegt leicht Einflüsterungen.

Führungsverhalten

Stufe 1:

138. ... galt als hervorragende(r) Vorgesetzte(r), da sie/er es ausgezeichnet verstand, Mitarbeiter zu fördern, umfassend zu informieren, Aufgaben und Verantwortung optimal zu delegieren.

139. ... kann Mitarbeiter begeistern und mitreißen.

140. ... übt konsequente Erfolgskontrolle aus.

141. ... wird als Vorgesetze(r) voll anerkannt.

Stufe 2:

142. ... galt als sehr geachtete(r) Vorgesetzte(r). Sie/er förderte/ihre/seine Mitarbeiter, delegierte gut Aufgaben und Verantwortung und informierte über alles Notwendige.

143. ... aktiviert Mitarbeiter positiv.

144. ... versteht zu delegieren.

145. ... kontrolliert ihre/seine Anweisungen, ist als Vorgesetze(r) anerkannt.

Stufe 3:

146. ... galt als geschätzte(r) Vorgesetzte(r), die/der sich für ihre/seine Mitarbeiter einsetzte, oft Aufgaben delegierte und die sachlich notwendigen Informationen weitergab.

147. ... zeigt eine begrenzte Motivierungskraft.

148. ... ist nur zögernd bereit zu delegieren.

149. ... kontrolliert im ganzen zu wenig und wird nicht immer als Vorgesetze(r) anerkannt.

Stufe 4:

150. ... galt als Vorgesetzte(r), die/der gelegentlich Aufgaben delegierte und sich für die Probleme seiner Mitarbeiter interessierte.

151. ... informiert ungern, meist nur nach Aufforderung, arbeitet lieber allein als im Team.

152. ... arbeitet im allgemeinen bereitwillig mit anderen zusammen.

153. ... informiert zwar sachlich, aber nicht immer ausreichend und rechtzeitig.

Zusammenfassende Leistungsbeurteilung

Stufe 1:

154. ... hat die ihr/ihm übertragenen Aufgaben zu unserer vollsten Zufriedenheit ausgeführt.

155. ... hat die ihr/ihm übertragenen Aufgaben in jeder Hinsicht bestens erfüllt.

156. ... mit ihren/seinen Leistungen waren wir außerordentlich zufrieden.

157. ... ihre/seine Leistungen haben stets in jeder Hinsicht unsere volle Anerkennung gefunden.

Stufe 2:

158. ... hat die ihr/ihm übertragenen Aufgaben stets zu unserer vollen Zufriedenheit ausgeführt.

159. ... ihre/seine Leistungen waren gut.

160. ... sie/er hat die ihr/ihm übertragenen Aufgaben stets zu unserer vollen Zufriedenheit erledigt.

161. ... sie/er hat unseren Erwartungen in bester Weise entsprochen.

Stufe 3:

162. ... hat die ihr/ihm übertragenen Aufgaben zu unserer vollen Zufriedenheit ausgeführt.

163. ... ihre/seine Leistungen waren jederzeit zu unserer Zufriedenheit.

164. ... sie/er hat ihre/seine Aufgaben zur vollen Zufriedenheit erledigt.

165. ... mit ihren/seinen Leistungen waren wir zufrieden.

Stufe 4:

166. ... hat sich stets bemüht ...

167. ... hat sich mit großem Eifer an die Aufgaben herangemacht und war erfolgreich.

168. ... alle Arbeiten erledigte sie/er mit großem Fleiß und Interesse.

169. ... sie/er war immer mit Interesse bei der Sache.

Beurteilungsformblatt

Beurteilungs- stufe Beurteilungs- kriterium	sehr gute Leistung	gute Leistung	durchschnittl. Leistung	unterdurch- schnittliche/ mangelhafte Leistung
Wissen				
Fachwissen/ Anwendung	1 2 3 4 5	6 7 8 9	10 11 12	13 14 15
Sprach- kenntnisse	16	17	18	19
Arbeitseinsatz/Arbeitsbereitschaft				
Selbständigkeit	20	21	22	23
Initiative/ Aktivität	24 25 26 27	28 29 30 31	32 33 34 35	36
Belastbarkeit/ Beanspruchung	37 38 39	40 41	42 43 44	45
Wendigkeit/ Aufgeschlos- senheit	46 47 48	49 50	51 52 53	54
Arbeitsweise/Arbeitsergebnis				
Fleiß/Sorgfalt	55 56 57 58	59 60 61	62 63 64 65	
Zuverlässigkeit/ Vertrauen/ Verantwortung	66 67 68	69 70 71	72	73

Beurteilungsformblatt

Beurteilungs- stufe Beurteilungs- kriterium	sehr gute Leistung	gute Leistung	durchschnittl. Leistung	unterdurch- schnittliche/ mangelhafte Leistung
Aufmerksamkeit	74 75 76 77	78 79 80 81	82 83 84 85	86 87 88 89
Arbeitsqualität	90 91 92	93 94 95	96 97 98	99 100 101
Verhalten				
Auftreten	102 103 104	105 106 107	108 109 110	111 112 113
Verhalten/ Zusammenarbeit	114 115 116 117 118 119	120 121 122 123 124 125	126 127 128 129 130 131	132 133 134 135 136 137
Zusammenf. Leistungsbeurt.	154 155 156 157	158 159 160 161	162 163 164 165	166 167 168 169
Sonstiges				
Weiterbildung	☐ Frau/Fräulein/Herr .... hat vom .... bis .... an folgenden Weiterbildungsmaßnahmen teilgenommen:			
Beförderungen	☐ Aufgrund ihrer/seiner außergewöhnlichen Leistungen wurde Frau/Fräulein/Herr .... zum .... ernannt.			

Beurteilungsformblatt

Individueller Zeugnistext:

Austrittsgrund und Schlußformulierung

Frau /Frl./Herr .... verläßt uns:

☐ auf eigenen Wunsch   ☐ aus familiären Gründen

☐ in beiderseitigem Einvernehmen   ☐ mit Erreichen der Pensionsgrenze

- ☐ mit Ablauf des befristeten Arbeits-
  vertrages
- ☐ aus betrieblichen Gründen
- ☐ Frau/Frl./Herr . . . . macht von der Vorruhestandsregelung Gebrauch.
- ☐ Wir bedauern ihr/sein Ausscheiden sehr, danken ihr/ihm für die geleistete Mitarbeit und wünschen ihr/ihm für die Zukunft alles Gute.
- ☐ Wir danken ihr/ihm für die geleistete Mitarbeit und wünschen ihr/ihm für die weitere Zukunft alles Gute.
- ☐ Unser Dank für die langjährige Treue und wervolle Mitarbeit verbinden wir mit unseren guten Wünschen für ihren/seinen weiteren Lebensweg.
- ☐ Wir wünschen ihr/ihm für die Zukunft alles Gute.

9.3 Ablauf eines praktischen Falles

Ein qualifiziertes Abgangszeugnis für eine sehr gute Sekretärin ist zu schreiben. Aus der Stellenbeschreibung/Aufgabenbeschreibung ergibt sich folgender Anforderungskatalog, der von der Sekretärin auch erfüllt wurde:

Tätigkeiten:

- Diktataufnahme und -wiedergabe in deutscher, englischer und französischer Sprache
- Reisevorbereitungen und Reiseabrechnungen
- Terminabsprache und Terminverfolgung
- organisatorische Aufgaben
- Vorbereitung und Abstimmung von Reisen des Abteilungsleiters
- Schreiben von Notizen, Briefen und Fernschreiben nach Diktat und Vorlage in den o. g. drei Sprachen
- Zusammenstellung von Sitzungsunterlagen
- Übersetzung
- Sichten, sortieren und Vorlage des Posteingangs
- Ablage und Wiedervorlage von Notizen und Korrespondenz
- Registratur

Ihr Abteilungsleiter erhält von der Personalabteilung folgendes „Formblatt zur Ausstellung eines Arbeitszeugnisses" bereits im oberen Teil ausgefüllt. Der Abteilungsleiter übernimmt im wesentlichen Aufgaben aus der beigefügten Stellenbeschreibung und trägt sie in dieses Formblatt ein:

Formblatt zur Ausstellung eines Arbeitszeugnisses

☐ Einfaches Zeugnis ☒ Qualifiziertes Zeugnis ☐ Zwischenzeugnis

Angaben zur Person

☒ Frau ☐ Fräulein ☐ Herr

Titel: ....

Familienname: ... Schmitz ....

(evtl. Geburtsname) Schleicher ....

Vorname: .... Gertrud ....

geboren am: ....

in (Geburtsort): ....

War in der Zeit vom ... 1.4.1974 ....

bis .... 31.3.1988 ....

in der Abteilung ... Verkauf ....

beschäftigt als ..... Sekretärin ....

bzw.

wurde nach Beendigung ihrer/seiner Ausbildungszeit zur/zum ....

....

vom .... bis ....

als (Berufsbezeichnung): ....

in der Abteilung: ....

in unserem Hause beschäftigt.

Ausgeführte Tätigkeiten – Aufgabenbeschreibung

- Schreiben von Briefen, Fernschreiben und Notizen nach Diktat und Vorlage in deutscher, englischer und französischer Sprache
....
- Vorbereitung und Abstimmung von Reisen des Abteilungsleiters
....
- Reiseabrechnung
....
- Terminabsprache und Terminverfolgung
....
- Übersetzungen
....
- Zusammenstellungen von Sitzungsunterlagen
....
- Organisatorische Aufgaben
....
- Postein- und ausgang, Ablage Wiedervorlage, Korrespondenz
....
- Registratur
....

Als nächstes nimmt sich der Abteilungsleiter den „Formulierungskatalog" und die „Beurteilungsformblätter" zur Hand und kreuzt hierin seine Bewertung an. Anschließend wird das Zeugnis von der Personalabteilung erstellt.

Beurteilungsformblatt

Beurteilungs- stufe Beurteilungs- kriterium	sehr gute Leistung	gute Leistung	durchschnittl. Leistung	unterdurch- schnittliche/ mangelhafte Leistung
Aufmerksamkeit	74 ✗ 76 77	78 79 80 81	82 83 84 85	86 87 88 89
Arbeitsqualität	✗ 91 92	93 94 95	96 97 98	99 100 101
Verhalten				
Auftreten	102 103 1✗	105 106 107	108 109 110	111 112 113
Verhalten/ Zusammenarbeit	114 1✗ 116 117 118 119	120 121 122 123 124 125	126 127 128 129 130 131	132 133 134 135 136 137
Zusammenf. Leistungsbeurt.	154 ✗ 156 157	158 159 160 161	162 163 164 165	166 167 168 169
Sonstiges				
Weiterbildung	✗ Frau/Fräulein/Herr *Gertrud Schmitz* .. hat vom *8.4.1975*. bis *15.4.1975* an folgenden Weiterbildungsmaßnahmen teilgenommen: *Sekretärinnen - Seminar*			
Beförderungen	☐ Aufgrund ihrer/seiner außergewöhnlichen Leistungen wurde Frau/Fräulein/Herr . . . . zum . . . . ernannt.			

Beurteilungsformblatt

Beurteilungs- stufe Beurteilungs- kriterium	sehr gute Leistung	gute Leistung	durchschnittl. Leistung	unterdurch- schnittliche/ mangelhafte Leistung
Wissen				
Fachwissen/ Anwendung	X̶ 2 3 4 5	6 7 8 9	10 11 12	13 14 15
Sprach- kenntnisse	X̶	17	18	19
Arbeitseinsatz/Arbeitsbereitschaft				
Selbständigkeit	2̶0̶	21	22	23
Initiative/ Aktivität	2̶4̶ 25 26 27	28 29 30 31	32 33 34 35	36
Belastbarkeit/ Beanspruchung	37 38 39	4̶0̶ 41	42 43 44	45
Wendigkeit/ Aufgeschlos- senheit	4̶6̶ 47 48	49 50	51 52 53	54
Arbeitsweise/Arbeitsergebnis				
Fleiß/Sorgfalt	55 56 57 5̶8̶	59 60 61	62 63 64 65	
Zuverlässigkeit/ Vertrauen/ Verantwortung	6̶6̶ 67 68	69 70 71	72	73

Beurteilungsformblatt

Individueller Zeugnistext:

Mitwirkung in Arbeitskreisen außerhalb ihres Aufgabengebietes, z.B. als Vorsitzende im Ausschuß für "Kosteneinsparung am Arbeitsplatz und Prämierungen von Vorschlägen" übernahm zeitweise die Lehrlingsbetreuung im kaufmännischen Bereich

Austrittsgrund und Schlußformulierung

Frau /Frl./Herr   *Gertrud Schmitz* . . . . . . verläßt uns:

☒ auf eigenen Wunsch   ☒ aus familiären Gründen

☐ in beiderseitigem Einvernehmen   ☐ mit Erreichen der Pensionsgrenze

☐ mit Ablauf des befristeten Arbeitsvertrages   ☐ aus betrieblichen Gründen

☐ Frau/Frl./Herr . . . . macht von der Vorruhestandsregelung Gebrauch.

☒ Wir bedauern ihr/sein Ausscheiden sehr, danken ihr/ihm für die geleistete Mitarbeit und wünschen ihr/ihm für die Zukunft alles Gute.

☐ Wir danken ihr/ihm für die geleistete Mitarbeit und wünschen ihr/ihm für die weitere Zukunft alles Gute.

☐ Unser Dank für die langjährige Tätigkeit und wervolle Mitarbeit verbinden wir mit unseren guten Wünschen für ihren/seinen weiteren Lebensweg.

☐ Wir wünschen ihr/ihm für die Zukunft alles Gute.

Briefkopf

Zeugnis

Frau Gertrud Schmitz, geb. Schleicher, geboren am 1. 10. 1950 in Wiesbaden, trat am 1. 4. 1974 als Angestellte in unser Unternehmen ein. Sie war seitdem als Sekretärin in der Abteilung Verkauf tätig.

Ihr Aufgabengebiet umfaßte:

- Schreiben von Briefen, Fernschreiben, Notizen nach Diktat und Vorlage in deutscher, englischer und französischer Sprache
- Vorbereitung und Abstimmung von Reisen des Abteilungsleiters, Reiseabrechnungen
- Terminabsprache und Terminverfolgung
- Übersetzungen
- Zusammenstellung von Sitzungsunterlagen
- Organisatorische Aufgaben
- Postein- und -ausgang, Ablage, Wiedervorlage, Korrespondenz, Registratur.

Frau Schmitz zeigte ein hervorragendes und fundiertes Fachwissen, das sie bei schwierigsten Aufgaben sehr sicher einsetzte.

Ihre sehr guten englischen und französischen Sprachkenntnisse kamen ihr in Ausübung der Tätigkeit zugute.

Frau Schmitz zeichnete sich durch ein hohes Maß an Selbständigkeit aus. Sie erwies sich als einsatzbereite Mitarbeiterin, die konstruktive Vorschläge unterbreitete, diese erfolgreich einsetzte und entscheidend zu Problemlösungen beitrug.

Frau Schmitz war gut belastbar und hielt auch hohen Belastungen stand. In jeder Situation kam ihr ihre schnelle Auffassungsgabe und Beweglichkeit zustatten. Sie war für neue Aufgaben sehr aufgeschlossen. Sie war in ihrer Arbeit peinlich genau, sehr gewissenhaft und von großer Sorgfalt.

Frau Schmitz war äußerst zuverlässig und in besonderem Maße bereit, volle Verantwortung zu übernehmen. Sie genoß unser absolutes Vertrauen.

Sie arbeitete sehr konzentriert und gesammelt. Den an sie gestellten hohen Anforderungen ist Frau Schmitz vollauf gerecht geworden.

Frau Schmitz ist selbstsicher, sehr höflich, ihr Benehmen und ihre Haltung sind hervorragend. Sie ist sehr sicher und bestimmt.

Frau Schmitz hat die ihr übertragenen Aufgaben in jeder Hinsicht bestens erfüllt.

Besonders hervorzuheben ist, daß Frau Schmitz im Rahmen unserer Weiterbildung vom 8. 4. 1975 bis 15. 4. 1975 ein Sekretärinnen-Seminar besuchte. Auch zeigten sich ihre besonderen Aktivitäten in der Bereitschaft, in Arbeitskreisen mitzuwirken, die außerhalb ihres eigentlichen Aufgabengebietes lagen, z. B. als Vorsitzende im Ausschuß für ,,Kosteneinsparung am Arbeitsplatz und Prämierung von Vorschlägen''. Des weiteren übernahm Frau Schmitz zeitweise die Lehrlingsbetreuung im kaufmännischen Bereich.

Frau Schmitz scheidet am 31. 3. 1988 aus familiären Gründen auf eigenen Wunsch aus unserem Unternehmen aus. Wir bedauern ihr Ausscheiden sehr, danken ihr für die geleistete Mitarbeit und wünschen ihr für die Zukunft alles Gute.

Wiesbaden, den 31. 3. 1988

Unterschrift

9.4 Schlußtest für ein Zeugnis

Um sicherzustellen, daß auch nichts vergessen wurde, empfiehlt Kador einen Schlußtest in folgender Form.

		Ja	Nein
1.	Sind alle Tätigkeitsschwerpunkte, Entwicklungen/Veränderungen/Beförderungen, Fortbildung, Befugnisse/Sonderleistungen/Projekte vollständig erfaßt?	☐	☐
2.	Stimmen Zeitpunkt und -dauer?	☐	☐
3.	Ist ausreichend und mit richtiger Wortwahl dargestellt, wie die Arbeit/Aufgabe wahrgenommen wurde?	☐	☐
4.	Sind die Angaben über die Einstellung zur Arbeit und das Verhalten gegenüber Kunden, Kollegen, Mitarbeitern und Vorgesetzten typisch?	☐	☐
5.	Entsprechen die Wertungen über Leistung und Verhalten der Beurteilung des Mitarbeiters?	☐	☐
6.	Sind alle Angaben zeugnisrelevant, also charakteristisch, nötig, richtig, klar?	☐	☐
7.	Sind Ausnahmen und Details mit verständigem Wohlwollen weggelassen?	☐	☐
8.	Ist das Zeugnis vollständig?	☐	☐
9.	Ist das Zeugnis in sich systematisch?	☐	☐
10.	Hat das Zeugnis insgesamt einen angemessenen Umfang, ist die Länge der Abschnitte zueinander logisch?	☐	☐
11.	Ist das Zeugnis positionsorientiert formuliert?	☐	☐
12.	Ist die persönliche Sphäre gewahrt?	☐	☐
13.	Ist es nötig/sinnvoll/hilfreich, den Grund des Ausscheidens anzugeben?	☐	☐
14.	Ist das entwickelte Gesamtbild zutreffend und korrespondieren Dank und Wünsche mit dem übrigen Inhalt?	☐	☐
15.	Ist das Zeugnis grammatikalisch richtig, präzise formuliert, fehlerfrei und von der gewünschten Wort-Klangfarbe?	☐	☐

(Kador ..., S. 58).

9.5 Beurteilungskriterien für verschiedene Mitarbeitergruppen

Es wurde bereits erwähnt, daß die im Formulierungskatalog aufgeführten Beurteilungsmerkmale keineswegs lückenlos und auch nicht für alle Mitarbeitergruppen gleich sind.

Raschke zeigt z. B. recht übersichtlich berufstypische Beurteilungsmerkmale.

So sind z. B. wichtige Merkmale für den **Buchhalter:**

— Sorgfalt
— Ordnung
— Fachwissen
— Verantwortungsbewußtsein
— Ausdauer
— Selbstvertrauen
— Zuverlässigkeit
— Rechnen.

Bei einer Führungskraft stehen hingegen wieder folgende Kriterien im Vordergrund (siehe auch unter 3):

— Fähigkeiten zur Fortbildung
— Vorbildrolle
— Kreativität
— Motivierendes Verhalten
— Fähigkeit zur Konfliktschlichtung
— Kooperation mit anderen Führungskräften und besonderen Zielgruppen
— Identifikation
— Durchsetzungsvermögen
— Dienstaufsicht
— mündlicher/schriftlicher Ausdruck
— Kommunikationsfähigkeit.

Ein Verkäufer wiederum wird insbesondere gekennzeichnet durch:
— Menschenkenntnis
— Kontaktfähigkeit
— Umgangsformen
— Wendigkeit
— Sicherheit
— Selbstvertrauen
— Sprache
— Fachkenntnisse (Ware, Markt)
— Geistesart
— Konzentration
— Auffassungsgabe

- Aufmerksamkeitsumfang
- Initiative
- Intelligenz
- Ausdauer
- Einsatzbereitschaft
- Anpassung
- Zuverlässigkeit
- Äußeres.

Dieser Katalog läßt sich beliebig lang fortsetzen. Für die Zeugnisschreibung müssen möglichst viele Kriterien im Formulierungskatalog genannt und bewertet werden, die für alle in einem Unternehmen beschäftigten Mitarbeiter genügend Auskunft geben. Dennoch sollten nur die typischen Berufsmerkmale aufgeführt und bewertet werden.

Die berufstypischen Merkmale der Mitarbeiter lassen sich zusätzlich auch recht anschaulich grafisch darstellen.

Als Beispiel hierfür soll das Idealprofil eines Außendienstmitarbeiters gelten.

Idealprofil eines Außendienstmitarbeiters

Kriterien	Benotung:	1	2	3	4

Die Art zu denken

- erfahrungsorientiert
- praktisch
- konstruktiv
- schnell
- präzise
- logisch
- analytisch
- grundsätzlich
- konzeptionell
- flexibel

Die Art zu fühlen

- optimistisch
- sensitiv
- introvertiert
- extrovertiert
- wach/aktiv
- phantasievoll

Fortsetzung von S. 113

Kriterien	Benotung:	1	2	3	4

- schöpferisch
- verständnisvoll
- harmonisch
- stabil

Die Art zu handeln

- fleißig
- engagiert
- initiativ
- dynamisch
- zäh
- durchsetzend
- vernünftig
- zielsicher
- belastbar
- verantwortungsvoll

Die Art, sich im sozialen Umfeld zu geben

- ehrlich
- fair
- hilfsbereit
- tolerant
- kontaktwillig
- teamorientiert
- kommunikativ
- koordinierungsfähig
- gerecht
- mitreißend

1 = stark ausgeprägt bis 5 = minimal ausgeprägt (Schulnotenprinzip)

Im folgenden wird gezeigt, wie weit z. B. der Beurteilungsbereich gehen kann.

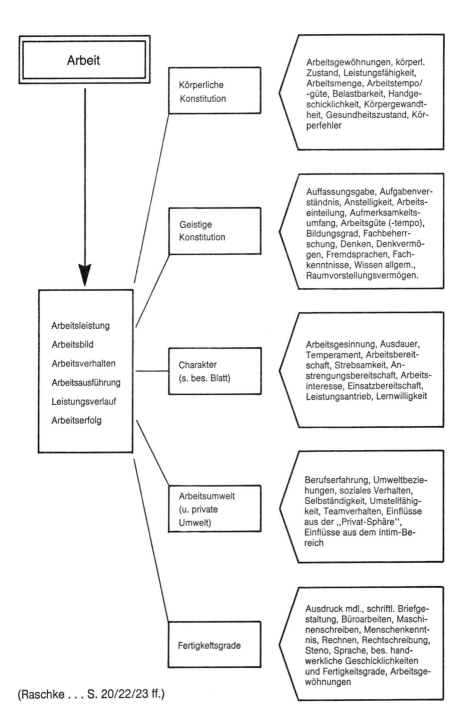

(Raschke ... S. 20/22/23 ff.)

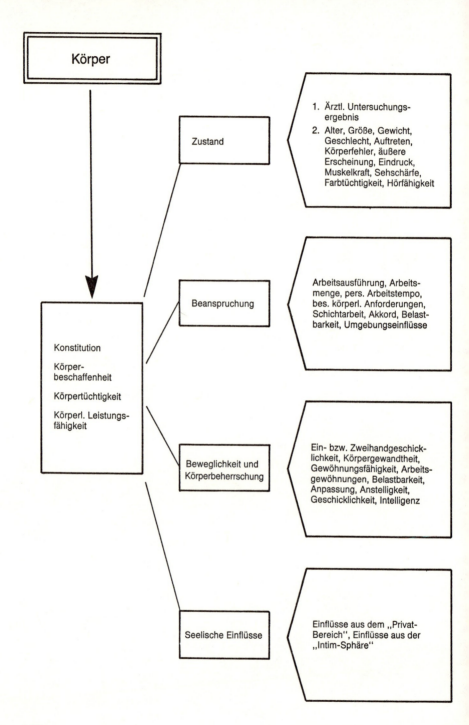

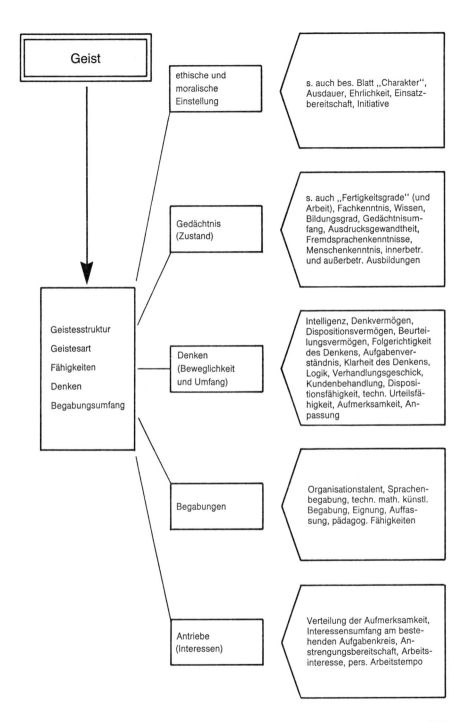

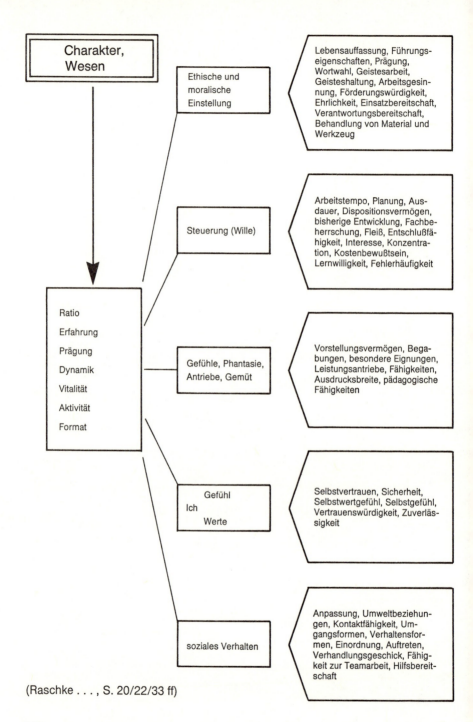

9.6 Ablaufschema für die Erstellung eines Zeugnisses

Folgendes Standard-Ablaufschema von Kador zeigt abschließend die Zuständigkeiten im Zusammenhang mit der Zeugniserteilung:

Standard-Ablaufschema für die Erstellung eines Arbeitszeugnisses

Arbeitsschritt	zuständig
Erfassen der Personaldaten, des Ein- und Austrittstermins, der Tätigkeitsbezeichnung und des Austrittsgrundes	Personalabteilung
Wenn Stellenbeschreibung vorhanden: Erfassen der Haupt- und Nebentätigkeiten aus der Stellenbeschreibung	Personalabteilung
Kontrolle der angegebenen Haupt- und Nebentätigkeiten auf Richtigkeit und Vollständigkeit	Vorgesetzter
Wenn keine Stellenbeschreibung vorhanden: Angabe der für das Zeugnis wichtigen Haupt- und Nebentätigkeiten	Vorgesetzter
Wenn Mitarbeiter nacheinander in mehreren Stellen tätig war: Erfassen der Tätigkeiten in früheren Stellen aus der Personalakte	Personalabteilung
Wenn Beurteilungsverfahren vorhanden: Durchführen der abschließenden Beurteilung im Rahmen des Verfahrens	Vorgesetzter
Wenn kein Beurteilungsverfahren vorhanden: Beurteilung von Leistung und Verhalten	Vorgesetzter
Hinweise für Dankes- und Grußformel am Schluß des Zeugnisses geben	Vorgesetzter
Besprechung des vorgesehenen Zeugnisinhalts mit dem Mitarbeiter	Vorgesetzter
Formulieren des Zeugnisses	Personalabteilung
Schreiben des Zeugnisses	Personalabteilung/ Schreibbüro
Unterschreiben des Zeugnisses	Personalabteilung/ Vorgesetzter

(Kador . . ., S. 54)

9.7 Neue tabellarische Form eines Zeugnisses

Bedingt durch den starken Einzug neuer Computertechniken wird in letzter Zeit immer häufiger der Ruf nach einer Vereinheitlichung bei der Erstellung von Arbeitszeugnissen laut.

Wie der soeben dargestellte Formulierungskatalog und das praktische Beispiel gezeigt haben, lassen sich bestimmte Bausteine kodieren und im Computer bzw. in Textverarbeitungsanlagen speichern und bearbeiten. Dadurch tritt einerseits sicherlich ein enormer Rationalisierungseffekt ein. Andererseits muß gerade bei so sensiblen Angelegenheiten wie das Schreiben von Arbeitszeugnissen darauf geachtet werden, daß keine „Erstarrung" erfolgt, was die Formulierung betrifft. In jedem Fall sollte auch ein Spielraum für individuelle Beurteilungen gegeben sein.

Vor diesem Hintergrund sind tabellarische Formen der Zeugniserstellung entwickelt worden, die sich jedoch bis heute noch nicht durchgesetzt haben. Eine solche Form soll zum Abschluß dargestellt werden:

Zeugnis

Empfänger: Herr Kurt Müller, geb. 18. 4. 1935 in Freiburg, wohnhaft in . . .

Eintritt: 1. 4. 1957 als Verkäufer in der Offert-Abteilung

Weitere Tätigkeiten: Ab 1. 9. 1959 Gruppenleiter, ab 1. 4. 1961 Abteilungsleiter für den Verkauf Inland

1961 Dolmetscherprüfung in Englisch und Französisch

1975 Ausbildungseignungsprüfung vor der IHK

Beendigung des
Arbeitsverhältnisses: 30. 6. 1988 aufgrund eigener Kündigung

Im Rahmen des qualifizierten Zeugnisses bescheinigen wir folgendes:

I. Fachliche Beurteilung

1. Fachwissen: . . . .
2. Qualität der Arbeit: . . . .
3. Quantität der Arbeit: . . . .
4. Arbeitstempo: . . . .
5. Auffassungsgabe: . . . .
6. Fremdsprachen: . . . .
usw.

II. Charakterbild

1. Einstellung zum Betrieb: . . . .
2. Einführung in die betriebliche
   Ordnung: . . . .
3. Belastbarkeit: . . . .
4. Soziales Verhalten: . . . .
5. Eignung als Vorgesetzter: . . . .
6. Sonstige Qualifikationen: . . . .
usw.

Lörrach, den 30. 6. 1988
Die Auswahl von Beurteilungskriterien hängt weitgehend davon ab, auf welcher Hierarchieebene der Mitarbeiter tätig ist, ob es sich um Sachbearbeiter und untere Führungskräfte handelt oder ob man es mit den mittleren und oberen Führungskräften zu tun hat. Merkmale, die gezielt auf eine Leistungsbeurteilung aller Mitarbeiter mit Ausnahme der mittleren und oberen Führungskräfte abstellen sind z. B.

- Art und Weise der Anwendung von Fachkenntnissen
- Art und Weise des Arbeitseinsatzes und der Initiative
- Menge des erreichten Arbeitsergebnisses
- Güte des erreichten Arbeitsergebnisses
- Art und Weise der Zusammenarbeit mit Kollegen und Vorgesetzten.

Bei den Führungskräften kommt generell noch hinzu:

- Art und Weise der Entscheidungs- und Arbeitsvorbereitung
- Art und Weise des Führungsverhaltens.

Bei den mittleren und oberen Führungskräften tritt der Anteil der reinen Persönlichkeitsbeurteilung mehr in den Vordergrund. Hier kommt es hauptsächlich auf folgende Merkmale an:

- Kritisches Denken
- Kreativität
- Ausdrucksfähigkeit
- Kontaktfähigkeit
- Durchsetzungsvermögen
- Einsatzbereitschaft
- Sorgfalt in der Arbeit
- Entscheidungsfreude
- Zukunftsgerichtetheit
- Arbeit im Team
- Sachkenntnis
- Initiative

- Belastbarkeit
- Anpassungsfähigkeit
- Monetäre Verantwortlichkeit, Zeitmanagement

9.8 Zusammenfassung der wesentlichen Gesichtspunkte

Das Zeugnis ist schriftlich zu erteilen und von einem leitenden Angestellten eigenhändig zu unterschreiben. Firmenstempel ohne Unterschrift genügt nicht.

Keine Radierungen, Verbesserungen oder Einschaltungen.

Das Zeugnis muß der äußeren Form nach dem Zweck entsprechen, für den es gedacht ist, für Bewerbungen. Es ist die Visitenkarte des Arbeitnehmers und muß daher auf ordentlichem Papier geschrieben sein, Datum und Ortsangabe enthalten, möglichst in Maschinenschrift.

Die Person des Arbeitnehmers muß mit Vor- und Familiennamen, bei Frauen evtl. auch Mädchenname, und Geburtstag genau bezeichnet werden. Akademische Titel sind anzuführen, da sie Bestandteil des Namens sind. Dagegen brauchen verliehene Titel wie Prokurist, Direktor usw. nicht aufgeführt zu werden.

Genaue Angaben über Art der Beschäftigung und über Dauer des Arbeitsverhältnisses.

Auf ausdrücklichen Wunsch des Arbeitnehmers muß sich der Arbeitgeber im Zeugnis über Führung und Leistung äußern (sog. qualifiziertes Zeugnis). Der Arbeitnehmer hat jedoch keinen Anspruch darauf, daß in dem Zeugnis nur seine Leistungen oder nur seine Führung beurteilt werden.

Die Angaben im Zeugnis müssen so umfangreich sein, daß sich ein Außenstehender ein Bild über die Beschäftigung des Arbeitnehmers machen kann.

Alle Angaben im Zeugnis müssen der Wahrheit entsprechen (Unterrichtung Dritter). Andererseits muß der Arbeitgeber den Arbeitnehmer im qualifizierten Zeugnis wohlwollend beurteilen und darf den ferneren Lebensweg des Arbeitnehmers nicht mehr als erforderlich erschweren. Es ist aber nicht zu beanstanden, wenn es z. B. im Zeugnis heißt: ,,Die Führung im Dienst gab mehrfach zu Beanstandungen Anlaß" oder ,,des öfteren mangelte es ihm allerdings gegenüber der Geschäftsleitung, seinen Ausbildern und Kollegen am nötigen taktvollen Verhalten". Der Arbeitgeber darf im Zeugnis einmalige Vorfälle, die nicht besonders schwer wiegen, länger zurückliegende Beanstandungen und Umstände, die für die Führung und Leistung des Arbeitnehmers nicht charkteristisch sind, nicht erwähnen. Hingegen müssen schwerwiegende, auch einmalige Verfehlungen, etwa Unterschlagungen zum Nachteil des Arbeitgebers in erheblichem Umfang und für den Arbeitnehmer charakteristische Mängel in der Führung und Leistung, etwa ständige Unpünktlichkeit und ständig unzulängliche Leistungen, im Zeugnis erwähnt werden.

Der Arbeitgeber ist grundsätzlich nicht berechtigt, ohne Einwilligung des Arbeitnehmers im Zeugnis den Grund für die Auflösung des Arbeitsverhältnisses anzugeben. Unzulässig ist z. B., wenn es heißt: „Wegen des Verhaltens des Arbeitnehmers hat die Firma das Arbeitsverhältnis gekündigt." Auf Wunsch des Arbeitgebers jedoch (z. B. wenn die Kündigung von Seiten des Arbeitnehmers erfolgte) muß der Arbeitgeber den Grund im Zeugnis angeben.

Die Ehrlichkeit des Arbeitnehmers ist im Zeugnis dann zu bescheinigen, wenn sie für die Tätigkeit des Arbeitnehmers von erheblicher Bedeutung war (z. B. Kassierer) und durch die Nichterwähnung der Ehrlichkeit der Verdacht der Unehrlichkeit erweckt wird.

Vorstrafen und außerdienstliches Verhalten dürfen im Zeugnis nur erwähnt werden, wenn sie die Leistungen und Führung im Dienst erheblich und maßgeblich beeinflußt haben. Stehen Vorstrafen mit dem Arbeitsverhältnis in engerem Zusammenhang und handelt es sich dabei nicht um Vorstrafen, die das augenblickliche Dienstverhältnis nicht betreffen, sind solche Angaben im Zeugnis aufzunehmen. Straftaten, die der Arbeitnehmer während seines Dienstverhältnisses begangen hat, die aber mit dem Arbeitsverhältnis nichts zu tun haben, dürfen nicht im Zeugnis erwähnt werden. Dagegen können Straftaten des Arbeitnehmers, die zugleich die Pflichten aus dem Dienstvertrag verletzen, wie Unterschlagung, Diebstähle im Betrieb, Untreue in einem auf Führung und Leistung ausgedehnten Zeugnis erwähnt werden. Sie müssen u. U. sogar erwähnt werden, um eine Haftung gegenüber Dritten auszuschließen. Im übrigen gehören Ereignisse aus dem Privatleben des Arbeitnehmers nicht in das Zeugnis.

Ein wegen Kündigung des Arbeitsverhältnisses durchgeführtes arbeitsrechtliches Verfahren darf im Zeugnis nicht erwähnt werden.

Jeder Arbeitnehmer hat **bei** Beendigung des Arbeitsverhältnisses Anspruch auf Erteilung eines Zeugnisses durch den Arbeitgeber. Er kann es auch noch nach Beendigung des Arbeitsverhältnisses verlangen. Der Zeugnisanspruch verjährt erst nach 30 Jahren nach Beendigung des Arbeitsverhältnisses, sofern bislang noch kein Zeugnis zugestellt wurde.

Der Arbeitnehmer muß das Zeugnis beim Arbeitgeber abholen.

Unzulässig ist die Kennzeichnung des Zeugnisses mit Geheimzeichen, z. B. mit einem schwarzen Punkt am Rand, um, wie mit anderen Firmen verabredet, auf eine Mitgliedschaft des Arbeitnehmers in einer Gewerkschaft hinzuweisen. Unzulässig ist es ferner, Beurteilungen mit einem Ausrufezeichen zu versehen. Auch die Verwendung einer Geheimsprache ist grundsätzlich unzulässig. Hierzu zählen Redewendungen wie: „er hat ein umfassendes Einfühlungsvermögen", dies soll bedeuten: Achtung, der Mann ist homosexuell; oder: „Für die Belange der Belegschaft erwies er/sie stets Einfühlungsvermögen", dies soll bedeuten: Er/sie suchten Sexkontakte zu Betriebsangehörigen. Oder: „Für die Belange der Belegschaft bewies sie ein umfassendes Einfühlungsvermögen", was so viel heißen soll wie: „Sie ist lesbisch". Folgende Redewendungen sind – obwohl verschlüsselt – zulässig, wenn sie den Tatsachen der Auslegung entsprechen, wofür der Arbeitgeber beweispflichtig ist. Sie stellen auch keine Geheimsprache dar, da sie allgemein bekannt sind. Hierzu gehören Formulierungen wie: „Er hat alles ordnungsgemäß erledigt", bedeutet: er wird dem nächsten Arbeitgeber als Bürokrat vorgestellt. Oder: „Er war sehr tüchtig und wußte sich gut zu verkaufen", bedeutet: unangenehmer Mitarbeiter. Oder: „Wegen seiner Pünktlichkeit war er stets ein gutes Vorbild", bedeutet: totale Niete! Oder: „Im Kollegenkreis galt Frau X als tolerante Mitarbeiterin", bedeutet: der Vorgesetzte ist mit dieser Dame nicht gut ausgekommen. Wer „immer mit Interesse bei der Sache war", hat sich angestrengt, aber nichts geleistet. Wer durch „Geselligkeit zum Betriebsklima beitrug", ist als Trinker gebrandmarkt. Ein Mitläufer, der sich gut anpaßt, ist gemeint, wenn im Zeugnis vermerkt wird: „Mit seinen Vorgesetzten ist er gut zurechtgekommen".

Die verschlüsselte Kennzeichnung bezüglich der Leistungsbewertung von Mitarbeitern ist immer dann unzulässig, wenn sich die Aussagen nicht auf das **ganze Arbeitsverhältnis** beziehen und für den Arbeitnehmer charakteristisch sind. Ansonsten sind diese umschriebenen Leistungsbewertungen genau so zulässig wie eine direkte Benotung (z. B. sehr gut, ausreichend). Bei der verschlüsselten Leistungsbewertung handelt es sich um folgende Kennzeichnung: eine **sehr gute** Leistung wird oft umschrieben mit: „Stets zur vollsten Zufriedenheit" (obwohl sprachlicher Unsinn, so doch verbreitet) oder: „wir waren mit seiner Leistung in jeder Hinsicht außerordentlich zufrieden", oder: „seine Leistungen haben in jeder Hinsicht unsere volle Anerkennung gefunden". Eine **gute** Leistung wird umschrieben mit: „stets zur vollen Zufriedenheit, seine Leistungen waren gut"; **befriedigend** bedeutet: „volle Zufriedenheit . . . jederzeit/stets zu unserer Zufriedenheit, wir waren mit seinen Leistungen jederzeit/stets zufrieden"; **ausreichend** bedeutet: „zufrieden, er hat die ihm übertragenen Arbeiten zu unserer Zufriedenheit erledigt"; **mangelhaft** bedeutet: „er hat sich bemüht, die ihm übertragenen Arbeiten zu unserer Zufriedenheit zu erledigen" oder: „er hat sich stets bemüht".

Die Beurteilung von Führung und Leistung muß auf konkreten Vorfällen beruhen, die sich am Arbeitsplatz ausgewirkt haben und für die der Arbeitgeber darlegungs- und beweispflichtig ist.

Da nach der Rechtsprechung ein qualifiziertes Zeugnis wahr sein muß, sollten Arbeitnehmer, die keine günstige Note zu erhoffen haben, sich lieber mit einem einfachen Zeugnis zufrieden geben; darin wird nur die Art und Dauer des Beschäftigungsverhältnisses bescheinigt.

Verlangt der Arbeitnehmer erst bei Beendigung des Arbeitsverhältnisses ein qualifiziertes Zeugnis, so muß er dem Arbeitgeber mindestens eine Frist von einem Tag zur Erstellung dieses Zeugnisses einräumen.

Hat der Arbeitnehmer zunächst kein qualifiziertes Zeugnis verlangt, und händigt ihm der Arbeitgeber infolgedessen ein einfaches Zeugnis aus, so muß der Arbeitnehmer im allgemeinen unverzüglich nach Aushändigung des Zeugnisses ein qualifiziertes Zeugnis verlangen. (Nach ständiger Rechtsprechung wird im übrigen unterstellt, daß ein Angestellter, der mindestens 6 Monate im Betrieb tätig war, im Zweifelsfall ein qualifiziertes Zeugnis wünscht. Insofern ist es zweckmäßig, sogleich ein solches auszustellen.)

Fordert der Arbeitnehmer ein qualifiziertes Zeugnis, kann er unverzüglich nach seiner Aushändigung noch an dessen Stelle ein einfaches Zeugnis verlangen, andernfalls ist der Zeugnisanspruch untergegangen. Umgekehrt verhält es sich genauso, wenn nämlich der Arbeitnehmer zuerst ein einfaches Zeugnis verlangt hat.

Erweist sich das Zeugnis als unrichtig oder unvollständig, kann der Arbeitnehmer die Berichtigung und Vervollständigung des Zeugnisses verlangen.

Der Arbeitnehmer hat jedoch keinen Anspruch darauf, daß der Arbeitgeber bestimmte Formulierungen wählt. Das liegt im Ermessen des Arbeitgebers. Dieses Recht verliert er an das Gericht, wenn er seiner Verpflichtung nicht oder nicht gehörig nachkommt.

Der Arbeitgeber kann das Zeugnis wegen einer Gegenforderung nicht zurückbehalten. Nur, wenn der Arbeitgeber kurze Zeit vor Beendigung des Arbeitsverhältnisses des Arbeitnehmers ein Zwischenzeugnis erteilt hat, kann er die Aushändigung des endgültigen Zeugnisses von der Herausgabe des Zwischenzeugnisses abhängig machen.

Kommt der Arbeitgeber seiner Pflicht zur Erteilung eines Zeugnisses verspätet oder überhaupt nicht nach oder erteilt er ein unrichtiges oder unvollständiges Zeugnis, so macht er sich dem Arbeitnehmer gegenüber schadenersatzpflichtig. Der Arbeitnehmer muß jedoch im Streitfall nachweisen, daß die Einstellung gerade wegen des fehlenden oder unrichtigen Zeugnisses die Ursache für den Mißerfolg von Bewerbungen gewesen ist.

Gibt der Arbeitgeber in einem Zeugnis wider besseres Wissen eine zu günstige Beurteilung für den Arbeitnehmer ab und ist er sich im klaren darüber, daß der Arbeitnehmer infolge dieser günstigen Beurteilung von einem anderen Arbeitgeber eingestellt werden und diesem Schaden zufügen kann, so kann sich der Arbeitgeber gegenüber dem späteren Arbeitgeber schadenersatzpflichtig machen, wenn der Arbeitnehmer auch dem neuen Arbeitgeber Schaden zufügt.

Es muß daher vor einem weit verbreiteten Brauch gewarnt werden, Arbeitnehmer, die durch unzulängliche Leistungen oder tadelnswerte Führung für den Arbeitgeber untragbar geworden sind, durch die Zusage eines „guten" Zeugnisses zu einer Auflösung des Arbeitsverhältnisses im gütlichen Einvernehmen zu bewegen. Das „gute" Zeugnis kann den Arbeitgeber teuer zu stehen kommen.

Der Arbeitgeber darf im Endzeugnis von einer Beurteilung, die er in einem Zwischenzeugnis gegeben hat, nicht ohne triftigen Grund abweichen. Dies trifft um so mehr zu, wenn der Zeitraum zwischen der Ausstellung eines Zwischenzeugnisses und des endgültigen Zeugnisses kurz ist.

Krankheiten sind im Zeugnis nicht zu erwähnen. Etwas anderes kann aber gelten, wenn dem Arbeitnehmer deshalb fristlos gekündigt wurde (z. B. ansteckende Krankheiten, besonders lang anhaltende Krankheiten).

Aus der Art der Auflösung eines Arbeitsverhältnisses, z. B. am 9. eines Monats, ersieht man, ob einer fristlos entlassen wurde.

Wenn es im Zeugnis heißt: „Herr X. scheidet im gegenseitigen Einvernehmen mit der Geschäftsleitung aus seinen Diensten aus", dann bedeutet das, daß Herr X. „gegangen" wurde.

Abschließend noch einige Tips für Arbeitnehmer und Arbeitgeber:

Achten Sie als Arbeitnehmer auf Vollständigkeit und Lückenlosigkeit Ihrer Zeugnisse. Verschicken Sie niemals Originale (evtl. beglaubigte Zeugniskopien, wenn Originale gewünscht werden). Fremdsprachige Zeugnisse sollten in Übersetzung mitgeliefert werden. Bieten Sie dem Unternehmen, bei dem Sie sich bewerben, an, Referenzen über Sie einzuholen, wobei Sie den Referenzgeber allerdings vorher verständigen sollten.

Als Arbeitgeber empfiehlt es sich, den Zeugnisentwurf dem Mitarbeiter vorzulegen oder noch besser, das Zeugnis mit dem Mitarbeiter abzustimmen, wobei natürlich die Großzügigkeit (das Wohlwollen) ihre Grenzen (Wahrheit) findet. Lassen Sie die Zeugnisse nach Möglichkeit nur von einer zentralen Stelle für alle Mitarbeiter schreiben, damit eine Einheitlichkeit im Rahmen der Gerechtigkeit und Außenwirkung gewahrt bleibt. Holen Sie – soweit wie möglich – Referenzen ein. Bewahren Sie die in Ihrem Betrieb ausgestellten Zeugnisse sorgfältig auf. Arbeitszeugnisse sind unverzüglich zur Korrektur vom früheren Arbeitnehmer zurückzufordern, wenn sich nachträglich gravierende Unrichtigkeiten herausstellen. Hier muß der neue Arbeitgeber sofort benachrichtigt werden. Schulen Sie sorgfältig alle die Mitarbeiter, die mit der Ausstellung von Arbeitszeugnissen betraut sind.

10. GERICHTLICHE BEHANDLUNG VON STREITIGKEITEN BEI ZEUGNISSEN

Immer wieder werden Arbeitsgerichte angerufen, Zeugnisberichtigungen vorzunehmen und Schadensersatzanforderungen durchzusetzen. Einige, in diesem Zusammenhang sehr interessante Urteile, sind nachfolgend dargestellt, um dem Leser einmal den Umfang und die Grenzen der Eingriffsmöglichkeiten aufzuzeigen, wobei augenscheinlich wird, welche Kleinstarbeit die Richter hierbei zu leisten haben. (Es sei bemerkt, daß die folgenden Ausführungen nur gekürzte Fassungen der Urteile darstellen.)

1. Fall

Urteil des LAG Frankfurt a. M. vom 27. 3. 1985 . . . Aktenzeichen: 10 Sa 1520/83

Es handelt sich hierbei um einen Zeugnisberichtigungsstreit, in dem zahlreiche Änderungen eines umfangreichen Zeugnistextes verlangt und zugleich Schadensersatzansprüche wegen der anschließenden, auf den Zeugnisinhalt zurückgeführten Arbeitslosigkeit erhoben werden.

Auf die Berufung des Klägers (Arbeitnehmer) wird das Urteil des Arbeitsgerichts Frankfurt/Main vom 25. 8. 1983 mit der Maßgabe geändert, daß die Beklagte (Arbeitgeber) dem Kläger unter dem Datum vom 7. 7. 1981 das nachfolgende Abschlußzeugnis zu erteilen hat:

Zeugnis

„Herr Eduard R., geboren am 7. 6. 1938, war vom 1. November 1977 bis 30. Juni 1981 in unserem Hause tätig.

Herr R. war zunächst bis zum 30. September 1979 Assistant Product Manager. Während dieser Zeit hat sich Herr R. in das Aufgabengebiet eines Product Managers eingearbeitet. Die Ernennung zum Product Manager erfolgte am 1. Oktober 1979.

Ab dem 10. März 1978 war Herrn R. die selbständige und budgetverantwortliche Betreuung einer Präparategruppe übertragen worden. Er war seit dem 1. April 1980 AT-Angestellter.

In direkter Unterstellung unter die Marketing-Leitung betreute er folgende Präparate:

Rheuma-Spalt, Dolestan, Nova-Dolestan, Halbmond, Biserirte Magnesia, Bismag-Lac, Multivitaplex, Vitamin-C-Much, Balsam 8, Baloveen, die Resdan-Serie, drei Neuentwicklungen sowie Teilaufgaben für das Hauptpräparat Spalt-Tabletten.

Zu seinem Aufgabenbereich gehörten insbesondere:

Erstellung, Realisierung und Überwachung von Marketing-Konzeptionen und -strategien sowie die Erstellung der damit verbundenen Budgets, unter anderem in englischer Sprache.

Ausarbeitung von Anträgen in Englisch für die Einführung neuer Produkte und Verkaufsaktionen zur Genehmigung durch unsere Muttergesellschaft, die Firma American Home Products Corporation in New York.

Erarbeitung und Überwachung von Verkaufsförderungsaktionen einschließlich Display-Entwicklung.

Erstellung von Agenturbriefings für die durchzuführende nationale Publikums- und Fachwerbung; Analyse von Werbekonzeptionen; Zusammenarbeit mit verschiedenen Werbeagenturen.

Planung und Realisierung von PR-Maßnahmen in Publikums- und Fachzeitschriften.

Laufende Überwachung der textlichen Gestaltung von Werbe- und Verpackungsmaterial gemäß den gesetzlichen Bestimmungen.

Erarbeitung von allgemeinem und fachlichem Informationsmaterial für Verbraucher, Handel, Ärzteschaft und Vertreterschulungen.

Koordinierung sowie Planung und Durchführung von Marketingmaßnahmen für die Einführung neuer und die Forcierung bestehender Präparate mit verschiedenen internen Abteilungen und Lieferanten.

Aufbereitung sowie Analyse von IMS- und Nielsen-Zahlen sowie Marktbeobachtungen von Konkurrenz-Präparaten; Herr R. war ferner federführend für die Kontakte zu diesen Marktforschungsinstituten zuständig.

Herr R. zeigte große Einsatzbereitschaft und engagierte sich jederzeit stark für die von ihm betreuten Produkte. Seine Stärken liegen auf dem Gebiet der verschreibungspflichtigen Arzneimittel, die in unserem Hause leider nur in sehr geringem Umfange vertreten sind. Er verfügt insgesamt über ein umfangreiches Fachwissen, das ihm bei der Bewältigung seiner Aufgaben zugute kommt.

Seine Führung war stets einwandfrei.

Das Arbeitsverhältnis endet durch firmenseitige Kündigung am 30. Juni 1981.

Wir wünschen Herrn R. auf seinem weiteren Lebensweg alles Gute."

Zum Tatbestand:

Der Kläger hatte gegen das Urteil von 1983 bei dem LAG Berufung eingelegt und wünscht neben Ergänzungen und Modifikationen die Weiterverfolgung eines Schadensersatzanspruches. Der Kläger macht geltend, das ihm erteilte Abschlußzeugnis müsse – über die bereits vom Arbeitsgericht zuerkannte Verbesserung hinaus – in einer Vielzahl von Einzelaussagen noch zusätzlich zu seinen Gunsten verändert werden. So bedürfe bereits die Eingangsaussage, wonach er angeblich bis zum 30. 9. 1979 Assistant Product Manager war, insofern der Korrektur, als er niemals Assistent eines bei der Beklagten tätigen Product Managers gewesen sei. Vielmehr sei ihm bereits ab dem 10. 4. 1978 die selbständige und budgetverantwortliche Betreuung einer Präparate-Gruppe übertragen worden. Dementsprechend habe auch seine tatsächliche Einarbeitungszeit lediglich knapp 5 Monate betragen. Bei dem vom Arbeitsgericht zu Recht erweiterten Betreuungsbereich fehle nach wie vor das Präparat Bismag sowie die Hervorhebung von umfangreichen Teilaufgaben für das Hauptpräparat Spalt-Tabletten. Desgleichen müsse das ihm insoweit obliegende Aufgabenfeld nach wie vor in vielfältiger Weise vervollständigt werden, da er auch mit der Erstellung von ,,Marketing-Plänen", mit der ,,Analyse von Konkurrenzpräparaten", mit dem ,,Texten" von allgemeinem und fachlichem Informationsmaterial . . .", mit der ,,Planung und Realisierung von PR-Maßnahmen in Publikums- und Fachzeitschriften", mit der ,,Forcierung bestehender Präparate", ferner mit dem ,,Besuch von Apotheken sowie der Information und Motivation des Außendienstes" beauftragt gewesen sein. Bei diesen Ergänzungen müsse zudem – entsprechend dem Gewicht der einzelnen Aufgaben – der gebotene fachliche und sprachliche Zusammenhang gewährleistet sein und die amerikanische Muttergesellschaft der Beklagten namentlich erwähnt werden.

Wie der Kläger weiter aufführt, stellte die in dem Abschlußzeugnis enthaltene Leistungsbeurteilung aufgrund ihrer Unrichtigkeit und Unvollständigkeit allenfalls eine Scheinbeurteilung dar, welche er freilich nicht akzeptieren müsse. So sei es nachweislich falsch, wenn die Beklagte hierbei mit deutlich negativer Tendenz hervorhebe, daß seine Stärke auf dem Gebiet der verschreibungspflichtigen Arzneimittel liege, obwohl er während seiner Tätigkeit bei ihr – entsprechend ihrem Produktprogramm – nahezu ausschließlich nicht verschreibungspflichtige Arzneimittel (sog. OTC-Bereich) betreut habe; letzteres könne ein branchenkundiger Zeugnisleser ohne weiteres erkennen. Im übrigen bedeute die im Zeugnis enthaltene Hervorhebung seiner Einsatzbereitschaft bzw. seines Engagements nur eine wertlose Aussage, welche seine besonderen Leistungen nicht annähernd widerspiegelte. Selbst etwaige Leistungsmängel während der Beschäftigungszeit können nämlich nicht dazu führen, daß man ihm mit Billigung des Arbeitsgerichts jegliche Leistungsbeurteilung vorenthalte.

Darüber hinaus macht der Kläger geltend, daß ihm die Beklagte aufgrund ihres negativen, als geradezu ,,berufsvernichtend" anzusehenden Abschlußzeugnisses zum Schadensersatz verpflichtet sei, da er allein deswegen – trotz zahlreicher Bewerbungen und Vermittlungsbemühungen des Arbeitsamtes, auch in anderen Bereichen – noch keine Arbeitsstelle gefunden habe, sondern von Anfang an völlig chancenlos gewesen sei. Hierzu verweist der Kläger detailliert auf eine Vielzahl eingereichter Bewerbungen, darunter insbesondere auf 7 näher erläuterte Stellengesuche im Pharmabereich, welche für ihn stets erfolglos geblieben seien, was von ihm jeweils auf den seines Erachtens unvollständigen bzw. wahrheitswidrigen Zeugnisinhalt zurückgeführt wird. Unter solchen Umständen könne aber der notwendige Kausalzusammenhang zwischen Zeugnisinhalt und seiner fortbestehenden Arbeitslosigkeit nicht zweifelsfrei sein, zumal ihm nach der einschlägigen höchstrichterlichen Rechtsprechung die Beweisführung insoweit erleichtert sei.

Wie der Kläger weiter ausführt, muß der ihm zustehende Schadensersatzanspruch aus der Differenz zwischen seinem letzten Monatsgehalt in Höhe von DM 2459,47 DM netto und dem jeweiligen Monatsbezug an Arbeitslosengeld bzw. Arbeitslosenhilfe in der Folgezeit ermittelt werden. Diese monatliche Differenz habe sich seit dem 1. 7 .1981 auf DM 489,67, seit dem 1. 7. 1982 auf DM 1343,77, seit dem 1. 7. 1983 auf DM 1073,17 und seit dem 2. 7. 1984 auf DM1199,47 belaufen; gleichwohl werde von ihm bis zur Erlangung eines berichtigten und qualifizierten Schlußzeugnisses allmonatlich nur ein Betrag von DM 900,– verlangt.

Berufungsantrag:

Der Kläger beantragt daher,

unter Aufhebung und teilweiser Abänderung des Urteils des Arbeitsgerichts Frankfurt a. M. vom 28. 8. 1983 – 3 Ca 307/82 – die Beklagte weiterhin zu verurteilen,

1. Das Zeugnis des Klägers wie folgt zu ergänzen:

   1.1 daß der Kläger in der Marketing-Abteilung der Beklagten tätig war

   1.2 daß der Kläger Product Manager ab 10. 3. 78 gewesen ist

   1.3 daß die Einarbeitungszeit vom 1. 11.77 bis 10. 3. 78 dauerte

   1.4 daß zu den betreuenden Präparaten auch „Bismag" gehörte sowie daß **umfangreiche** Teilaufgaben für das Hauptpräparat „Spalt-**Tabletten**" von dem Kläger durchgeführt wurden

   1.5 daß zu seinem Aufgabenbereich zusätzlich insbesondere gehörte

       1.5.1 die Erstellung von Marketing-Plänen

       1.5.2 Marktbeobachtung, Analyse von Konkurrenzpräparaten, Aufbereitung und Analyse von IMS- und Nielsen-Marktzahlen sowie Verbraucherdaten

       1.5.3 Ausarbeitung von Anträgen für die Einführung neuer Präparate und Verkaufsaktionen in englischer Sprache zur Genehmigung durch die Muttergesellschaft, die Firma American Home Products Corporation in New York

       1.5.4 Erstellung von Agentur-Briefings für die durchzuführende nationale Publikums- und Fachwerbung; Analyse von Werbekonzeptionen; Erarbeitung werblicher Maßnahmen in Zusammenhang mit verschiedenen Werbeagenturen

1.5.5 Besuch von Apotheken sowie Information und Motivation des Außendienstes

1.5.6 Planung, Durchführung und Koordination von Marketingmaßnahmen für die Einführung neuer und die Forcierung bestehender Präparate mit verschiedenen internen Abteilungen und Lieferanten

1.5.7 Herr R. war ferner **federführend** für die Kontakte zu den Marktforschungsinstituten IMS und Nielsen zuständig

1.6 daß die Beklagte im drittletzten Satz des Zeugnisses statt der Formulierung „gab zu keinen Beanstandungen Anlaß" die Formulierung „seine Führung war stets einwandfrei" verwendet;

1.7 daß die Beklagte bestätigt, daß der Kläger seine Tätigkeit zur vollen Zufriedenheit der Beklagten ausgeführt habe.

2. Die Beklagte wird verurteilt, an den Kläger für die Zeit vom 1. 7. 1981 bis 30. 6. 1982 monatlich DM 499,75 sowie ab dem 1. 7. 1982 bis zum Erhalt des berechtigten und qualifizierten Schlußzeugnisses DM 900,– monatlich Schadensersatz zu zahlen.

Die Beklagte beantragt demgegenüber,

die Berufung zurückzuweisen.

Die Beklagte hebt unter Hinweis auf die einschlägige Rechtsprechung des Bundesarbeitsgerichts hervor, daß ein Abschlußzeugnis lediglich solche Tatsachen und Bewertungen enthalten müsse, welche für die Gesamtbeurteilung des Arbeitnehmers von Bedeutung und für Dritte von Interesse seien; Unwesentliches dürfe hingegen bei der allein dem Arbeitgeber obliegenden Zeugnisformulierung weggelassen werden.

Unabhängig davon tritt die Beklagte der Kritik des Klägers an zahlreichen Passagen des Zeugnistextes, und zwar sowohl bezüglich seines firmeninternen Werdeganges als auch bezüglich seines Aufgabengebietes sowie der Leistungsbeurteilung entgegen, wobei sie sich ergänzend auf die Feststellungen des LAG im Vorprozeß der Parteien bezieht. Es sei zudem branchenüblich, das Abschlußzeugnis eines Product Managers in der Aufgabenbeschreibung sehr viel kürzer zu halten, weshalb die ausdrückliche Erwähnung von Standardtätigkeiten nur Mißtrauen hervorrufen könne. Eine positive Leistungsbeurteilung könne sie dem Kläger ohnehin nicht erteilen, da eine solche objektiv wahrheitswidrig wäre und ggf. Schadensersatzansprüche künftiger Arbeitgeber auslösen würde.

Desgleichen tritt die Beklagte dem vom Kläger erhobenen Schadensersatzanspruch unter Hinweis auf die nicht ersichtliche Kausalität zwischen dem Zeugnisinhalt und dem Mißerfolg der anschließenden Stellenbewerbungen des Klägers entgegen. Ein solcher Ursachenzusammenhang sei vom Kläger auch nicht annähernd dargetan, was um so eher gelte, wenn man die derzeitige Situation auf dem Arbeitsmarkt entsprechend berücksichtige.

Soweit die Parteiaussagen.

Zur Entscheidung des LAG Frankfurt:

Die Berufung des Klägers kann in der Sache nur geringfügig erfolgreich sein, weil das Berufungsgericht die von ihm verlangte umfassende Nachbesserung des Abschlußzeugnisses vom 7.7.1981, welcher bereits das Arbeitsgericht partiell entsprochen hat, nur noch unter einigen wenigen Einzelgesichtspunkten für begründet erachten kann. Das weitergehende Begehren des Klägers in der Berufungsinstanz, darunter insbesondere auch der von ihm verfolgte Schadensersatzanspruch, muß hingegen – wie bereits in der Vorinstanz – letztlich erfolglos bleiben. Dementsprechend hat das Berufungsgericht das dem Kläger nunmehr zu erteilende Abschlußzeugnis zur allseitigen Klarstellung im Urteilstenor neu formuliert und seine Berufung im übrigen – unter gleichzeitiger Abweisung der Klageerweiterung, soweit letztere nicht zum Zeugnisinhalt erfolgreich gewesen ist – zurückgewiesen.

Bei der materiellen Beurteilung des vorliegenden umfangreichen Rechtsstreits ist nach Ansicht des Berufungsgerichts in der Weise vorzugehen, daß in einem ersten Abschnitt

A) zunächst die vom Kläger verlangte Zeugnisberichtigung hinsichtlich seines innerbetrieblichen Werdegangs und Aufgabenfeldes, darunter insbesondere die Tätigkeitsbeschreibung anhand der konkreten Antragsstellung zu behandeln sein wird, während in einem zweiten Abschnitt

B) die hier besonders streitige Leistungsbeurteilung im Zeugnistext erörtert werden soll. In einem dritten Abschnitt

C) wird sodann der vom Kläger verfolgte Schadensersatzanspruch in Höhe von zuletzt DM 31 197,– substantiell zu würdigen sein.

Dies vorausgeschickt ist ferner generell davon auszugehen, daß ein sog. qualifiziertes Zeugnis i. S. der §§ 630 BGB, 73 HGB neben der Art und Dauer der Beschäftigung auch die Führung und Leistung des Arbeitnehmers für den gesamten Beschäftigungszeitraum entsprechend aufzeigen bzw. charakterisieren soll. Insofern muß ein qualifiziertes Zeugnis alle wesentlichen Tatsachen und Bewertungen, welche für die Gesamtbeurteilung des Arbeitnehmers von Bedeutung und für einen Dritten von Interesse sind, so genau und vollständig enthalten, daß sich ein künftiger Arbeitgeber hierüber ein Bild machen kann. Der Wortlaut des Zeugnisses steht dabei im Ermessen des Arbeitgebers, bestimmte Formulierungen können vom Arbeitnehmer nicht beansprucht werden. Gleichwohl ist das Zeugnis vom Arbeitgeber stets objektiv abzufassen und besonders der Verkehrssitte Rechnung zu tragen, wonach mit bestimmten Formulierungen, Hervorhebungen oder aus Auslassungen im allgemeinen ein Ausdruck des Tadels bzw. eine sonst negative Qualifizierung verbunden wird. Ebenso muß ein qualifiziertes Zeugnis insgesamt der Wahrheit entsprechen, aber in der Würdigung vom Wohlwollen eines verständigen Arbeitgebers getragen sein, wobei subjektive Momente möglichst zurücktreten sollen. Das Zeugnis darf daher nur Tatsachen, nicht aber Bewertungen, Annahmen oder Verdachtsmomente enthalten, während umgekehrt das Gebot des Wohlwollens keineswegs die Mitteilung ungünstiger Umstände oder gar schwerwiegender Mängel ausschließt.

Kommt es zwischen den Vertragspartnern – wie hier – über die inhaltliche Richtigkeit eines erteilten Arbeitszeugnisses zum Streit, so wird der Arbeitgeber grundsätzlich als verpflichtet angesehen, für die richtige Erfüllung seiner Zeugnispflicht die Darlegungs- und Beweislast zu tragen. Bei solchen Berichtigungsrechtstreiten sind dann die Gerichte – im Hinblick auf die gebotene Einheitlichkeit des Abschlußzeugnisses – notfalls befugt, den gesamten Zeugnistext zu überprüfen und u. U. selbst neu zu formulieren. Im übrigen kann sich der Arbeitgeber aus Anlaß einer inhaltlich fehlsamen Zeugniserteilung nicht nur gegenüber dem betroffenen Arbeitnehmer, sondern auch gegenüber künftigen Arbeitgebern schadensersatzpflichtig machen; letzteres käme etwa dann in Betracht, wenn der Arbeitgeber in dem Zeugnis wissentlich unwahre Angaben machen und sich dabei möglicher Schadensfolgen für den künftigen Arbeitgeber bewußt sein würde.

Zu Abschnitt A:

Überprüft man nunmehr die vom Kläger gewünschte Zeugnisberichtigung hinsichtlich seines betrieblichen Werdegangs und Aufgabenfeldes im einzelnen, so ist zunächst jeweils von dem ursprünglichen Zeugnis auszugehen, welches die Beklagte ihm unter dem 7. 7. 1981 erteilte. Dieser ursprüngliche Zeugnistext ist bereits durch das angefochtene erstinstanzliche Urteil vom 25. 8. 1983 in einer Reihe von Passagen zum betrieblichen Werdegang und Aufgabenfeld des Klägers berichtigt worden, ohne daß die Beklagte hiergegen ihrerseits Berufung bzw. Anschlußberufung eingelegt hätte. Damit sind aber die vom Arbeitsgericht zuerkannten Änderungen des Zeugnistextes jeweils in Rechtskraft erwachsen, was bedeutet, daß der dem Kläger geschuldete Zeugnistext jedenfalls insoweit abschließend festgestellt ist. Diesen Zeugnistext hat der frühere Kläger-Vertreter zur Berufungsbegründung sozusagen als Ausgangspunkt der Berufungsinstanz zur Klarstellung zusammengefaßt, wobei er freilich in einzelnen Teilpassagen (z. B. mit dem Präparat „Bismag", mit „**umfangreichen** Teilaufgaben für das **Hauptpräparat** Spalt-**Tabletten**") über den exakten Wortlaut des erstinstanzlichen Urteilstenors hinausgegangen ist. Ebenso hat die Beklagte dem Kläger mit Schreiben vom 5. 7. 1984 eine – dem erstinstanzlichen Urteil nahezu vollständig entsprechende – Neufassung des Zeugnistextes übersandt, welche indes vom Kläger wiederum als unrichtig und unzureichend zurückgewiesen worden ist. Von diesem Sachstand ausgehend macht der Kläger jetzt noch zahlreiche weitere Berichtigungsgründe geltend, welche teils seine persönliche Entwicklung im Betrieb der Beklagten, teils das ihm zugewiesene bzw. von ihm wahrgenommene Aufgabenfeld betreffen.

Im einzelnen gilt hierzu folgendes:

A. 1 Was zunächst den persönlichen Werdegang des Klägers im Betrieb der Beklagten angeht, so kann der Eingangssatz des Zeugnistextes („Herr Eduard R. . . . in unserem Hause tätig") inzwischen als unstreitig erachtet werden.

A. 2 Soweit der Kläger ferner unverändert daran festhält, daß er bereits ab dem 10. 3. 1978 Produktmanager gewesen sei, womit seine Einarbeitungszeit faktisch nur 5 Monate gedauert habe, ist dieses Berichtigungsbegehren nach wie vor unbegründet.

A. 2.1 Wie sich aus dem Arbeitsvertrag der Parteien vom 14. 10. 1977 eindeutig ergibt, wurde der Kläger zum 1. 11. 1977 als Assistant Product Manager eingestellt und mit Schreiben der Beklagten vom 24. 9. 1979, d. h. bereits knapp zwei Jahre später, zum Product Manager ernannt, wobei die Beklagte nicht nur die „relativ schnelle Einarbeitung", sondern auch die „weitgehend selbständigere und verantwortungsvollere Tätigkeit eines Product Managers" noch eigens hervorhob.

Dieser Sachverhalt und der entsprechende Wortlaut im überreichten Zeugnis des Arbeitskollegen B machen indes schon hinreichend deutlich, daß es sich hierbei zumindest um hausinterne Positionsbezeichnungen der Beklagten handelt, mit denen zugleich die innerbetriebliche Hierarchie und die Aufstiegsmöglichkeiten in jenem Fachbereich wiedergegeben sind. Letzteres wird auch vom Kläger selbst – ausweislich einer Begründung zur Klageschrift durchaus nicht verkannt, nur geht dann sein weiterer Einwand, er sei niemals Assistant eines Product Managers gewesen, an der aufgezeigten und selbst zugestandenen Sach- und Rechtslage geradezu sinnwidrig vorbei, zumal die Beklagte derartige Hilfstätigkeiten für andere Product Manager in ihrer relativ kleinen, aus nur 4 Product Managern und 2 Sekretärinnen bestehenden Marketing-Abteilung ersichtlich niemals verlangte. Wie die vom Kläger selbst überreichten Stelleninserate, so etwa das Inserat der Firma H. bestätigen, dürfte zudem das Vorbringen der Beklagten, wonach es sich sogar um eine durchaus branchenübliche Positionsbezeichnung handeln soll, wohl zutreffend sein.

Unabhängig davon, hat der als Zeuge gehörte damalige Marketing-Leiter der Beklagten, Peter Br., bei seiner diesbezüglichen Anhörung glaubhaft bestätigt, daß im Hause der Beklagten für die firmenspezifische Einarbeitung aller neuen Mitarbeiter des Marketing-Bereiches generell ein Zwei-Jahres-Zeitraum festgelegt ist, bis es dann regelmäßig zur offiziellen Bestellung zum Product Manager kommt. Während dieser Einarbeitungszeit arbeitete der Kläger auch nicht mit der vollen alleinigen Verantwortung als Product Manager, sondern er stand noch unter der speziellen Aufsicht des ihm vorgesetzten Marketing-Leiters, welcher mithin so lange noch die Letztverantwortung für die dem Kläger zur Bearbeitung zugewiesenen Produkte trug. Zugleich hat der Zeuge Br. ausdrücklich bestätigt, daß jedenfalls dem Kläger die volle Verantwortung für sein Aufgabengebiet **nicht** vorzeitig übertragen wurde, da er von Anfang an gewisse Integrationsschwierigkeiten im Hause der Beklagten zeigte. Letzteres entspricht wiederum dem vorerwähnten Schreiben der Beklagten vom 24. 9. 1979, in dem gleichfalls deutliche Vorbehalte hinsichtlich ihrer Zufriedenheit mit der Arbeit des Klägers erkennbar sind.

Wenn der Kläger demgegenüber die vorstehende Aussage des Zeugen Br. unter diversen Aspekten als unrichtig ansieht, so kann ihm darin keineswegs gefolgt werden. Der Zeuge Br. muß nämlich nicht nur wegen der überaus klaren, widerspruchsfreien und ersichtlich um Wahrheit bemühten Form seiner Aussage, sondern auch wegen seines in der Verhandlung zutage getretenen ebenso offenen wie ruhig abwägenden Persönlichkeitsbildes uneingeschränkt als glaubwürdig erachtet werden. Dies gilt um so mehr, als der Zeuge Br. im vorausgegangenen Kündigungsrechtsstreit der Parteien in beiden Instanzen gleichermaßen als glaubwürdig angesehen wurde und im übrigen bereits seit Ende 1982 nicht mehr in den Diensten der Beklagten steht. Wie schon jetzt klarzustellen ist, hat diese generelle Glaubwürdigkeit des Zeugen Br. zudem nicht nur für den hier erörterten Aspekt der Einarbeitungszeit des Klägers, sondern auch für alle weiteren Einzelaspekte zu gelten, zu denen er vom Berufungsgericht eingehend gehört worden ist.

A. 2.2 Eine frühere Übernahme der Position eines Product Managers läßt sich indes noch weniger aus den sonstigen Einzelumständen herleiten, auf welche sich der Kläger im Laufe des Rechtsstreits vornehmlich berufen hat.

A. 2.3 Nach alledem hat es aber dabei zu verbleiben, daß der Kläger, wie im Zeugnis zum Ausdruck gebracht, bis zum 30. 9. 1979 Assistant Product Manager war und sich während dieser Zeit in das Aufgabengebiet eines Product Managers einarbeitete. Das Berufungsgericht muß nämlich abschließend zugrunde legen, daß der diesbezügliche, auf den Arbeitsvertrag und diverse schriftliche Äußerungen gestützte Sachvortrag der Beklagten im Laufe der Berufungsinstanz vom Kläger nicht widerlegt, sondern bei der durchgeführten Beweisaufnahme sogar weitgehend bestätigt worden war.

Die weitergehenden Berichtigungswünsche des Klägers gemäß seinen Berufungsanträgen zu 1. 2. und 1. 3., welche im Ergebnis auf eine nachträgliche Bescheinigung einer früheren Berufung zum Product Manager bzw. einer nur fünfmonatigen Einarbeitungszeit hinauslaufen, sind hingegen unbegründet.

A. 3 Was ferner das dem Kläger zugewiesene Aufgabenfeld angeht, so bedürfen seine Berichtigungswünsche hinsichtlich der von ihm betreuten Produkte (= Berufungsantrag zu 1.4) als erstes der Erörterung. Wie das Arbeitsgericht zu Recht hervorgehoben hat, ist nämlich eine vollständige Aufzählung der dem Kläger zur weitgehend selbständigen Bearbeitung zugewiesenen Präparate bzw. Präparategruppen zur Information eines künftigen Arbeitgebers besonders bedeutsam, weil es gerade im Falle eines Product Managers darauf wesentlich ankommt.

Der Kläger verlangt als Ergänzung einmal, daß zu den betreuten Produkten auch das Präparat ,,Bismag" gehört habe sowie zum anderen, daß er ,,**umfangreiche** Teilaufgaben **für das Hauptpräparat** Spalt-**Tabletten**" durchgeführt habe.

A. 3.1 Dieses jetzt mittels Klageerweiterung verfolgte Berichtigungsbegehren des Klägers ist jedoch in der Sache nicht begründet, weil er eine ihm übertragene Betreuung des Präparates ,,Bismag" – trotz des erkennbaren Bestreitens der Beklagten – bis zuletzt nicht in schlüssiger Form unter Beweis gestellt hat.

A. 3.2. Soweit der Kläger ferner eine Ergänzung des Inhalts verlangt, daß er ,,**umfangreiche** Teilaufgaben **für das Hauptpräparat** Spalt-**Tabletten**" (die gewünschten Zusätze jeweils unterstrichen) durchgeführt habe, ist sein Berichtigungsbegehren nur teilweise als begründet zu erachten.

A. 3.2.1 So kann den Prozeßakten zunächst nicht sicher entnommen werden, in welchem effektiven Umfange die vom Arbeitsgericht als solche zuerkannten „Teilaufgaben für Spalt" ständig umfangreiche Arbeitsaufträge (z. B. Erstellung von Marktzahlen für Schmerzmittel, Analyse von Werbekonzeptionen, Verbraucherbefragungen usw.) ausgeführt habe, doch läßt sich deren konkretes Ausmaß aus den vorerwähnten, als Beweismittel angeführten Zuständigkeits-Regelungen schlechterdings nicht ersehen.

A.3.2.2 Der Kläger kann jedoch verlangen, daß in dem ihm zu erteilenden Zeugnis nicht lediglich von „Teilaufgaben für Spalt", sondern von „Teilaufgaben für das Hauptpräparat Spalt-Tabletten" die Rede ist. Diese partielle Ausweitung des Zeugnistextes ist nämlich nicht nur im Interesse einer sprachlich vollständigen Kennzeichnung, sondern auch deshalb geboten, weil das Schmerzmittel „Spalt-Tabletten" in der Tat unstreitig das Hauptpräparat der Beklagten bildet und einen erheblichen Bekanntheitsgrad aufweist. Dies muß daher im Zeugnis des Klägers angemessen zum Ausdruck gelangen, da seinem eigentlichen Anliegen, die vorhandenen Fachkenntnisse bzw. Erfahrungen im OTC-Schmerzmittelbereich auch entsprechend bestätigt zu erhalten, nur so entsprochen werden kann.

A. 4 Im Rahmen des dem Kläger zugewiesenen Aufgabenfeldes ist ferner der substantielle, auf sämtliche betreuten Präparate zu beziehende Tätigkeitsbereich besonders bedeutsam. Auch insoweit muß nämlich ein qualifiziertes Arbeitszeugnis, wie eingangs aufgezeigt, alle wesentlichen Tatsachen und Bewertungen enthalten, welche für die Gesamtbeurteilung des Arbeitnehmers von Bedeutung und für einen Dritten von Interesse sind. Demgegenüber teilt das Berufungsgericht weithin die Bedenken der Beklagten, wonach ein Übermaß bescheinigter Einzeltätigkeiten eines ohnehin weitgehend selbständigen AT-Angestellten, welche zudem aus fachlicher Sicht womöglich als selbstverständlich bzw. anderweit mitangesprochen erachtet werden und in ihrem Aussagewert z. T. zweifelhaft erscheinen, bei einem künftigen Arbeitgeber u. U. eher mißtrauische Skepsis und damit gerade den gegenteiligen Effekt auslösen könnte. Gleichwohl sieht sich das Berufungsgericht im Streitfalle gehalten, den im Tatbestand aufgezählten und bis zuletzt aufrechterhaltenen Berufungsanträgen des Klägers, welcher sich solchen Bedenken gänzlich verschlossen hat, trotz ihrer potentiellen Nachteilsfolge im abschließenden Zeugnistext pflichtgemäß Rechnung zu tragen, soweit sie bei der jeweiligen Überprüfung als begründet erscheinen. Im übrigen hat sich das Berufungsgericht ergänzend bemüht, diesen Teil des Zeugnistextes an einigen wenigen Stellen mittels veränderter Wortstellung u. ä. sprachlich und inhaltlich so auszugestalten, daß im Interesse des Klägers ein möglichst einhaltliches, auch der Sachlogik entsprechendes Gesamtbild herbeigeführt ist. An der von der Beklagten als Zeugnis-Verfasserin gewählten Reihenfolge und Gewichtung hat es dabei freilich im Prinzip nichts geändert, zumal weder überzeugend dargetan noch sonst ersichtlich ist, daß die Beklagte hierbei sachwidrig oder gar willkürlich verfahren wäre.

A. 4.1 Soweit nun der Kläger als erstes die Berichtigung verlangt, daß auch die Erstellung von Marketing-**Plänen** zu seinem Aufgabenbereich gehört habe (= Berufungsantrag zu 1.5.1), kann diesem Begehren letztlich nicht entsprochen werden. Derartige Zweifel sind im Streitfalle schon deshalb geboten, weil die Beklagte dem vorstehenden

Sachvortrag des Klägers bis zuletzt widersprochen und erläuternd darauf verwiesen hat, daß die Erstellung von Marketing-Plänen in ihrem Hause allein unter der Verantwortung des zuständigen Marketing-Leiters erfolgt sei; allenfalls habe dem Kläger die Überarbeitung von Marketing-Plänen nach Anweisung des Vorgesetzten oblegen.

Bei einer solchen Sachlage muß für das Gericht das Ergebnis der stattgefundenen Beweisaufnahme maßgebend sein. Die vom Kläger gewünschte Formulierung würde nämlich eine völlig eigenständige und alleinverantwortliche Erstellung der Marketing-Pläne signalisieren, was indes im Hause der Beklagten für die Product Manager grundsätzlich nicht zutraf.

A. 4.2 Soweit der Kläger ferner zur Zeugnispassage „Aufbereitung sowie Analyse von IMS- und Nielsen Marktzahlen . . ." die Zusätze „**Analyse** von Konkurrenzpräparaten" sowie „**Aufbereitung und Analyse von Verbraucherdaten**" verlangt (Berufungsantrag zu 1.5.2), vermag das Berufungsgericht diesem Verlangen gleichfalls nicht zu entsprechen.

Der Kläger hat zwar bereits in der Klageschrift und auch später wiederholt auf die ihm oblegene Analyse von Konkurrenzpräparaten und Verbraucherdaten (Zielgruppen) verwiesen und in der Berufungsbegründung nochmals die besondere Bedeutung dieses Aufgabenbereichs hervorgehoben, da die Analyse von Konkurrenzpräparaten dem Herausfinden ihrer Stärken bzw. Schwächen im Vergleich zu den entsprechenden eigenen Präparaten sowie deren anschließender Positionierung diene; nähere Angaben über die effektive Durchführung solcher Analysen und den sachlichen Inhalt der analysierten Verbraucherdaten hat der Kläger indes vollständig unterlassen. Demgegenüber ist die Beklagte seinem Begehren mit dem Hinweis entgegengetreten, daß auf weitergehende Formulierungen in jenem Zusammenhang kein Rechtsanspruch bestehe; damit hat sie aber ersichtlich in Abrede gestellt, daß sich der Kläger über die Marktbeobachtungen von Konkurrenzpräparaten und die Aufbereitung der IMS- und Nielsen-Daten hinaus speziell bzw. eigenständig mit solchen Analysen befaßt habe.

Bei einer solchen Sachlage muß das Berufungsgericht wiederum vorrangig auf die bei der Beweisaufnahme gewonnenen Erkenntnisse abstellen.

A. 4.3 Soweit der Kläger ferner mit Bezug auf die „Ausarbeitung von Anträgen für . . ." eine Ergänzung des Inhalts verlangt, daß die Muttergesellschaft der Beklagten, die Firma American Home Products Corporation in New York, namentlich aufgeführt werde (= Berufungsantrag zu 1.5.3), ist sein Berichtigungsbegehren hingegen als berechtigt anzusehen.

Der Kläger hat nämlich ergänzend noch darauf hingewiesen, daß ein zukünftiger amerikanischer Arbeitgeber hieraus seine Vertrautheit mit der in amerikanischen Firmen üblichen Kommunikation und Arbeitsweise erkennen könne. Diesem zutreffenden und überzeugenden Hinweis hat aber das Berufungsgericht im Rahmen der Zeugnisgestaltung Rechnung zu tragen, zumal keine Sachgründe erkennbar sind, welche einer solchen Ergänzung entgegenstehen.

A. 4.4 Soweit der Kläger ferner beim Tätigkeitsbereich die Zusätze **„Erstellung von Agenturbriefings für die durchzuführende nationale Publikums- und Fachwerbung;** Analyse von Werbekonzeptionen; **Erarbeiten** werblicher **Maßnahmen** in Zusammenarbeit mit verschiedenen Werbeagenturen" verlangt (= Berufungsantrag zu 1.5.4), ist zunächst davon auszugehen, daß das Stichwort „Zusammenarbeit mit verschiedenen Werbeagenturen" bereits im ursprünglichen Zeugnis vom 7. 7. 1981 enthalten war. Darüber hinaus hat ihm das Arbeitsgericht im Urteil vom 25. 8. 1983 rechtskräftig zuerkannt, daß er mit der „Analyse von Werbekonzeptionen" beauftragt war. Die verbleibenden Berichtigungsansprüche des Klägers sind aber überwiegend als begründet anzusehen.

A. 4.5 Soweit der Kläger ferner zum Tätigkeitsbereich den Zusatz **„Besuch von Apotheken sowie Information und Motivation des Außendienstes"** beansprucht (= Berufungsantrag zu 1.5.5), kann diesem Berichtigungsbegehren gleichfalls nicht entsprochen werden.

Der Kläger hat zwar das Sprichwort „Motivation des Außendienstes" in der Klageschrift einmal erwähnt, jedoch im Laufe des ersten Rechtszuges nicht zum Gegenstand eines Antrages gemacht. Sein somit erst in der Berufungsinstanz klageweise verfolgtes Ergänzungsverlangen hat der Kläger sodann mit dem Hinweis auf die entsprechende Formulierung in den Zeugnissen seiner Arbeitskollegen damit begründet, daß regelmäßige Apothekenbesuche sowie die ständige Information und Motivation des Außendienstes gleichfalls zum Aufgabenbereich eines Product Managers gehöre. Die Beklagte hat demgegenüber die Motivation und Information des Außendienstes als typische Aufgabe eines Product Managers gewertet; sie bedürfe daher – ebenso wenig wie die vereinzelten Apotheken-Besuche des Klägers – keiner Erwähnung im Arbeitszeugnis. Zeugenaussagen bestätigen die Aussagen der Beklagten. Der Arbeitgeber ist aber grundsätzlich nicht gehalten, bloße Selbstverständlichkeiten im Rahmen der ihm obliegenden Zeugnisformulierung besonders herauszustellen.

A. 4.6 Soweit der Kläger ferner zum Tätigkeitsbereich den Zusatz verlangt, daß ihm die „Planung, Durchführung und Koordination von Marketing-Maßnahmen für die Einführung neuer und die **Forcierung** bestehender Präparate mit verschiedenen internen Abteilungen und Lieferanten" oblegen haben (= Berufungsantrag zu 1.5.6), ist seinem Begehren jedoch im wesentlichen stattzugeben.

A. 4.7 Soweit der Kläger sodann zum Tätigkeitsbereich noch den abschließenden Zusatz verlangt, daß er ferner „federführend für die Kontakte zu den Marktforschungsinstituten IMS und Nielsen zuständig" gewesen sei (= Berufungsantrag zu 1.5.7), ist sein Berichtigungsbegehren aufgrund der Beweisaufnahme – Zeugenaussagen – gleichfalls als begründet zu erachten.

Zu Abschitt B:

Der Streit der Parteien über den Inhalt des hier erteilten qualifizierten Arbeitszeugnisses erstreckt sich freilich nicht minder auf die darin enthaltene Beurteilung der Leistung und Führung des Klägers. Dieser Streit der Parteien hat sich jedoch in der Zwischenzeit im wesentlichen auf die Leistungsbeurteilung reduziert, wie sich aus dem erstinstanzlichen Urteil vom 25. 8. 1984 ergibt. So hat sich der Kläger während der gesamten Dauer des ersten Rechtszuges ebenso umfassend wie intensiv gegen die Leistungsbeurteilung gewandt, wie sie im drittletzten Absatz des Zeugnisses vom 7 .7. 1981 (Seite 3) enthalten war. Dabei hat sich sein Berichtigungsverlangen insbesondere auf den zweiten Satz jenes Absatzes („seine Stärken lagen auf dem Gebiet . . .") sowie auf das seines Erachtens unrechtmäßige Fehlen jeglicher Leistungsaussage bezogen. Desgleichen hat sich der Kläger gegen die seine Führung betreffende Zeugnispassage („sein Verhalten zu den Mitarbeitern . . .") gewandt und auch den abschließenden Hinweis auf die firmenseitige Kündigung teilweise beanstandet.

Diesem erstinstanzlichen Vorbringen des Klägers, welches auch überwiegend Gegenstand seiner Antragstellung gewesen ist, hat das Arbeitsgericht jedoch nur hinsichtlich der Führungsbeurteilung entsprochen, indes es mit Bezug auf das Verhalten des Klägers zu Mitarbeitern anstelle des ursprünglichen Textes „ . . . gab zu keinen Beanstandungen Anlaß" die gewiß günstigere Formulierung „ . . . war stets einwandfrei" eingefügt hat.

Im einzelnen gilt hierzu folgendes:

B. 1 Soweit der Kläger im Bereich der Führungsbeurteilung über die erstinstanzlich erwirkte Formulierung hinaus den ausdehnenden Zusatz verlangt, daß anstelle des Verhältnisses zu den Mitarbeitern „seine Führung" stets einwandfrei gewesen sei (= Berufungsantrag zu 1.6 in der zuletzt erklärten Fassung), ist ihm dies auch ohne weiteres zuzubilligen.

Die Beklagte hat zwar in der Berufungsinstanz dargelegt, die Führung des Klägers, darunter insbesondere sein Verhältnis zu den übrigen Mitarbeitern, sei durch sein aggressives, rücksichtsloses Verhalten häufig getrübt gewesen, doch hat sie – trotz des Bestreitens solcher Vorkommnisse durch den Kläger – hierzu keinerlei nähere Tatsachen vorgetragen, sondern im Gegenteil zum Ausdruck gebracht, daß sie trotz gegenteiliger Rechtsauffassung – sozusagen „um des lieben Friedens willen" – bereit sei, die von ihm gewünschte Formulierung zum Führungsverhalten zu akzeptieren. Bei einer solchen prozessualen Ausgangslage muß aber das Berufungsgericht insoweit letztlich ein Zugeständnis der Beklagten zugrunde legen, da jede andere Würdigung ihrer Stellungnahme in der Tat als widersprüchlich anzusehen wäre. Damit steht zugleich fest, daß der Kläger die von ihm gewünschte Zeugnisergänzung zum Führungsverhalten beanspruchen kann.

B. 2 Soweit der Kläger ferner als sein Hauptanliegen eine Zeugnisergänzung des Inhalts verlangt, daß er **„seine Tätigkeit zur vollen Zufriedenheit der Beklagten ausgeführt habe"** (= Berufungsantrag zu 1.7), vermag jedoch das Berufungsgericht seinem Berichtigungsverlangen letztlich nicht zu entsprechen.

B. 2.1 Bei dieser Beurteilung zum Leistungsbereich ist zunächst davon auszugehen, daß der Kläger seitens der Beklagten nach ca. $3\frac{1}{2}$jähriger Beschäftigungszeit Ende

März 1981 aus verhaltensbedingten Gründen zum 30. 6. 1981 entlassen wurde. Hierüber kam es zwischen den Parteien zu dem bereits erwähnten umfangreichen Kündigungsrechtsstreit, welcher in beiden Instanzen zu Ungunsten des Klägers endete. Dabei wurde die von der Beklagten als Kündigungsgrund vorgebrachten und dem Kläger jeweils als Leistungsmangel bzw. dienstliches Fehlverhalten angelasteten 13 Einzelvorfälle ebenso wie die vorherigen Abmahnungen des Klägers vom Arbeitsgericht nach entsprechender Beweisaufnahme ausnahmslos als bewiesen erachtet und insgesamt als hinreichender Kündigungsgrund i. S. des § 1 Abs. 2 KSchG anerkannt, was dann vom Landesarbeitsgericht – nach einer erneuten umfassenden Beweisaufnahme – mit Urteil vom 28. 6. 1982 bestätigt wurde.

Damit steht aber abschließend fest, daß der Kläger aus verhaltensbedingten Gründen aus den Diensten der Beklagten ausscheiden mußte. Die Fehlleistungen beruhten allein auf persönlichen Verhaltensweisen des Klägers, welche das Landesarbeitsgericht u. a. mit Stichworten wie „Verweigerung eines Arbeitsauftrags", „wenig umsichtiges Verhalten", „evidente Kompetenzüberschreitung", „unverständliche Eigenmächtigkeit" und „vorschnelle und ... brüskierende Verhaltensweise" kennzeichnete. In diesem Zusammenhang muß auch klargestellt werden, daß eine Schlechtleistung in engerem Sinne – entgegen der Ansicht des Klägers – kündigungs- und zeugnisrechtlich nicht nur dann relevant sein kann, wenn sie vom Arbeitnehmer schuldhaft und mit nachweisbarer Schadensfolge begangen wird; solche Leistungsmängel können vielmehr auch ohne jene qualifizierenden Merkmale nach entsprechender Abmahnung durchaus eine ordentliche Kündigung rechtfertigen bzw. im Zeugnis angesprochen werden. Bei einem solchen Ablauf und Ergebnis des vorausgegangenen Kündigungsrechtsstreits der Parteien kann aber die Beklagte von vornherein nicht verpflichtet sein, dem Kläger in dem verlangten qualifizierten Zeugnis ihre volle Zufriedenheit mit der Ausführung seiner Tätigkeit zu bestätigen. Letzteres gilt um so mehr, als zwischen der Kündigung eines Arbeitsverhältnisses und der nachfolgenden Erstellung eines Abschlußzeugnisses – trotz der Unterschiedlichkeit der hierfür maßgebenden Rechtsgrundsätze – regelmäßig ein enger innerer Zusammenhang besteht.

B. 2.2 Unabhängig von alledem kann die Beklagte in dem vorliegenden Zeugnisberichtigungsprozeß auch darauf verweisen, daß sie ihre anfänglich nur begrenzte und später zunehmend mangelnde Zufriedenheit mit den Leistungen des Klägers, welche schließlich zu dessen – gerichtlich gebilligter – Entlassung führte, auch schon während der Dauer des Arbeitsverhältnisses wiederholt deutlich zum Ausdruck brachte. Von besonderem, wenngleich nur partiell relevantem Gewicht für die hier streitige Zeugnispassage muß schließlich auch der Umstand sein, daß der Kläger im Zuge seines Ausscheidens bei der Beklagten eine größere Anzahl betriebsinterner Unterlagen mitnahm, um sie in den anschließenden Rechtsstreiten gegen sie verwenden zu können. Dieser Vorfall, welcher der Beklagten erst im Laufe des Vorprozesses bekannt wurde, führte daraufhin unter dem 26. 1. 1982 zu einer entsprechenden Strafanzeige sowie zu einer neuerlichen fristlosen, hilfsweise fristgerechten Kündigung des Arbeitsverhältnisses mit Schreiben vom 23. 1. 1982, gegen welche der Kläger sodann eine weitere Kündigungsschutzklage erhob.

Diese Verhaltensweise des Klägers stellt sich aber arbeitsrechtlich als ein gröblicher Verstoß gegen die im Arbeitsvertrag der Parteien eigens vereinbarte Rückgabepflicht hinsichtlich des gesamten, ihm anvertrauten Firmeneigentums dar. Demgegenüber kann der Kläger wohl schwerlich darauf verweisen, daß er zum Zwecke seiner Rechtsverteidigung bzw. als Notwehrmaßnahme hierzu berechtigt gewesen sei; vielmehr war er in keiner Weise gehindert, in den von ihm angestrengten Rechtsstreiten auf ihm bekannte Geschäftsunterlagen zu verweisen und ggf. gemäß § 421 ff ZPO deren Vorlage durch die Beklagte zu beantragen, wie er dies auch im vorliegenden Rechtsstreit verschiedentlich praktiziert hat. An der aufgezeigten arbeitsrechtlichen Beurteilung wird auch dadurch nichts geändert, daß der Kläger in dem gegen ihn eingeleiteten Strafverfahren durch ein – später in Rechtskraft erwachsenes – Urteil in der Berufungsinstanz freigesprochen wurde. In einem weiteren, 1984 abgeschlossenen Arbeitsrechtsstreit wurde er hingegen rechtskräftig zur Rückgabe aller mitgenommenen Geschäftsunterlagen an die Beklagte verurteilt.

B. 2.3 Bei einer sachgerechten Gesamtwürdigung der vorstehend aufgezeigten Einzelumstände kann aber nach Ansicht des Berufungsgerichts von der Beklagten nicht verlangt werden, in dem ihr obliegenden Abschlußzeugnis des Klägers ihre „volle Zufriedenheit mit der Ausführung seiner Tätigkeit" zum Ausdruck zu bringen. Ein solches Prädikat müßte sich nämlich auf die Gesamtdauer der Beschäftigungszeit beziehen lassen und doch jedenfalls die Beschäftigungszeit im wesentlichen abdecken. Gerade dies trifft jedoch im Streitfalle ersichtlich nicht zu.
Ist mithin eine durchgängige volle oder auch nur bloße Zufriedenheit der Beklagten mit der Arbeitsleistung des Klägers nicht feststellbar, so kann die Beklagte – schon wegen ihrer augenscheinlichen Konfliktlage zwischen wahrheitsgemäßer Zeugnisaussage und etwaiger Schadensersatzpflicht gegenüber Dritten – auch nicht gehalten sein, eine solche im Zeugnis zu bestätigen.

Unter solchen Umständen erscheint es unter Beachtung der wechselseitigen Parteiinteressen vielmehr angebracht und auch aus der wohlverstandenen subjektiven Sicht des Klägers gewiß günstiger, wenn im Abschlußzeugnis auf jegliche Qualifizierung der Zufriedenheit mit der Arbeitsleistung des Klägers gänzlich verzichtet wird, da jedwede andere, das Maß der Zufriedenheit etwa einschränkende Formulierung bei interessierten Dritten erfahrungsgemäß weit eher als nachteilig empfunden würde. Letzteres gilt im Streitfalle um so mehr, als gerade der Kläger in nahezu jeder weniger günstigen Zeugnispassage der Beklagten zugleich eine bewußt wahrheitswidrige, Disqualifikation signalisierende „Scheinbeurteilung" erblickt.

Das Berufungsgericht hat es allerdings für geboten erachtet, den letzten Satz der im übrigen unveränderten Leistungsbeurteilung des Klägers jeder weiteren Einschränkung zu entkleiden, indem es der Aussage über sein umfangreiches Fachwissen mittels Ersetzung der Worte „insofern auch" durch das Wort „insgesamt" einen generellen Charakter (Verbesserung der Leistungsaussage) beigelegt hat.

Abschließend sei noch hervorgehoben, daß die vorstehend detailliert erörterte Formulierung des dem Kläger zu erteilenden Abschlußzeugnisses im Tätigkeitsbereich überaus umfassend und im Leistungsbereich – trotz des Fehlens einer die Zufriedenheit der Beklagten ausdrückenden Teilpassage – keineswegs als unzureichend oder gar als ,,berufsvernichtend" anzusehen ist, da ihm immerhin ,,große Einsatzbereitschaft", ,,starkes Engagement für die von ihm betreuten Produkte" und ,,umfangreiches Fachwissen" bescheinigt werden. Wie der Kläger wiederholt zu Recht hervorgehoben hat, ist bei längerer Beschäftigung des Arbeitnehmers eine fundierte Beurteilung im Abschlußzeugnis zu erwarten. Berücksichtigt man insofern die nur 3$^{1}/_{2}$jährige Beschäftigungszeit des Klägers, so stellt aber das ihm zu erteilende Abschlußzeugnis unter den obwaltenden Umständen eine durchaus fundierte Beurteilung dar.

Zu Abschnitt C:

Soweit der Kläger schließlich aufgrund des seines Erachtens gänzlich unzureichenden bzw. als ,,berufsvernichtend" gewerteten Abschlußzeugnisses der Beklagten und seiner hierauf zurückgeführten Arbeitslosigkeit einen Schadensersatzanspruch geltend macht, welcher sich – gemäß dem Berufungsantrag – der Höhe nach zuletzt auf 31.187,– DM belaufen hat, kann er mit diesem Zahlungsbegehren gleichfalls nicht erfolgreich sein. Vielmehr sieht sich das Berufungsgericht – nach erneuter eingehender Überprüfung der Sach- und Rechtslage – gehalten, der Entscheidung des Arbeitsgerichts hinsichtlich des Schadensersatzbegehrens uneingeschränkt beizutreten.

Wie bereits ausgeführt, hat der Kläger allerdings sein Schadensersatzbegehren in der Berufungsinstanz insofern erweitert, als er seine während ihres Zeitablaufs fortbestehende Arbeitslosigkeit noch darin einbezogen und mit einem monatlichen Ausfallbetrag von jeweil DM 900,– in Ansatz gebracht hat. Damit hat der Kläger die Beklagte zuletzt für die Zeit vom 1. 7. 1981 bis zum 30. 6. 1982 bzw. für 12 Monate mit monatlich DM 499,75 und für die Zeit vom 1. 7. 1982 bis Ende Oktober 1984 als dem letzten abgelaufenen Monat von der abschließenden mündlichen Verhandlung in der Berufungsinstanz bzw. für 28 Monate mit monatlich DM 900,– in Anspruch genommen, was bei entsprechender Addition einen Betrag von insgesamt DM 31.197,– (= DM 5997,– zuzüglich weiterer DM 25.200,–) ergibt.

Zur näheren Begründung seines Schadensersatzbegehrens hat sich der Kläger unverändert auf eine Vielzahl erfolgloser Bewerbungen und auch auf Vermittlungsbemühungen der von ihm eingeschalteten Fachvermittlungsstelle des Arbeitsamtes Frankfurt/Main bezogen, wobei er ca. 12 abschlägig beschiedene Bewerbungsvorgänge unter näherer Erläuterung vollständig zu den Akten gereicht und den Bewerbungsmißerfolg jeweils auf das seines Erachtens disqualifizierende Abschlußzeugnis der Beklagten zurückgeführt hat.

Mit diesem Vorbringen kann der Kläger jedoch letztlich nicht gehört werden, weil die für jeden Schadensersatzanspruch unerlässliche Kausalität zwischen dem schadenbringenden Ereignis und der eingetretenen Schadensfolge im Streitfalle in keiner Weise feststellbar ist und auch zweifelhaft erscheint, inwieweit der Beklagten im Zusammenhang mit der Zeugniserteilung ein schuldhaftes Verhalten vorwerfbar ist.

Im einzelnen gilt hierzu folgendes:

C. 1 Wie in Rechtsprechung und Schrifttum allgemein anerkannt ist, kann ein Arbeitnehmer bei verschuldeter Nichterfüllung oder Schlechterfüllung der Zeugnispflicht nach §§ 286, 276 BGB Ersatz desjenigen Schadens verlangen, den er dadurch erleidet, daß er infolge des fehlenden oder unrichtigen Zeugnisses keine oder eine schlechtere Arbeitsstelle erhält. Den Arbeitnehmer trifft dabei die Darlegungs- und Beweislast für den Verzug, den Schaden und den ursächlichen Zusammenhang, wobei ihm indes für den Nachweis des Minderverdienstes infolge der Zeugnispflichtverletzung Beweiserleichterungen nach § 252 S. 2 BGB zugute kommen. Dabei erscheint besonders beachtenswert, daß auch die einschlägige Rechtsprechung des Bundesarbeitsgerichts – trotz der zwischenzeitlich zugestandenen Beweiserleichterung zugunsten des Arbeitnehmers – an dessen Darlegungs- und Beweislast für den vorerwähnten Kausalzusammenhang uneingeschränkt festhält.

C. 2 Dies vorausgeschickt ist jedoch im Streitfalle eine Kausalität zwischen dem nach Ansicht des Klägers gänzlich unzureichenden Zeugnisses vom 7. 7. 1981 und dem anschließenden Mißerfolg seiner zahlreichen Bewerbungen weder hinlänglich dargetan noch sonst ersichtlich.

C. 2.1 Legt man einmal – aufgrund der im ersten und zweiten jeweils erzielten Berichtigung bzw. Verbesserung des ursprünglichen Abschlußzeugnisses – zugrunde, daß dem Kläger in der Tat ein objektiv zu ungünstiger Zeugnisinhalt erteilt wurde, so kommen gleichwohl nach dem Akteninhalt vielfältige Gründe für seine detailliert aufgezählten Bewerbungsmißerfolge in Betracht.

So steht zunächst keineswegs fest, ob der Kläger das von ihm beanstandete Abschlußzeugnis der Beklagten bei seinen zahlreichen Bewerbungen überhaupt vorlegte, nachdem er sich wiederholt auf einem ihm *fehlenden* Nachweis seiner Beschäftigungszeit bei der Beklagten berufen und auch die von der Beklagten aufgrund des erstinstanzlichen Urteils erstellte Neufassung – ebenso wie das ursprüngliche Zeugnis vom 7. 7. 1981 – wiederum an sie zurückgeleitet hat.

Wie die Beklagte hervorhebt, könnte auch die vom Kläger selbst vorgetragene Bewerbungspraxis, wonach er seinen Bewerbungen regelmäßig 24 Zeugniskopien beigefügt habe, bei den jeweiligen Stelleninserenten von vornherein auf eine gewisse Zurückhaltung gestoßen sein, ohne daß freilich hierfür nähere Anhaltspunkte ersichtlich wären. Weit gewichtiger erscheint dabei der zusätzliche Aspekt, daß sich bei jeweiliger Vorlage von 24 Zeugnissen aller Art, deren näherer Inhalt – mit Ausnahme des hier streitigen Abschlußzeugnisses vom 7.7. 1981 – zudem weder vorgetragen noch sonst ersichtlich ist, ein allein vom Zeugnis der Beklagten ausgelöster Kausalzusammenhang bei einer insgesamt ca. 20jährigen beruflichen Tätigkeit ohnehin nicht feststellen läßt, mag dies auch das zeitlich letzte und insofern – trotz der nur 3$^{1}/_{2}$jährigen Beschäftigung im Hause der Beklagten – ggf. das bedeutsamste der vorgelegten Arbeitszeugnisse gewesen sein.

Darüber hinaus muß maßgebend beachtet werden, daß sich die allgemeine Arbeitsmarktsituation in der Bundesrepublik speziell seit Beginn der 80er Jahre zunehmend verschlechterte, was selbstverständlich auch für die vom Kläger vornehmlich erstrebte Position eines Produktmanagers im Bereich der chemischen Industrie zu gelten hat. Das gegenteilige Vorbringen des Klägers, wonach im absatzwirtschaftlichen Bereich (Marketing, Vertrieb, Export) stets eine ausreichende Nachfrage nach qualifizierten Mitarbeitern bestanden habe, mag zwar prinzipiell durchaus zutreffend sein, doch läßt sich schwerlich in Abrede stellen, daß die Bewerbungssituation auch insoweit konjunkturbedingt zunehmend schwieriger geworden ist (größere Anzahl von Mitbewerbern, höhere Qualifikationsanforderungen usw.). Zur Erlangung einer der bisherigen Anstellung entsprechenden Position sind mithin seither in aller Regel vielfältige Bewerbungen vonnöten und weit zahlreichere Mitbewerber als früher vorhanden, von den speziellen Vorstellungen des jeweiligen Stelleninserenten ganz abzusehen.

Schließlich darf bei dieser Betrachtung nicht die allgemeine Aussage des Bundesarbeitsgerichts übersehen werden, wonach es keinen Erfahrungssatz des Inhalts gibt, daß bei leitenden Angestellten das Fehlen des Zeugnisses die Ursache für den Mißerfolg von Bewerbungen um einen anderen Arbeitsplatz bilde. Diese allgemeine Aussage ist zwar im Streitfalle nicht unmittelbar einschlägig, weil der Kläger in dem vom Bundesarbeitsgericht zugrunde gelegten Sinne kein leitender Angestellter war und auch ein Abschlußzeugnis der Beklagten nicht „fehlte", doch wird sie bei einem annähernd vergleichbaren Sachverhalt – wie hier – zumindest partiell zu beachten sein.

C. 2.2 Unabhängig von alledem läßt sich indes auch keinem der vom Kläger vorgetragenen Bewerbungsvorgänge auch nur andeutungsweise entnehmen, daß die Absagen der jeweiligen Stelleninserenten etwa deshalb erfolgten, weil das Abschlußzeugnis der Beklagten vom 7. 7. 1981 als gänzlich unzureichend bzw. disqualifizierend bewertet wurde. Für eine konkrete, alleinige oder jedenfalls überwiegende Ursächlichkeit gerade des Zeugnisses der Beklagten fehle es nämlich – entgegen der Ansicht des Klägers – an jeglichem greifbaren Anhalt.

Im übrigen bestätigen die vom Kläger überreichten Bewerbungsvorgänge recht deutlich, daß er zumindest in einigen Fällen dem jeweiligen Anforderungsprofil des Stelleninserenten von vornherein nicht entsprach oder als vorteilhaft angegebene Voraussetzungen nicht vorweisen konnte, was dann die anschließende Absage als geradezu zwangsläufig erscheinen läßt.

Noch gewichtiger ist freilich der Umstand, daß die Beklagte – abgesehen von etwaigen Schadensersatzpflichten gegenüber Dritten – auch aus einem anderen Gesichtspunkt gehindert war, dem Kläger eine günstigere Leistungsbeurteilung zu erteilen. Wie in Rechtsprechung und Schrifttum durchaus anerkannt wird, muß sich nämlich der Arbeitgeber an der im Zeugnis zum Ausdruck gelangten Beurteilung seiner Leistung des Arbeitnehmers festhalten lassen; es ist ihm mithin verschlossen, den Arbeitnehmer z. B. im Zeugnis hervorragend zu beurteilen, dann aber in Prozessen mit ihm Schlechtleistungen usw. zu rügen. Gerade ein solcher Sachverhalt war indes für die Beklagte im Zeitpunkt der Zeugnisausstellung gegeben, weil der Kläger die von ihr insbesondere wegen Leistungsmängeln aller Art ausgesprochene ordentliche Kündigung zum 30. 6. 1981 im März 1981 mit der wiederholt erwähnten Kündigungsschutzklage gerichtlich angegriffen und sich gegen sämtliche Einzelvorwürfe zur Wehr gesetzt hatte; im Zeitpunkt der Zeugniserteilung war hierzu bereits umfassendes wechselseitiges Schriftsatzvorbringen erfolgt. Das Risiko eines etwaigen Unterliegens im Kündigungsrechtsstreit muß aber die Beklagte bei der Erteilung des Abschlußzeugnisses gewiß nicht auf sich nehmen.

2. Fall

Urteil des LAG Frankfurt a. M. vom 10. 12. 1980 . . . Aktenzeichen 10 Sa 622/80

Bei diesem Urteil der Berufungsinstanz des LAG Frankfurt geht es darum, daß der Kläger (Arbeitnehmer) wegen angeblicher schuldhafter Verletzung der Zeugnispflicht vom Beklagten (Arbeitgeber) einen Schadensersatz verlangt.

Zum Tatbestand:

Gegen das ursprüngliche Urteil der 1. Instanz des Arbeitsgerichts in Wetzlar legte der Kläger Berufung beim LAG Frankfurt ein. In der Berufung macht er geltend, das Arbeitsgericht in Wetzlar habe den erhobenen Schadensersatzanspruch zu Unrecht verneint. Die Beklagte habe das unverzüglich vorgesehene Zwischenzeugnis trotz wiederholter Mahnung niemals und das fällige Endzeugnis viel zu spät erstellt, so daß er, der Kläger, erst danach einen Anstellungsvertrag mit seiner jetzigen Arbeitgeberin, der Firma K. abschließen konnte. Für eine adäquate Position müsse man bei der Bewerbung auf jeden Fall das Endzeugnis beilegen, damit die Bewerbung zum Erfolg führen könne. Er sei erst nach Zeugniserhalt überhaupt „bewerbungsfähig" gewesen.

Wegen der verspäteten Zeugniserstellung habe er nicht direkt eine neue Festanstellung antreten können und somit einen Verdienstausfall erlitten. Einen gewissen Zwischenverdienst, den er bei der Firma E. erhalten habe, könne man dagegen anrechnen. Es blieb aber immer noch ein Schaden von DM 23.000,–, den er in der Berufungsinstanz geltend mache.

Die Beklagte beantragt demgegenüber, die Berufung zurückzuweisen. Sie hebt unter Bezug auf das erstinstanzliche Vorbringen hervor, die unterbliebene Erteilung des Zwischenzeugnisses sei von ihr nicht verschuldet worden, weil der Kläger den von ihm zugesicherten Zeugnis-Entwurf erst sehr spät eingereicht habe. Im übrigen stelle das Fehlen eines Zwischenzeugnisses kein entscheidendes Hindernis für eine Neubewerbung dar. Auch habe der Kläger das Endzeugnis früher erhalten, als er behauptet; lediglich der Wortlaut des Zeugnisses habe dann zu einem Parallelrechtsstreit über die endgültige Zeugnisfassung des Arbeitsgerichts Wetzlar geführt. Die Darlegungen des Klägers zur Schadenshöhe müssen auch wegen der eigenen Untätigkeit des Klägers zurückgewiesen werden.

Entscheidungsgründe:

Die Berufung des Klägers kann in der Sache nicht erfolgreich sein. Der Zeugnisanspruch des Klägers wurde rechtzeitig erfüllt, da bereits das damalige Zeugnis der Beklagten den an ein ordnungsgemäßes Zeugnis zu stellenden Anforderungen genügte. Damit steht fest, daß sich der Kläger rechtzeitig im Besitz eines qualifizierten, wenngleich später nochmals verbesserten Endzeugnisses der Beklagten befand und insofern auch nicht gehindert war, bei seiner Stellensuche einstweilen hierauf zu verweisen.

Unter diesen Umständen kann der Streit der Parteien primär nur die Frage betreffen, ob der Kläger bei unverzüglicher Erteilung des zugesicherten Zwischenzeugnisses bzw. fristgerechter Erteilung des ebenfalls zugesicherten Endzeugnisses bereits früher eine vergleichbare neue Arbeitsstelle gefunden hätte. Müßte diese Frage bejaht werden, so wäre als nächstes zu prüfen, ob die unterbliebene Erteilung jenes Zwischenzeugnisses bzw. die verspätete Erteilung des Endzeugnisses ganz oder teilweise vom Kläger selbst verursacht bzw. verschuldet wurde. Darüber hinaus betrifft der Streit der Parteien noch die Frage, ob die vom Kläger im Parallelrechtsstreit erwirkte und zugeleitete Neufassung des Zeugnistextes bei sofortiger Erteilung dieses Textes notwendig zu einer zeitlich früheren, seiner jetzigen Position voll entsprechenden Festanstellung geführt hätte.

Das diesbezügliche Vorbringen des Klägers reicht jedoch zu beiden Streitpunkten nicht aus, um die unerläßliche Kausalität zwischen dem haftungsbegründenden Ereignis, d. h. dem vertrags- bzw. gesetzwidrigen Verhalten der Beklagten und dem vom Kläger hieraus hergeleiteten Schaden nach den von der Rechtsprechung entwickelten Grundsätzen zur Überzeugung des Berufungsgerichts darzutun.

Nach der in Rechtsprechung und Literatur ganz herrschenden Ansicht schuldet ein Arbeitgeber, der schuldhaft seine Zeugnispflicht verletzt, dem Arbeitnehmer Ersatz des daraus erwachsenden Schadens, d. h. er hat dem Arbeitnehmer insbesondere für den Minderverdienst einzustehen, der diesem dadurch entsteht, daß er bei Bewerbungen kein ordnungsgemäßes Zeugnis vorweisen kann. Grundsätzlich obliegt allerdings dem Arbeitnehmer die Darlegungs- und Beweislast dafür, daß die Nichterteilung, die verspätete Erteilung oder die Erteilung eines unrichtigen Zeugnisses für den Schaden des Arbeitnehmers ursächlich gewesen sei. In einer neueren Entscheidung hat das BAG seine bisherige Rechtsprechung dahingehend modifiziert, daß dem Arbeitnehmer in solchen Fällen auch die Darlegungs- und Beweiserleichterungen des § 252 Satz 2 BGB zugute kommen können, wobei das Gericht das Vorliegen der dort bezeichneten Voraussetzungen im einzelnen zu würdigen hat. Danach genügt also der Arbeitnehmer der ihm obliegenden Darlegungslast, wenn er Tatsachen vorträgt, die den von ihm behaupteten Schadenseintritt als nach dem gewöhnlichen Verlauf der Dinge oder nach den besonderen Umständen wahrscheinlich erscheinen lassen; ein zwingender Schluß auf den behaupteten Schaden muß sich indes aus ihnen nicht ergeben. In diesem Zusammenhang hat das Bundesarbeitsgericht auch klargestellt, daß der zwingende Schluß auf das Zustandekommen eines Arbeitsvertrages mit einem bestimmten Arbeitgeber nicht (mehr) erforderlich sei, da der Arbeitnehmer einen solchen Nachweis praktisch nur in seltenen Ausnahmefällen führen könne; vielmehr genüge es u. U., wenn sich nach dem Vorbringen des Arbeitnehmers eine Firma ernsthaft interessiert habe, so daß wenigstens die Zeugnisfrage zur Sprache gebracht worden sei.

Diesen Anforderungen der neuen Rechtsprechung des BAG wird jedoch das tatsächliche Vorbringen des Klägers im Streitfall nicht gerecht. Wie bereits die Vorinstanz festgestellt hat, blieb nämlich keiner der vom Kläger konkret angeführten Bewerbungsvorgänge deshalb erfolglos, weil er zu jener Zeit noch nicht über das vertraglich zugesicherte Zwischenzeugnis bzw. über das letzte Endzeugnis der Beklagten verfügte. Aus den vielen Bewerbungen des Klägers und aus Zeugenaussagen geht vielmehr hervor, daß andere Gründe zur Ablehnung führten. Wenn der Kläger darüber hinaus die Ansicht vertritt, er sei mangels eines Zeugnisses überhaupt nicht bewerbungsfähig gewesen, so handelt es sich im Grunde um die Frage, ob er die Grundsätze des sog. Anscheinbeweises für sich in Anspruch nehmen kann. Dies könnte der Kläger u. U. dann, wenn nach der Lebenserfahrung anzunehmen wäre, der Mißerfolg sei durch das Fehlen des Zeugnisses verursacht, falls jemand kein Zeugnis besitzt und nicht alsbald eine andere Arbeitsstelle findet. Es gibt jedoch keinen solchen allgemeinen Erfahrungsschatz, wie es der Kläger offenbar meint. Man kann nämlich – jedenfalls bei leitenden Angestellten wie dem Kläger – nicht ohne weiteres sagen, daß nach der Lebenserfahrung die verspätete oder nicht ordnungsgemäße Ausstellung eines Zeugnisses bei erfolglosen Bemühungen um einen neuen Arbeitsplatz die Ursache des Mißerfolges gewesen sei, da für einen derartigen Mißerfolg eine Vielzahl nicht erkennbarer Umstände bzw. sonstige Unwägbarkeiten maßgebend sein können. Erfahrungsgemäß kommt es gerade bei einer Einstellung für leitende Positionen, welche hier nach der speziellen Qualifikation und Berufserfahrung des Klägers ausschließlich in Rede stand, heute nicht in erster Linie auf das Zeugnis an; vielmehr werden durchweg auch Referenzen verlangt, und die Einstellung wird letztlich von Auskünften abhängig gemacht, die der Arbeitgeber über die Persönlichkeit und die Leistungen des Bewerbers einholt.

War aber – wie ausgeführt – das Fehlen des Zwischenzeugnisses für die Stellenbewerbung des Klägers unschädlich und die um ca. 5 Wochen verspätete Erteilung des ursprünglichen Endzeugnisses für eine erste Kontaktaufnahme nicht hinderlich, so kann die Arbeitslosigkeit des Klägers in den Monaten ... auch nach der neueren Rechtsprechung des BAG hierdurch nicht verursacht worden sein.

Bei alledem ist ergänzend zu berücksichtigen, daß der Kläger, welcher in der Berufungsinstanz für die Monate ... immerhin einen Schaden von insgesamt DM 12 000,– (erzielbarer Brutto-Verdienst, jedoch ohne Abzug des erhaltenen Arbeitslosengeldes) geltend macht, allein deshalb ein erhebliches Mitverschulden trägt, weil er es versäumt hat, die Beklagte bereits angesichts der Verzögerung bei Erteilung des Zwischenzeugnisses auf die Gefahr eines ungewöhnlich hohen Schadens aufmerksam zu machen.

Nachdem der Berufung des Klägers somit unter keinem Gesichtspunkt Erfolg beschieden sein kann, hat er auch die Kosten seines erfolglosen Rechtsmittels zu tragen.

3. Fall

Urteil des LAG Frankfurt a. M. . . . . Aktenzeichen 6 Sa 876/80 sowie 1130/81

Es geht hierbei um die Frage des Zeugnisinhalts, um die Abweichung des Endzeugnisses vom Zwischenzeugnis sowie um das Ausstellungsdatum des Endzeugnisses.

Zum Tatbestand:

Die Klägerin stand ab 1974 als Sekretärin in den Diensten der Beklagten und schied dort mit dem 31. 12. 1979 aufgrund eigener Kündigung aus. Unter dem 15. 11. 1979 hat die Beklagte der Klägerin ein Zwischenzeugnis erteilt. Etwa ab 20. 11. 1979 war die Klägerin arbeitsunfähig.

Unter dem 15. 1.1980 stellte die Beklagte ein Schluß-Arbeitszeugnis aus, mit dessen, vom früheren Zwischenzeugnis abweichenden – Inhalt die Klägerin nicht zufrieden war. In einem vorprozessualen Schriftwechsel erbot sich die Beklagte u. a., der Klägerin unter dem 31. 12. 1979 ein neues Schlußzeugnis auszustellen.

Mit ihrer Klage vom 14. 4. 1980 verlangte die Klägerin im wesentlichen ein Schlußzeugnis, das dem ihr unter dem 15. 11. 1979 erteilten Zwischenzeugnis entsprach. Das Klagebegehren in jenem Vorprozeß umfaßte kein bestimmtes Ausstellungsdatum für das beanspruchte Zeugnis. Mit rechtskräftigem Urteil vom 16. 1. 1981 entschied das LAG Frankfurt mit geringfügigen Änderungen im wesentlichen zugunsten der Klägerin. Unter dem 2. 3. 1981 stellte die Beklagte der Klägerin ein erstes, von jenem Urteilstenor abweichendes Schlußzeugnis aus. Nachdem die Klägerin am 30. 4. 1981 Festsetzung eines Beugegeldes zur Erzwingung des ihr rechtskräftig zugesprochenen Zeugnisses beantragt hatte, stellte die Beklagte der Klägerin unter dem 13. 5. 1981 ein weiteres Schlußzeugnis aus, dessen Inhalt genau dem rechtskräftigen Urteil des Landesarbeitsgerichts im Vorprozeß entspricht.

Mit ihrer am 1. 7. 1981 erhobenen neuen Klage verlangt die Klägerin von der Beklagten nochmals das gleiche Zeugnis, jedoch unter einem Ausstellungsdatum, das näher am Ende ihres Arbeitsverhältnisses liegt.

Die Klägerin hat ausgeführt, bei einem Ausscheiden am 31. 12. 1979 lasse das Ausstellungsdatum vom 13. 5. 1981 auf den ersten Blick ersehen, daß sie prozessieren mußte, um das Schlußzeugnis zu erhalten. Zumindest fordere diese Datendiskrepanz Rückfragen künftiger Arbeitgeber geradezu heraus und benachteilige sie unzumutbar in ihrem Fortkommen. Schließlich habe nicht sie, sondern die Beklagte zu vertreten, daß das von ihr alsbald nach ihrem Ausscheiden geschuldete Arbeitszeugnis erst nach nahezu 1$^{1}/_{2}$ Jahren erteilt wurde.

Die Klägerin hat beantragt,

> die Beklagte zu verurteilen, das unter dem 13. 5. 1981 erteilte Zeugnis mit Datum vom 31. 12. 1979 auszustellen.

hilfsweise,

> die Beklagte zu verurteilen, das erteilte Zeugnis mit Datum vom 15. 1. 1980 zu versehen.

Die Beklagte hat beantragt,

> die Klage abzuweisen .

Die Beklagte hat ausgeführt, sie müsse jedes Arbeitszeugnis unter dem wahren Ausstellungsdatum erteilen, da sonst das Zeugnis nicht wahrheitsgemäß sei und sie zu einer Lüge nicht verpflichtet sein könne.

Im übrigen könne aus einem späteren Ausstellungsdatum auf einen vorangegangenen Zeugnisprozeß nicht geschlossen werden, da es auch möglich sei, daß ein Arbeitnehmer erst nach Jahren ein Arbeitszeugnis verlange.

Das Arbeitsgericht hat mit Urteil vom 19. 8. 1981 dem Hilfsantrag entsprochen und die Berufung zugelassen.

Gegen das hiermit in Bezug genommene Urteil hat die Beklagte formgerecht und nach den Feststellungen zur Berufungsniederschrift vom 12. 3. 1982 fristgerecht Berufung eingelegt und begründet, mit der sie ihr Klageabweisungsbegehren weiterverfolgt.

Die Beklagte vertieft ihr erstinstanzliches Vorbringen, daß kein Arbeitnehmer Anspruch auf ein bestimmtes Ausstellungsdatum habe und daß eine rückwirkende Datierung des Ausstellungsdatums eine Unwahrheit sei, wozu sie nicht verpflichtet sein könne. Im übrigen könne aus einer späteren Ausstellung eines Zeugnisses Rückschlüsse auf einen vorausgegangenen Prozeß nicht gezogen werden, und ein solches späteres Ausstellungsdatum könne die Klägerin nicht benachteiligen.

Die Beklagte beantragt,

> das angefochtene Urteil abzuändern und die Klage abzuweisen.

Die Klägerin beantragt,

> die Berufung zurückzuweisen.

Die Klägerin verteidigt das angefochtene Urteil.

Entscheidungsgründe:

Die zulässige Berufung der Beklagten konnte keinen Erfolg haben.

1. Das rechtskräftige Urteil des LAG vom 16. 1. 1981 steht der am 1. 7. 1981 abhän-

gig gemachten Klage auf Berichtigung dieses Urteils im Ausstellungsdatum nicht entgegen. In ihren damaligen Klageanträgen hat die Klägerin ein bestimmtes Ausstellungsdatum nicht ausdrücklich verlangt.

2. Die erneute Berichtigungsklage ist auch nicht verwirkt, § 242 BGB. Zwar darf ein Arbeitgeber grundsätzlich darauf vertrauen, daß sich ein Arbeitnehmer mit dem qualifizierten Zeugnis begnügen wird, das er in einem Vorprozeß ausdrücklich beantragt und erstritten hat. Im Regelfall braucht ein Arbeitgeber nicht damit zu rechnen, daß ein Arbeitnehmer nach einem rechtskräftig erstrittenen Zeugnis eine erneute Berichtigung des nach seinen Anträgen berichtigten Zeugnisses prozessual geltend macht. Hier liegt dies jedoch anders. Die Klägerin hat unbestritten vorgetragen, daß ihr Klageantrag im Vorprozeß nur deshalb ein bestimmtes Ausstellungsdatum nicht umfaßte, weil die Beklagte selbst sich in einem vorprozessualen Schriftsatz unter anderem mit der Erstellung eines neuen Zeugnisses unter dem 31. 12. 1979 einverstanden erklärt hat. Damit hat letztlich die Beklagte die Klägerin davon abgehalten, das erwünschte Ausstellungsdatum schon im Vorprozeß mit einzuklagen. Deshalb kann sie sich nach Treu und Glauben im vorliegenden Fall ausnahmsweise nicht darauf berufen, das erneute Berichtigungsbegehren sei verwirkt (unzulässige Rechtsausübung).

Gemäß § 73 HGB hat die Klägerin Anspruch auf ein auf Führung und Leistungen erstrecktes Schlußzeugnis, wenn ihr Arbeitsverhältnis beendet wird und wenn sie dies verlangt.

Unter diesen beiden Voraussetzungen – Beendigung des Arbeitsverhältnisses und Abfordern durch den Arbeitnehmer – entsteht der Zeugnisanspruch im Zweifel sofort, § 271 BGB. Nach Treu und Glauben wird aber dem Arbeitgeber eine angemessene Frist zur Abfassung des Zeugnisses zugebilligt werden müssen. Im vorliegenden Fall bestanden weder besondere Schwierigkeiten bei der Beurteilung der Klägerin, noch besondere Hindernisse technischer Art, so daß bei zügiger Erfüllung dieses Anspruches das Zeugnis im Januar 1980 hätte erstellt werden müssen. Bei ordnungsgemäßer Erfüllung des Anspruches der Klägerin hätte ein derartiges Schlußzeugnis ein Datum aus dem Januar 1980 erhalten.

Vom Inhalt her soll ein derart geschuldetes Zeugnis wohlwollend sein, um das fernere berufliche Fortkommen des Arbeitnehmers nicht unnötig zu erschweren und darf deshalb nicht erkennen lassen, daß über seinen Inhalt ein Streit bestanden hat. Außerdem muß es inhaltlich wahr sein, was sich hauptsächlich auf Beschreibung und Bewertung der Arbeitnehmertätigkeiten und seine Führung bezieht, woraus aber die weit überwiegende Literatur und Rechtsprechung eine Verpflichtung zur Aufführung des tatsächlichen Ausstellungsdatums herleitet.

Räumt man dem Wahrheitsgebot auch im Ausstellungsdatum absoluten Vorrang gegenüber der Fürsorgepflicht ein, das Fortkommen des Arbeitnehmers nicht unnötig zu erschweren, so entsteht ein schwer erträgliches Dilemma: Den Daten des derart ausgestellten Zeugnisses vom 13. 5. 1981 ist zwar nicht zu entnehmen, daß diesem Zeugnis ein Rechtsstreit vorangegangen wäre – wie die Beklagte meinte. Zutreffend weist die Beklagte demgegenüber darauf hin, daß ein solches qualifiziertes Zeugnis auch einige Zeit nach dem Ausscheiden des Arbeitnehmers erstmals verlangt werden konnte. Indes ist es nach nahezu 1$^1/_2$ Jahren zwischen dem Ausscheiden der Klägerin und dem Ausstellungsdatum, also üblicherweise nach Ablauf eines angemessenen Zeitmomentes von einem Jahr für die Verwirklichung eines solchen Anspruches jedem kundigen Leser dieses Zeugnisses augenfällig, daß damit etwas nicht stimmen kann. Dies wird umsichtige Personalchefs dazu veranlassen, nach dem Grund dieser Datendiskrepanz rückzufragen. Damit ist ein erhebliches Risiko drohender Benachteiligung durch die Abfassung des Zeugnisses im Ausstellungsdatum ohne weiteres greifbar, worauf die Klägerin hingewiesen hat.

In einem solchen Fall widerspräche es jeder Billigkeit, der nun formellen Wahrheitspflicht hinsichtlich des Ausstellungsdatums Vorrang einzuräumen gegenüber dem Gebot der wohlwollenden Abfassung insgesamt. Denn die verspätete Ausstellung des nach Treu und Glauben innerhalb Januar 1980 geschuldeten qualifizierten Zeugnisses ist allein von der Beklagten zu vertreten, wie sich aus dem rechtskräftigen, im wesentlichen der Klägerin stattgegebenen Berufungsurteil im Vorprozeß ergibt. Es wäre grob unbillig, wenn der vertragswidrig handelnde und „mauernde" Arbeitgeber nach Verlieren des Berichtigungsverfahrens schließlich durch die Datendiskrepanz zwischen Ausscheidensdatum und Ausstellungsdatum die Arbeitnehmerin doch noch unbillig in ihrem Fortkommen behindern könnte – wie das hier der Fall ist. In einem solchen Fall muß das Gebot nach formeller Wahrheit beschränkt für das Ausstellungsdatum hinter dem Gebot zu wohlwollender Abfassung ohne ungerechtfertigte Benachteiligungsgefahr ausnahmsweise zurücktreten.

Dafür mag dahinstehen, ob rechtzeitige Berichtigungsansprüche in Wahrheit immer noch die – früher noch überhaupt nicht erfüllten – Zeugnisansprüche nach §§ 73 HGB/ 630 BGB sind oder ob es sich um neuartige Ansprüche aus § 242 BGB beschänkt auf Berichtigung und fällig ab Berichtigungsverlangen handelt. Im ersteren Falle würde das der Klägerin zustehende Zeugnis unverändert gemäß § 73 HGB seit Januar 1980 geschuldet und müßte erfüllungshalber ein dementsprechendes Ausstellungsdatum tragen, ohne insoweit in seiner Zweckbestimmung als Bewerbungsgrundlage bei anderen Arbeitgebern in materiellem Sinne unwahr und unrichtig zu werden. Rückdatierungen zur Erfüllung einer Gesetzespflicht sind nämlich im Privatrechtsverkehr zulässig. Sieht man aber im Berichtigungsbegehren später fällig werdende, neue Ansprüche, so müßte der Gedanke des Schadensersatzes wegen Schuldnerverzuges des Arbeitgebers seit Anfang Februar 1980 zum selben Ergebnis führen. Ein derartiger Schadensersatz in Natur, § 259 BGB, müßte ein Ausstellungsdatum vom Januar 1980 erhalten, und zwar bevor es zu einem weitergehenden Vermögensschaden zu Lasten des Arbeitgebers kommen kann, nicht zuletzt auch in dessen ureigenstem Interesse.

3. Der Beklagten ist zuzugeben, daß ein Arbeitnehmer grundsätzlich keinen Anspruch auf ein bestimmtes Ausstellungsdatum in angemessener Frist hat, wenn die-

ses nicht ausnahmsweise mittituliert wurde. Der Arbeitnehmer hat nach alledem Anspruch auf ein Arbeitszeugnis nur mit einem Ausstellungsdatum, das in angemessener Frist nach seinem Ausscheiden und nach seinem Verlangen erstellt wird.

Die Berufung der Beklagten war zurückzuweisen.

4. Fall

Urteil des LAG vom 20. 4. 1983 . . . Aktenzeichen 10 Sa 503/82

Es handelt sich hierbei um eine Zeugnisberichtigung. Ein Arbeitnehmer hat im allgemeinen keinen Anspruch auf eine bestimmte Formulierung seines Zeugnisses, da dessen Wortlaut grundsätzlich im Ermessen des Arbeitgebers steht. Im Rahmen eines Zeugnisberichtigungsrechtsstreits kann jedoch der Arbeitnehmer dem von ihm beanstandeten Zeugnistext eine eigene Fassung gegenüberstellen, d. h. das ihm erteilte Zeugnis in Einzelpunkten oder auch notfalls insgesamt neu formulieren, um hierdurch zumindest sein prozessuales Begehren hinreichend deutlich zu machen. In solchen Fällen bedarf der jeweilige Sachantrag des Arbeitnehmers regelmäßig eine entsprechende Auslegung nach den Vorschriften der §§ 133, 157 BGB.

Zum Tatbestand:

Gegen die Entscheidung des Arbeitsgerichts hat der Kläger beim LAG Frankfurt Berufung eingelegt und sein Rechtsmittel im einzelnen begründet.

Der Kläger macht insbesondere geltend, entgegen der Ansicht des Arbeitsgerichts könne er als Arbeitnehmer die Berichtigung eines Zeugnisses verlangen, welches unrichtige Tatsachenangaben und fehlerhafte Wertungen enthalte; in solchen Fällen seien die Arbeitsgerichte nach der einschlägigen Rechtsprechung befugt, das gesamte Zeugnis zu überprüfen und sogar selbst neu zu formulieren. Zudem habe das Arbeitsgericht übersehen, daß einzelne Formulierungen des Zeugnisses vom 30. 6. 1981, wie z. B. der Satz „Herr H. übernahm von seinem Vorgänger eine hervorragend geführte Abteilung mit langjährigen, selbständig arbeitenden Mitarbeitern unseres Hauses", in einem Abschlußzeugnis nichts zu suchen habe, da dieses lediglich die Qualifikation des Vorgängers berühre und letztlich diskriminierend wirke. Desgleichen sei seine Leistungsbeurteilung mit einem Satz „Herr H. war pünktlich, fleißig und führte seine Aufgaben zu unserer Zufriedenheit aus" völlig unzulänglich ausgefallen, was im Zusammenhang mit der vorerwähnten Aussage geradezu böswillig erscheine.

Nach den Grundsätzen des Zeugnisrechts könne er vielmehr eine wohlwollende, sein berufliches Fortkommen nicht erschwerende Qualifizierung beanspruchen, wobei die Beklagte im übrigen für die Richtigkeit eines Zeugnistextes die Darlegungs- und Beweislast trage.

Darüber hinaus macht der Kläger geltend, daß ihm die Beklagten durch ihre böswillige und verleumderische Leistungsbeurteilung einen erheblichen Schaden zugefügt haben, weil er mit dem ihm erteilten Zeugnis auf dem Arbeitsmarkt nicht vermittlungsfähig gewesen sei. Vielmehr habe er bei seinen Bemühungen um die Position eines freien Mitarbeiters in anderen Steuerbüros wiederholt Absagen erhalten. Diese Absagen beruhten auf dem ihm erteilten Abschlußzeugnis vom 30. 6. 1981, welches er – trotz der darin enthaltenen Abqualifizierung – jeweils mit vorgelegt habe; die gegenteiligen Äußerungen der damaligen Stelleninserenten stellten offenkundig eine Ausrede dar. Letzteres gelte um so mehr, als er die Prüfung als Steuerbevollmächtigter im Frühjahr 1977 mit gutem Erfolg abgelegt habe.

Wie der Kläger weiter darlegt, besteht der hieraus resultierende Schaden in seinem Einkommensfall ab Mitte Juli 1981 bis einschließlich März 1982, wobei für den Monat Juli 1981 ein Betrag von DM 2000,– und für die Folgemonate jeweils ein Betrag von DM 4000,– zugrunde gelegt sei. Während jenes Zeitraumes habe er aus der formell angemeldeten eigenen Steuerpraxis keinerlei Einkünfte erzielt, sondern lediglich vom zuständigen Arbeitsamt für die Zeit vom 28. 9. 1981 bis zum 12. 4. 1982 insgesamt DM 13.791,20 Arbeitslosenunterstützung erhalten.

Der Kläger beantragt daher:

1. das Urteil des Arbeitsgerichts Darmstadt vom 10. 2. 1982 abzuändern.

2. Die Beklagten zu verurteilen,
Zug um Zug gegen Herausgabe des Zeugnisses vom 30. 6. 1981 dieses entsprechend der Anlage 1 zur Klageschrift zu berichten und neu zu erteilen.

3. Die Beklagten zu verurteilen, an den Kläger DM 36 000,– zu zahlen.

Die Beklagten beantragen demgegenüber,

die Berufung zurückzuweisen.

Sie verteidigen die angefochtene Entscheidung als zutreffend und heben nochmals hervor, das Zeugnis vom 30. 6. 1981 habe dem Verhalten und den Leistungen des Klägers während der Beschäftigungszeit nach Form und Inhalt durchaus entsprochen; insoweit müßten auch die zur Beendigung des Arbeitsverhältnisses führenden Vorgänge maßgeblich beachtet werden.

Die vom Kläger beanstandeten Einzelsätze seien keineswegs diskriminierend, sondern als solche wahrheitsgemäß und leistungsgerecht; entsprechendes habe auch für die sonstige Leistungsbeurteilung zu gelten, wie sich aus diversen, jeweils detailliert vorgetragenen Einzelvorgängen ergebe. Nach den Grundsätzen des Zeugnisrechts seien sie aber letztlich an ihre Wahrheitspflicht gebunden.

Unabhängig davon treten die Beklagten auch dem Schadensersatzbegehren des Klägers entgegen, wobei sie insbesondere auf den mangelnden Kausalzusammenhang zwischen dem Zeugnisinhalt und der behaupteten Schadensfolge verweisen; eine solche müsse schon wegen der anschließenden Niederlassung des Klägers als Steuerbevollmächtigter entfallen, desgleichen wiesen die überreichten Stellen-Absagen keinerlei Bezug zu dem Zeugnis vom 30. 6. 1981 auf. Im übrigen seien die behaupteten Einkommensverluste völlig unbewiesen geblieben.

Entscheidungsgründe:

Der Berufung des Klägers muß auch wegen der von ihm erstrebten Zeugnisberichtigung teilweise Erfolg beschieden sein, während sie im übrigen, d. h. insbesondere wegen des gleichfalls verfolgten Schadensersatzanspruches, nach dem Ergebnis der Beweisaufnahme unbegründet ist.

Dementsprechend hat das Berufungsgericht das Urteil des Arbeitsgerichts geändert und zur Klarstellung insgesamt neu gefaßt.

Bei der materiellen Beurteilung des Rechtsstreits ist zunächst davon auszugehen, daß der Kläger sowohl einen Zeugnisberichtigungs- als auch einen Schadensersatzanspruch aufgrund unterbliebener Erteilung eines seinen Vorstellungen entsprechenden Abschlußzeugnisses geltend macht. Diese beiden prozessualen Ansprüche des Klägers bedürfen im folgenden einer gesonderten Erörterung, da sie – trotz ihres unmittelbaren inneren Zusammenhangs – jeweils nach unterschiedlichen rechtlichen Gesichtspunkten zu beurteilen sind.

Im einzelnen gilt hierzu folgendes:

Soweit der Kläger zunächst eine Berichtigung des ihm erteilten Abschlußzeugnisses vom 30. 6. 1981 verlangt, ist vorab allgemein festzustellen, daß ein sogenanntes qualifiziertes Zeugnis neben der Art und Dauer der Beschäftigung insbesondere die Führung und Leistung des Arbeitnehmers für den gesamten Zeitraum des Arbeitsverhältnisses entsprechend aufzeigen bzw. charakterisieren soll. Diesbezüglich muß das qualifizierte Zeugnis mithin alle wesentlichen Tatsachen und Bewertungen enthalten, welche für die Gesamtbeurteilung des Arbeitnehmers von Bedeutung und für einen Dritten von Interesse sind. Desgleichen muß das Zeugnis grundsätzlich der Wahrheit entsprechen, aber in der Würdigung vom Wohlwollen eines verständigen Arbeitgebers getragen sein, wobei subjektive Momente möglichst zurücktreten sollen. Schließlich ist ein Zeugnis nach Form und Inhalt stets objektiv abzufassen und besonders der Verkehrssitte Rechnung zu tragen, wonach mit bestimmten Formulierungen, Hervorhebungen oder auch Auslassungen im allgemeinen ein Ausdruck des Tadels bzw. eine sonstige negative Qualifizierung verbunden wird.

Dies vorausgeschickt ist im Streitfalle in Übereinstimmung mit dem Arbeitsgericht festzustellen, daß der Arbeitnehmer auf eine bestimmte Formulierung des Zeugnisses keinen Anspruch hat, da dessen Wortlaut grundsätzlich im Ermessen des Arbeitgebers steht. Das Arbeitsgericht hat jedoch verkannt, daß der Kläger bereits im ersten Rechtszug durchaus konkrete Einzelpunkte (z. B. die abschließende Leistungsbeurteilung „zu unserer **vollen** Zufriedenheit", die Formulierung „Übernahme einer hervorragend geführten Abteilung . . ." u. a. m.) angesprochen und zumindest insoweit eine von seinem Sachantrag umfaßte Berichtigung verlangt hat. Unabhängig davon ist ein Arbeitnehmer, welcher die Berichtigung eines ihm erteilten Zeugnisses anstrebt, wegen der Notwendigkeit bestimmter Sachanträge ohnehin gehalten, dem von ihm beanstandeten Zeugnistext eine eigene Textfassung gegenüberzustellen, d. h. notfalls das Zeugnis in Einzelpunkten oder auch insgesamt neu zu formulieren, um sein prozessuales Begehren hinreichend deutlich zu machen. Gerade das letztere hat aber auch der Kläger getan, wie sich aus seinem erstinstanzlichen Tatsachenvorbringen und der umfassenden Antragstellung mit hinreichender Klarheit ergibt.

Seine vorerwähnte, bereits im ersten Rechtszug erkennbare Willensrichtung hat der Kläger in der Berufungsinstanz ergänzend in der Weise klargestellt, daß er den Inhalt des Zeugnisses vom 30. 6. 1981 nur mehr unter drei Gesichtspunkten bzw. mit drei Zielsetzungen angreift, nämlich vollständige Streichung des Satzes „Herr H. übernahm . . .", Änderung der Leistungsbeurteilung „Herr H. war pünktlich . . ." i. S. seiner Vorstellungen sowie Einfügung des Satzes „seine ihm unterstellten Mitarbeiter . . ." in die geänderte Leistungsbeurteilung. Hinsichtlich aller sonstigen Angaben des Zeugnisses hat der Kläger hingegen, abgesehen von der Unterzeichnung durch beide Firmen, nicht länger auf einer Berichtigung bestanden.

Dieses präzisierte Berichtigungsverlangen des Klägers ist auch teilweise begründet.

Der in erster Linie beanstandete, im dritten Absatz des Zeugnistextes enthaltene Satz „Herr H. übernahm von seinem Vorgänger . . ." ist nämlich deshalb ersatzlos zu streichen, weil er im Rahmen einer den Kläger betreffenden Beurteilung in der Tat nicht übermäßig wesentlich erscheint, jedoch durch seine auffällige Betonung sowie im Kontext mit der abschließenden Leistungsbewertung – beabsichtigt oder nicht – eine dem Kläger nachteilige Assoziation herstellt, welche mit der gebotenen Objektivität eines Abschlußzeugnisses schlechthin unvereinbar ist. Wenn sich die Beklagten demgegenüber auf die tatsächliche Richtigkeit jenes Satzes berufen und auf die hohen Verdienste des früheren Abteilungsleiters verweisen, so mag das weitgehend wohl zutreffend sein.

Entscheidend ist allerdings, daß das hier strittige Zeugnis vom 30. 6. 1981 keine Beurteilung des früheren Abteilungsleiters vornehmen, sondern eine wertfreie, eigenständige Würdigung der Leistungen des Klägers enthalten sollte; wenn es also der wesentliche Zweck jener Aussage war, einen lediglich zufriedenstellenden, d. h. den vorgegebenen Standard gerade einhaltenden Leistungsgrad des Klägers zu kennzeichnen, so war hiermit eine durchaus entbehrliche, dieweil negativ belegte Hervorhebung verbunden, da die Beklagten dem Kläger auch ansonsten bewußt nur zufriedenstellende Leistungen attestierten.

In entsprechender Weise muß auch die im Absatz 6 des Zeugnistextes enthaltene abschließende Leistungsbeurteilung auf die Beanstandungen des Klägers um die von ihm gewünschten Zusätze „ . . . und zuverlässig, seine Führung war stets ohne Tadel" sowie „seine ihm unterstellten Mitarbeiter verstand er zu motivieren und zu hohen Leistungen anzuspornen" ergänzt werden. Das Berufungsgericht hat nämlich davon auszugehen, daß sich die Beklagten in dem das Ausscheiden des Klägers betreffenden Abfindungsvergleich vom 26. 5. 1981 ausdrücklich verpflichtet hatten, auf die ihnen anschließend übermittelten Formulierungswünsche des Klägers Rücksicht zu nehmen. Daraus erhellt wiederum bei sachgerechter Auslegung, daß es den Beklagten nur aus triftigen Gründen gestattet sein sollte, von den Formulierungsvorschlägen des Klägers substantiell abzuweichen. Derartig triftige Gründe, dem Kläger die vorerwähnten Zusätze bzw. die mit ihnen verbundenen positiven Wertungen rundweg zu verweigern, haben allerdings die hierfür beweispflichtigen Beklagten bis zum Schluß der mündlichen Verhandlung nicht in prozessual zulässiger Form unter Beweis gestellt.

Ebenso ist dem Kläger aus formellen Gründen ohne weiteres zuzubilligen, daß die vorstehende Berichtigung des Zeugnistextes unter demselben Datum (= 30. 6. 1981) und mit der Unterschrift beider Beklagter vorgenommen wird, wobei die im Urteilstenor gleichfalls vorgesehene Herausgabe des bisherigen Zeugnisses exakt der eigenen einschränkenden Antragstellung des Klägers entspricht.

Soweit die Beklagten hingegen das vom Kläger gewünschte Prädikat „ehrlich" verweigerten, ist vorab zu beachten, daß diese besondere Hervorhebung im allgemeinen nur von solchen Arbeitnehmer-Gruppen verlangt werden kann, welche unmittelbar mit der Bearbeitung bzw. Verwaltung von Kassenvorgängen, Warenlagern usw. betraut sind; hierzu wird man den Kläger als früheren Abteilungsleiter für das Rechnungs- und Personalwesen der Beklagten nach Ansicht des Berufungsgerichts grundsätzlich nicht rechnen dürfen. Im gleichen Zusammenhang müssen freilich auch die Vorgänge beachtet werden, welche schließlich am 13. 5. 1981 zur fristlosen Entlassung des Klägers und dem späteren Abfindungsvergleich vom 26. 5. 1981 führten.

Nach diesen, vom Kläger nicht bestrittenen Vorgängen ist es aber nicht zu beanstanden, wenn die Beklagten im Rahmen des Zeugnistextes von dem gewünschten Prädikat „ehrlich" Abstand nehmen.

Entsprechendes hat auch für das weitere Begehren des Klägers zu gelten, wonach ihm die Beklagten ihre „stets volle Zufriedenheit" mit seiner Aufgabenerfüllung bestätigen müssen. Diesen Formulierungswunsch hat der Kläger erstmals bei der Klageerhebung geäußert, was zumindest bedeutet, daß die im Abfindungsvergleich der Parteien zugesicherte „Rücksichtnahme" der Beklagten insoweit nicht Platz greifen kann. Für das Gericht maßgeblich ist allerdings der Umstand, daß den Beklagten bereits aufgrund der vorerwähnten Vorgänge vor Ausspruch der fristlosen Kündigung eine solche Qualifizierung des Klägers nicht abverlangt werden kann, da sie mit ihrer tatsächlichen, in der Kündigungsmaßnahme augenfällig zum Ausdruck gelangten Bewertung schlechthin unvereinbar wäre. Letzteres gilt um so mehr, als diese Vorwürfe der Beklagten Vorgänge aus dem Bereich des Rechnungs- und Personalwesens betrafen, für welche der Kläger als damaliger Abteilungsleiter mittelbar verantwortlich und mit Weisungsbefugnis gegenüber den ihm unterstellten Mitarbeitern ausgestattet war.

Damit steht aber abschließend fest, daß der Kläger die beiden zuletzt erörterten Zusätze zum Zeugnistext nicht beanspruchen kann, d. h. mit seinem Zeugnisberichtigungsverlangen insoweit der Abweisung unterliegt.

Soweit der Kläger ferner aufgrund der unterbliebenen Erteilung eines ihm günstigeren Zeugnisses Schadensersatz in Höhe von DM 36.000,– beansprucht, ist sein Klagebegehren in vollem Umfang unbegründet. Grundsätzlich kann zwar ein Arbeitnehmer nach den Vorschriften der §§ 286, 276 BGB den Ersatz desjenigen Schadens verlangen, welchen er dadurch erleidet, daß er infolge eines fehlenden bzw. schlechten Zeugnisses oder der verspäteten Zeugniserteilung keine oder nur eine schlechte Arbeitsstelle erhält. Damit hat der Arbeitnehmer allerdings die Darlegungs- und Beweislast für den Verzug, für den Schaden sowie für den ursächlichen Zusammenhang zu tragen, wobei ihm freilich Beweiserleichterungen nach der Vorschrift des § 252 S. 2 BGB zugute kommen können. Auch nach der neueren, gegenüber früher modifizierten Rechtsprechung des Bundesarbeitsgerichts ist es aber in solchen Fällen unerläßlich, daß nach dem Vorbringen des Arbeitnehmers ein ernsthaftes Interesse einer Firma für seine Bewerbung bestand und insofern auch die Zeugnisfrage zur Sprache gebracht wurde.

Dies vorausgeschickt muß bereits zweifelhaft sein, ob das Tatsachenvorbringen des Klägers den vorerwähnten Mindestanforderungen der Rechtsprechung überhaupt zu genügen vermag, zumal wiederholte Absagen bei Stellenbewerbungen angesichts der seit einigen Jahren überaus angespannten Arbeitsmarktlage nahezu die Regel sind. Zudem kommt es heute nach der Kenntnis des Gerichts und aller Erfahrung gerade bei der Einstellung leitender Mitarbeiter keineswegs mehr vorrangig auf das letzte Arbeitszeugnis an; vielmehr werden fast durchweg auch Referenzen verlangt, und die Einstellung selbst wird – abgesehen von sonstigen, nicht erkennbaren Umständen bzw. Unwägbarkeiten – vielfach von Auskünften abhängig gemacht, welche sich der Arbeitgeber über die Persönlichkeit und Leistungen des jeweiligen Bewerbers einholt.

Unabhängig von alledem hat jedoch die vom Berufungsgericht durchgeführte Beweisaufnahme kein Ergebnis erbracht, welches das Zahlungsbegehren des Klägers auch nur annähernd stützen könnte.

5. Fall

Urteil des Arbeitsgerichts Wiesbaden vom 12. 8. 1982. . . Aktenzeichen 4 Ca 1502/82

Bei diesem Urteil geht es um die Neuformulierung einiger Passagen eines Zeugnisses.

Die Beklagte wird verurteilt, dem Kläger folgendes Zeugnis zu erteilen:

Zeugnis

Herr Dr. med. . . ., geb. . . ., wohnhaft . . ., in 6200 Wiesbaden, war seit Eröffnung des Hauses am 1. 10. 1974 bis 30. 11. 1981 bei der . . ., Wiesbaden, als Oberarzt beschäftigt.

Es handelt sich um ein Haus mit ... Betten, in das Patienten überwiegend mit rheumatischen und Stoffwechselleiden entsprechend der Wiesbadener Kurindikation durch die Bundesversicherungsanstalt für Angestellte eingewiesen werden.

Herr Dr. med. ... verfügte schon bei Antritt seiner Tätigkeit über ausgezeichnete Kenntnisse und langjährige Erfahrung auf dem Gebiet der Rheumatologie, der physikalischen Therapie und der Sportmedizin. Entsprechende Zeugnisse hatte er schon außerhalb der Bundesrepublik Deutschland erworben.

Außer den routinemäßigen Visiten, die Herr Dr. ... turnusmäßig auf allen Stationen des Hauses vornahm, oblag ihm die Interpretation aller Röntgenaufnahmen des Skeletts. Sowohl bei den wöchentlichen Arztbesprechungen als auch in persönlichen Gesprächen verstand er es, seine Kenntnisse an alle Ärzte des Hauses weiterzugeben. Seinem speziellen Interessengebiet, der Rheumatologie, widmete er auch wissenschaftliche Aktivität und ließ uns alle beim Aufbau und bei der Weiterentwicklung eines Konzepts für rheumatologische Patienten an seinen reichhaltigen Erfahrungen teilhaben. Während der Dauer seiner Tätigkeit nahm Herr Dr. ... an mehreren wissenschaftlichen Veranstaltungen teil. Alle Ärzte fanden bei ihm stets kollegiale Hilfe und Rat bei Schwierigkeiten in der Diagnostik oder Behandlung. Besondere Aufmerksamkeit widmete er der krankengymnastischen und der balneologischen Therapie. Während meiner Abwesenheit übernahm er teilweise die ärztliche Leitung des Hauses und betreute die Privatstation.

Bei allen Patienten war Herr Dr. ... wegen seiner hervorragenden Kenntnisse und seines verständnisvollen Mitgefühls sehr beliebt. Das wurde besonders bei den Kranken deutlich, die er auf einer kleinen Station selbst betreute.

Mit sozialmedizinischen Fragen und der deutschen Sozialgesetzgebung machte sich Herr Dr. ... vertraut, so daß er auch im Hinblick auf die Beurteilung des Leistungsvermögens im Erwerbsleben große Sicherheit gewann.

In den vielen Jahren der Zusammenarbeit ist mir Herr Dr. ... stets ein sehr wertvoller Mitarbeiter gewesen, dem wegen seiner Hilfsbereitschaft und Kollegialität von allen Angestellten des Hauses Achtung und Anerkennung entgegengebracht wurde. Herr Dr. ... verläßt jetzt unser Haus, um eine selbständige Tätigkeit aufzunehmen. Für uns alle bedeutet sein Ausscheiden einen großen Verlust. Für die hier geleistete Arbeit danken wir ihm sehr und wünschen ihm Erfolg und alles Gute für die Zukunft.

Zum Tatbestand:

Der Kläger war bei der Beklagten von 1974 bis 1981 als Oberarzt beschäftigt.

Mit seiner Klage begehrt der Kläger nach erfolglosen vorprozessualen Versuchen Berichtigung dieses Zeugnisses und trägt vor, das ihm erteilte Zeugnis sei in wesentlichen Punkten ergänzungsbedürftig. So dürfe das Zeugnis nicht lediglich darauf verweisen, daß er außerhalb der BRD Zeugnisse erworben habe, sondern müsse die entsprechenden Länder konkret bezeichnen. Nicht aufzunehmen sei der Erwerb des Facharztes und die Promotion zum Dr. med. Ferner sei er mehrfach zu Tagungen als Repräsentant der Beklagten aufgetreten, wie sich unter anderem daraus ergebe, daß er für die Teilnahme an diesen Tagen freigestellt worden sei und ihm die Beklagte, z. B. für die Fahrt zu einem Pariser Kongreß, einen Reisekostenzuschuß von DM 1000,– gezahlt habe. Zum Ausdruck kommen müsse im Zeugnis insofern, daß diese wissenschaftlichen Aktivitäten „Grundlage für den Aufbau eines rheumatologischen Konzeptes in der Klinik" gewesen seien. Zum Zeitpunkt seines Dienstantrittes habe die Klinik nämlich noch kein Konzept für die Behandlung rheumatischer Krankheiten entwickelt, hiermit sei er beauftragt worden. Entsprechend habe er zur Entwicklung diagnostischer Methoden ca. 50.000 Skelettröntgenaufnahmen interpretiert und ein Therapiekonzept erarbeitet, bestehend aus der Behandlung mit Gold und D-Penycillamin und aus medikamentöser Behandlung mit einem Anti-Rheumatikum, wobei diese Behandlung noch in einer kontrollierten Studie beobachtet worden sei. Ein Versuch, eine physikalische Therapieabteilung zu entwickeln, sei 1976 zwar gescheitert, er habe jedoch eine Organisationseinheit geschaffen, die sich in erster Linie mit der Ausbildung und Einarbeitung der Assistenzärzte befaßt habe; außer ihm sei kein Arzt in der Lage gewesen, die Assistenzärzte, die er theoretisch und klinisch ausgebildet habe, in das rheumatologische Fachgebiet einzuarbeiten. Schließlich habe er drei wissenschaftliche Arbeiten, die sich mit dem Problem der Rückenschmerzen beschäftigen, während seiner Tätigkeit in Abstimmung mit der Geschäftsleitung gefertigt; auch diese müssen im Zeugnis erwähnt werden.

Der Kläger beantragt,

die Beklagte zu verurteilen, dem Kläger folgendes Zeugnis zu erteilen: (es folgt die Zeugnisformulierung des Klägers.)

Die Beklagte beantragt,

die Klage abzuweisen.

Sie hält das von ihr erteilte Zeugnis für richtig. Im einzelnen trägt sie vor, das Auftreten des Klägers als Referent bei Kongressen habe keinerlei dienstlichen Bezug gehabt, insbesondere sei er nicht als Repräsentant der Beklagten aufgetreten. Ferner habe er nicht Aufbau und Führung einer rheumatologischen Abteilung erarbeitet oder ein rheumatologisches Konzept entwickelt. Weder sei er bei seinem Eintritt in der Klinik Facharzt gewesen, noch habe er eine Approbation oder Promotion gehabt, sondern sei lediglich aufgrund seiner Zulassung nach § 10 Bundesärzteordnung tätig geworden. Mit der Behandlung mit Gold und D-Penycillamin habe sich der Chefarzt bereits seit 1950 befaßt, eine Studie über medikamentöse Behandlung habe der Kläger unter der Führung seines Chefarztes erstellt. Diese Studie habe zudem in keinem Zusammenhang mit den Aufgaben des Klägers gestanden. Insgesamt habe der Kläger nur unter Leitung und nach Anweisung des Chefarztes gearbeitet und auch bei der Assistenzarztausbildung lediglich im Auftrag des Chefarztes einzelne Arbeitsaufgaben erledigt.

Entscheidungsgründe:

Die Klage ist nur zu einem geringen Teil begründet, überwiegend dagegen erfolglos.

Der Kläger kann von der Beklagten lediglich ein Zeugnis des Inhalts verlangen, wie es sich aus dem Urteilstenor ergibt.

Der Kläger hat einen Anspruch gegen die Beklagte, bei Beendigung seines Arbeitsverhältnisses zur Beklagten von dieser ein schriftliches Zeugnis über das Dienstverhältnis und dessen Dauer zu erlangen, wobei sich dieses, entsprechend dem Begehren des Klägers, auch auf die Leistungen und die Führung des Klägers im Dienste zu erstrecken hat (§ 630 BGB). Diese Verpflichtung zur Erteilung eines qualifizierten Zeugnisses hat die Beklagte mit ihrem dem Kläger zugeleiteten Zeugnis vom 30. 11. 1981 nicht ordnungsgemäß erfüllt (§ 362 Abs. 1 BGB), da das Zeugnis teilweise das Tätigkeitsfeld des Klägers bei der Beklagten nicht richtig wiedergibt.

Ein Zeugnis ist für den Arbeitnehmer auf der einen Seite eine wichtige Unterlage für eine neue Bewerbung, auf der anderen Seite soll es zur Unterrichtung des an der Einstellung des Bewerbers interessierten Dritten dienen. Es muß daher wahr sein und alle wesentlichen Tatsachen und Bewertungen enthalten, die für die Beurteilung des Arbeitnehmers von Bedeutung sind und an denen ein künftiger Arbeitgeber ein berechtigtes und verständliches Interesse haben kann. Dabei muß ein Zeugnis die Fähigkeit, die ein Arbeitnehmer im Laufe des Arbeitsverhältnisses ausgeübt hat, so vollständig und genau beschreiben, daß sich künftige Arbeitgeber ein klares Bild machen können. Es genügt insoweit nicht, daß das Zeugnis ein abgerundetes Bild vermittelt, entscheidend ist vielmehr, daß es den Tatsachen entspricht, wobei zwar Unwesentliches verschwiegen werden darf, in jedem Fall aber Aufgaben und Tätigkeiten, die ein Urteil über die Kenntnisse und Leistungsfähigkeit des Arbeitnehmers erlauben, vollständig erscheinen müssen (vgl. BAG AP Nr. 11 zu § 630 BGB). Während demgemäß der Arbeitgeber bei der Tätigkeitsbeschreibung einen nur geringen Beurteilungsspielraum hat, ist die Formulierung von Werturteilen grundsätzlich Sache des Arbeitgebers. Denn ein Beurteilungsspielraum ist insoweit unvermeidlich. Legt man, wie geboten, diese Maßstäbe hier zugrunde, so gilt hinsichtlich der zwischen den Parteien streitigen Punkte im einzelnen folgendes:

Der Kläger kann die Streichung des Satzes „während seiner Tätigkeit hier wurden ihm die Anerkennung als Arzt für innere Medizin, die Teilgebietsbezeichnung Rheumatologie und die Promotion zum Dr. med. zuerkannt", verlangen. Denn grundsätzlich hat der Arbeitgeber nur die Leistungen zu beurteilen, die der Arbeitnehmer bei der Tätigkeit erbracht hat, für die er eingestellt worden war bzw. die er weisungsgemäß zu erbringen hatte. Hieraus erfolgt, daß der Arbeitgeber nicht befugt ist, Tätigkeiten des Arbeitnehmers im Zeugnis zu erwähnen, die nicht mit der vertraglich geschuldeten Dienstleistung zusammenhängen. Das ist betreffs der hier in der fraglichen Passage genannten Qualifikationserwerbung durch den Kläger der Fall. Auch ein schutzwürdiges Interesse Dritter an einer Erwähnung dieser Punkte im Zeugnis fehlt. Denn ein Dritter wird ohnehin bei Interesse an den zeitlichen Daten von Promotion und Approbation die Vorlage der entsprechenden Qualifikationsnachweise verlangen. Auf das Zeugnis ist er insoweit nicht angewiesen.

Verlangen kann der Kläger des weiteren, daß im Zeugnis erwähnt wird, daß er, der Kläger, am Aufbau und Weiterentwicklung eines Konzeptes für rheumatologische Patienten beteiligt war. Denn der Kläger hat vorgetragen, daß er aktiv am Aufbau diagnostischer Methoden (Interpretation von Skelettaufnahmen) beteiligt war und auch ein Therapiekonzept, nämlich durch Behandlung rheumatologischer Patienten mit Gold und D-Penycillamin, entwickelt und die medikamentöse Behandlung von Rückenschmerzen mit einem Anti-Rheumatikum durchgeführt hat. Diesen Sachvortrag des Klägers hat die Beklagte auch nicht bestritten und damit zugestanden. Denn sie hat lediglich vorgetragen, der Chefarzt Dr. B. habe bereits seit 1950 mit Gold und D-Penycillamin gearbeitet. Damit hat sie nicht dargetan, daß die entsprechenden Behandlungsmethoden bei der Klinik auch vor dem Eintritt des Klägers dort schon existierten, ein Umstand, dem schon entgegensteht, daß der Kläger am Tage der Eröffnung dieses Hauses in die Dienste der Beklagten trat, vorher also noch gar keine Patienten der Klinik entsprechend behandelt werden konnten. Daß bei dieser Sachlage eine Beteiligung des Klägers am Aufbau und der Weiterentwicklung eines Behandlungskonzeptes für rheumatologische Patienten in Abrede gestellt werden kann, ist nicht ersichtlich. Dann muß dem im Zeugnis aber auch Ausdruck gegeben werden. Denn gerade die Mitarbeit eines Arztes an der Einführung von Methoden zur Behandlung von Patienten mit bestimmten Krankheiten ist auch ein selbständiges, hervorzuhebendes Tätigkeitsfeld und auch für Dritte aufschlußreich, zeigt dies doch, daß der betreffende Arzt über die isolierte Patientenbehandlung hinaus mit Fragen der medizinisch-organisatorischen Gesamtbehandlung von Patienten eines bestimmten Krankheitsbildes betraut wurde. Da das Zeugnis ein einheitlich Ganzes ist – seine Teile also nicht ohne Gefahr der Sinnentstellung auseinandergerissen werden können, so daß die Gerichte befugt sind, unter Umständen das Zeugnis neu zu formulieren –, hielt es die Kammer insoweit für angebracht, in diesem Zusammenhang die „reichhaltigen" Erfahrungen des Klägers, die dieser in den Aufbau und die Weiterentwicklung des Konzeptes zur Behandlung rheumatischer Patienten einbrachte, zu erwähnen. Daß Spezialkenntnisse des Klägers und langjährige Erfahrung auf dem Gebiet der Rheumatologie vorlagen, steht nicht im Streit und findet auch im Zeugnis der Beklagten selbst Ausdruck. Dann aber war es angebracht, gerade diesen Umstand hervorhebend („reichhaltige Erfahrungen") bei der Beteiligung des Klägers an der Behandlung rheumatisch erkrankter Patienten ausdrücklich zu erwähnen.

Schließlich kann der Kläger fordern, daß seine, von der Beklagten auch nicht bestrittenen Teilnahme an wissenschaftlichen Veranstaltungen im Zeugnis erwähnt wird. Insoweit spielt es keine Rolle, ob diese Teilnahme zu den vertraglich geschuldeten Tätigkeiten des Klägers gehörte. Denn jedenfalls wurde diese Teilnahme von der Beklagten geduldet, ja, im Hinblick auf Veranstaltungen in Wiesbaden, sogar begrüßt. Zudem aber, und entscheidend, kann die Kenntnis von der Teilnahme an wissenschaftlichen Veranstaltungen durch einen Arbeitnehmer, gerade wenn es sich um einen Arzt handelt, für Dritte im Hinblick auf die Interessiertheit des Arbeitnehmers an neuen Entwicklungen von erheblicher Bedeutung sein, wird doch eine derartige Aufgeschlossenheit gegenüber der wissenschaftlichen Durchdringung seines Fachgebietes in der Regel gerade von einem Mediziner sogar erwartet. Hinzu kommt im vorliegenden Fall, daß die Beklagte in ihrem Zeugnis vom 30. 11. 1981 die wissenschaftlichen Aktivitäten des Klägers selbst ausdrücklich erwähnt hat.

Den weiteren Änderungs- und Berichtigungswünschen des Klägers muß dagegen der Erfolg versagt bleiben.

Daß der Kläger bei nationalen und internationalen rheumatologischen Kongressen als Referent auftrat, muß die Beklagte im Zeugnis nicht erwähnen. Denn der Kläger hat selbst nicht behauptet, daß das Abhalten von Referaten zu seinen, der Beklagten vertraglich geschuldeten Dienstleistungen gehörte. Ein umfassendes Bild von den Aktivitäten des Klägers einschließlich außerdienstlicher Aktivitäten auf medizinischem Gebiet auszuarbeiten, ist aber nicht Aufgabe eines Arbeitszeugnisses. Entsprechende Nachweise über Referate bei Kongressen interessierten Dritten im Rahmen der Bewerbung vorzulegen, ist allein und ausschließlich Sache des Klägers. Die Beklagte genügt ihrer Pflicht zur ordnungsgemäßen Zeugniserstellung, wenn die Tatsache der Teilnahme an wissenschaftlichen Veranstaltungen als solche erwähnt werden.

Ebensowenig kann der Kläger fordern, daß seine Teilnahme „am Europäischen Kongreß für Rheumatologie in Wiesbaden 1979 sowie am Weltkongreß für Rheumatologie in Paris 1981 als Repräsentant der Klinik und als Redner" im Zeugnis erscheint. Daß er an beiden Kongressen nach außen hin namens und im Auftrag der Beklagten und damit als Repräsentant (Vertreter, Abgeordneter, Abgesandter) teilnahm, läßt sich seinem Sachvortrag nicht entnehmen. Wenn die Beklagte ihm, wie geschehen, für die Reise nach Paris einen Reisekostenvorschuß zahlte, so sagt dies nichts darüber aus, daß es ihrem Wunsch entsprach, der Kläger möge sie auf den betreffenden Kongressen repräsentieren, das heißt ihre Klinik vertreten.

Auch dem Wunsch des Klägers, im Zeugnis zum Ausdruck zu bringen, daß seine wissenschaftlichen Aktivitäten „Grundlage" für den Aufbau eines rheumatologischen Konzeptes in der Klinik waren, kann das Gericht nicht entsprechen. Ob bestimmte, von einem Arbeitnehmer ausgeführte Tätigkeiten „Grundlage" bei der Erarbeitung bestimmter arbeitstechnischer, hier auch medizinischer Programme sind, ist letztendlich keine Frage der Tätigkeitsbeschreibung, sondern ein Werturteil, läßt sich doch bei derartig komplexen Dingen wie der Entwicklung eines Behandlungskonzeptes die Frage, wessen Tätigkeit „Grundlage" für den Aufbau waren, nur wertend entscheiden. Dann aber hat die Beklagte bei der Bewertung der Bedeutung der klägerischen Tätigkeit bei Aufbau und Weiterentwicklung eines rheumatologischen Konzeptes einen entsprechend größeren Ermessensspielraum. Wenn die Beklagte als Arbeitgeber die Formulierung „Grundlage" ablehnte, so ist dies in Anbetracht des unstreitigen Umstandes, daß nicht der Kläger, sondern dessen Chefarzt die medizinische Letztverantwortung auch für die rheumatologischen Patienten trug, nicht zu beanstanden. Mit der im Urteilstenor verwendeten Formulierung kommt denn auch hinreichend die Bedeutung des Klägers für die Entwicklung des rheumatologischen Konzeptes und die Einfluß-

Die Ratgeber.

Hobby · Freizeit · Wissen · Weiterbildung

Heidemarie Bauernfeind
Schöne Geschenke zum Selbermachen
64 Seiten, 16 x 23 cm, Broschur, durchgehend vierfarbig, zahlreiche Zeichnungen
ISBN 3-8241-0336-2, DM 16,80

Hilde Breimaier-Ujen
Mit Kindern basteln: Fensterbilder
64 Seiten, ca. 60 Fotos, zahlreiche Skizzen, Hardcover, 21 x 28 cm
ISBN 3-8241-0417-2, DM 19,80

Roswita Derenbach
Porzellanmalerei
64 Seiten, 21 x 28 cm, Hardcover, 50 Farbfotos
ISBN 3-8241-0353-2, DM 19,80

H. Dittmar / E. Gehne
Kreatives Gestalten mit Gewürzen
64 Seiten, 16 x 23 cm, Broschur, 57 Farbfotos
ISBN 3-88140-242-X, 16,80

H. Dittmar / B. Hagelüken
Puppen selbermachen
64 Seiten, 16 x 23 cm, Broschur, 49 Farbfotos
ISBN 3-88140-265-9, DM 16,80

Elisabeth Dürr
Basteln mit Naturmaterial
64 Seiten, 16 x 23 cm, Broschur, 52 Farbfotos
ISBN 3-88140-241-1, DM 16,80

Stephanie Eitel / Silke Reichardt
Gießkeramik – Formen, Farben, Techniken
64 Seiten, ca. 60 Fotos, zahlreiche Skizzen, Broschur, 16 x 23 cm
ISBN 3-8241-0418-0, DM 16,80

T. Erfurth / H. Schlitzer
Lenkdrachen zum Nachbauen
64 Seiten, 16 x 23 cm, Broschur, 30 Farbfotos, 37 Zeichnungen
ISBN 3-8241-0355-9, DM 16,80

T. Erfurth / H. Schlitzer
Originelle Drachen zum Nachbauen
64 Seiten, 16 x 23 cm, Broschur, 28 Farbfotos, 59 Zeichnungen
ISBN 8-241-0340-0, DM 16,80

Fiorenza Falcioni
Basteln mit Steinen
64 Seiten, 16 x 23 cm, Broschur, 58 Farbfotos
ISBN 3-88140-230-6, DM 16,80

Heidemarie Fischer
Porzellanpuppen
64 Seiten, 21 x 28 cm, Hardcover, 52 Farbfotos, zahlreiche Zeichnungen
ISBN 3-8241-0354-0, DM 19,80

Heidemarie Fischer
Puppenstuben aus der eigenen Werkstatt
64 Seiten, 21 x 28 cm, Hardcover, durchgehend vierfarbig, zahlreiche Zeichnungen
ISBN 3-8241-0372-9, DM 19,80

Elke Gebhardt
Blütenzauber aus Seide, Lack und Papier
64 Seiten, 16 x 23 cm, Broschur, 49 Farbfotos
ISBN 3-8241-0357-5, DM 16,80

Elke Gebhardt
Dekorativer Osterschmuck
64 Seiten, 16 x 23 cm, Broschur, 50 Farbfotos
ISBN 3-88140-321-3, DM 16,80

Elke Gebhardt
Dekorativer Weihnachtschmuck
64 Seiten, 16 x 23 cm, Broschur, 56 Farbfotos
ISBN 3-8241-0337-0, 16,80

Elke Gebhardt
Dekorativer Wohnschmuck
64 Seiten, 16 x 23 cm, Broschur, 52 Farbfotos
ISBN 3-88140-244-6, DM 16,80

Elke Gebhardt
Origami Papierfalttechnik
64 Seiten, 16 x 23 cm, Broschur, 63 Farbfotos
ISBN 3-88140-294-2, DM 16,80

Elke Gebhardt
Originelle Einladungs-, Tisch- und Grußkarten zum Selbermachen
64 Seiten, 16 x 23 cm, Broschur, 50 Farbfotos
ISBN 3-88140-320-5, DM 16,80

Elke Gebhardt
Trockenblumen
64 Seiten, 16 x 23 cm, Broschur, 47 Farbfotos, 5 Zeichnungen
ISBN 3-88140-210-1, DM 16,80

Elke Gebhardt
Zauberhafte Verpackungsideen
64 Seiten, 16 x 23 cm, Broschur, 70 Farbfotos
ISBN 3-8241-0339-7, DM 16,80

Bärbel Hagelüken
Tür- und Wandkränze
64 Seiten, ca. 50 Fotos, Broschur, 16 x 23 cm
ISBN 3-8241-0402-4, DM 16,80

Bärbel Hagelüken
Modeschmuck modellieren
64 Seiten, 16 x 23 cm, Broschur, durchgehend vierfarbig
ISBN 3-8241-0392-3, DM 16,80

B. Hagelüken/G. Hattesen
Modellieren
64 Seiten, 16 x 23 cm, Broschur, 42 Farbfotos, 4 Zeichnungen
ISBN 3-88140-229-2, DM 16,80

Helga Hahn,
Die perfekte Gastgeberin
64 Seiten, 21 x 28 cm, Hardcover, 54 Farbfotos
ISBN 3-8241-0366-4, DM 19,80

Gabriele Hattesen
Keramik
64 Seiten, 16 x 23 cm, Broschur, 54 Farbfotos, 13 Zeichnungen
ISBN 3-88140-211-X, DM 16,80

Gudrun Hetzel-Kiefner
Experimentelles Drucken
64 Seiten, 21 x 28 cm, Hardcover, durchgehend vierfarbig
ISBN 3-8241-0369-9, DM 19,80

Gudrun Hetzel-Kiefner
Moderne Hinterglasmalerei – Techniken und Motive
64 Seiten, 21 x 28 cm, Hardcover, durchgehend vierfarbig
ISBN 3-82410-385-0, DM 19,80

Gudrun Hetzel-Kiefner
Pfiffige Hüte zum Selbermachen
64 Seiten, 16 x 23 cm, Broschur, durchgehend vierfarbig
ISBN 3-8241-0384-2, DM 16,80

Doris Hölzel
Salzteig
64 Seiten, 16 x 23 cm, Broschur, 52 Farbfotos
ISBN 3-88140-198-9, DM 16,80

Helga Hosëus
Marmorieren auf edlen Stoffen
64 Seiten, 21 x 28 cm, Hardcover, durchgehend vierfarbig, zahlreiche Zeichnungen
ISBN 3-8241-0368-9, DM 19,80

Helga Hosëus
Schablonieren
64 Seiten, ca. 60 Fotos, zahlreiche Skizzen, Broschur, 21 x 28 cm
ISBN 3-8241-0407-5, DM 19,80

Friedrich Jantzen
Holzspielzeug zum Selbermachen
160 Seiten, 22,5 x 26,5 cm Hardcover, 100 Abbildungen, 67 Farbfotos
ISBN 3-88140-308-6, DM 19,80

Hans D. Kahrs
Skatschule
96 Seiten, 21 x 28 cm, Hardcover, farbige Abbildung sämtlicher Spiele
ISBN 3-8241-0362-1, DM 19,80

Michael Krämer
Tiffany – Materialien, Techniken, Motive
64 Seiten, 21 x 28 cm, Hardcover, durchgehend vierfarbig
ISBN 3-8241-0393-1, DM 19,80

Michael Krämer
Tiffany – Schmuck und Geschenke
64 Seiten, ca. 60 Farbfotos, zahlreiche Skizzen, Hardcover, 21 x 28 cm
ISBN 3-8241-0406-7, DM 19,80

Heidrun Kreusel / Doris Kuhn
Dekorative Christbäume
64 Seiten, ca. 50 Fotos, zahlreiche Skizzen, Broschur, 16 x 23 cm
ISBN 3-8241-0403-2, DM 16,80

Doris Kuhn
Servietten falten
64 Seiten, ca. 60 Fotos, zahlreiche Skizzen, Hardcover, 21 x 28 cm
ISBN 3-8241-0410-5, DM 19,80

Doris Kuhn
Verpackungen – phantasievoll und exklusiv
64 Seiten, 21 x 28 cm, Hardcover, 96 Farbfotos, zahlreiche Zeichnungen
ISBN 3-8241-0373-7, DM 19,80

Doris Kuhn
Ohrschmuck – Ideen und Materialien
64 Seiten, 16 x 23 cm, Broschur, 60 Farbfotos
ISBN 3-8241-0359-1, DM 16,80

Helga Kutzbora-Böttcher
Dekorative Fensterbildung
64 Seiten, 21 x 28 cm, Hardcover, durchgehend vierfarbig
ISBN 3-8241-0389-0, DM 19,80

M. Mala / G. Nemeth
Prof. Knickrichs Abenteuer-Faltbuch
110 Seiten, 14,5 x 21,5 cm, Broschur, 403 Detailzeichnungen und 53 Illustrationen
SBN 3-8241-0344-3, DM 12,80

M. Mala / G. Nemeth
Prof. Knickrichs Abenteuer-Spielbuch
110 Seiten, 14,5 x 21,5 cm, Broschur, 118 Zeichnungen
ISBN 3-8241-0361-3, DM 12,80

M. Mala / G. Nemeth
Prof. Knickrichs Abenteuer-Zauberbuch
110 Seiten, 14,5 x 21,5 cm, Broschur, zahlreiche Zeichnungen und Illustrationen
ISBN 3-8241-0377-X, DM 12,80

Christa Melsheimer
Adventskränze
64 Seiten, ca. 50 Fotos, Broschur, 16 x 23 cm
ISBN 3-8241-0404-0, DM 16,80

Christa Melsheimer
Fröhliche Osterdekoration
64 Seiten, 21 x 28 cm, Hardcover, durchgehend vierfarbig
ISBN 3-8241-0388-5, DM 19,80

Christa Melsheimer
Adventskalender zum Selbermachen
64 Seiten, 16 x 23 cm, Broschur, durchgehend vierfarbig
ISBN 3-8241-0374-5, DM 16,80

Sabine Menzel / Gabriele Ruddat
Origami
64 Seiten, ca. 60 Fotos, zahlreiche Skizzen, Hardcover, 21 x 28 cm
ISBN 3-8241-0411-3, DM 19,80

Neues Handarbeitsbuch in Farbe
176 Seiten, 23,5 x 25,5 cm, Hardcover, 800 Farbfotos
ISBN 3-88140-020-6, DM 24,80

Ingrid Peters
Dekorativ gedeckte Tische
64 Seiten, 16 x 23 cm, Broschur, 50 Farbfotos, zahlreiche Zeichnungen
ISBN 3-88140-319-1, DM 16,80

Ingeborg Rathmann
Bewegungsspiele
110 Seiten, 14,5 x 21,5 cm, Broschur, 118 S/W-Fotos
ISBN 3-8241-0360-5, DM 12,80

Ingeborg Rathmann
Handpuppen
64 Seiten, 16 x 23 cm, Broschur, 40 Farbfotos
ISBN 3-88140-243-8, DM 16,80

Ingeborg Rathmann
Kinderfeste für das ganze Jahr
110 Seiten, 14,5 x 21,5 cm, Broschur, zahlreiche Zeichnungen
ISBN 3-88140-324-8, DM 12,80

Ingeborg Rathmann
Kinderspiele für zu Hause
110 Seiten, 14,5 x 21,5 cm, Broschur, zahlreiche Zeichnungen
ISBN 3-88140-0346-, DM 12,80

Ingeborg Rathmann
Kinderspiele im Freien
112 Seiten, 14,5 x 21,5 cm, Broschur, zahlreiche Zeichnungen
ISBN 3-88140-269-1, DM 12,80

Ingeborg Rathmann
Rätsel- und Geschicklichkeitsspiele
104 Seiten, 14,5 x 21,5 cm, Broschur, zahlreiche Zeichnungen
ISBN 3-88140-235-7, DM 12,80

I. Rathmann / U. Braun
Das große Spielebuch für Kinder
128 Seiten, 21 x 28 cm, Hardcover, zahlreiche Abbildungen und Illustrationen
ISBN 3-8241-0376-1, DM 19,80

I. Rathmann / U. Braun
Das große Bastel- und Beschäftigungsbuch für Kinder
128 Seiten, 21 x 28 cm, Hardcover, zahlreiche Zeichnungen und Farbabbildungen
ISBN 3-8241-0352-4, DM 19,80

Helga Sander
Liebenswerte Teddybären
64 Seiten, 16 x 23 cm, Broschur, 39 Farbfotos, zahlreiche Zeichnungen
ISBN 3-8241-0341-9, DM 16,80

Helga Sander
Marionetten
64 Seiten, 21 x 28 cm, Hardcover, durchgehend vierfarbig, zahlreiche Zeichnungen und Schnittmuster
ISBN 3-8241-0371-0, DM 19,80

Helga Sander
Weihnachtskrippen
64 Seiten, 21 x 28 cm, Hardcover, durchgehend vierfarbig, zahlreiche Zeichnungen und Schnittmuster
ISBN 3-8241-0382-6, DM 19,80

Helga Sander
Zauberhafte Masken und Clowns
64 Seiten, 16 x 23 cm, Broschur, 54 Farbfotos
ISBN 3-88140-312-4, DM 16,80

Sanladerer/Weidinger
Eier kunstvoll verzieren
64 Seiten, 21 x 28 cm, Hardcover, 55 Farbfotos,
zahlreiche Zeichnungen
ISBN 3-8241-0358-3, DM 19,80

Christian Sanladerer / Beate Weidinger
Masken entwerfen und gestalten
64 Seiten, ca. 60 Fotos, zahlreiche Skizzen, Hardcover, 21 x 28 cm
ISBN 3-8241-0408-3, DM 19,80

Gerda Schaumann-Langrehr
Puppenmode – Ideen und Materialien
64 Seiten, 21 x 28 cm, Hanrdcover, durchgehend vierfarbig, zahlreiche Schnittmuster
ISBN 3-8241-0370-2, DM 19,80

Claudia Schmidt-Tollkühn
Einladungs- Tisch- und Grußkarten
64 Seiten, 21 x 28 cm, Hardcover, durchgehend vierfarbig, zahlreiche Zeichnungen
ISBN 3-8241-0391-5, DM 19,80

Ruth Schröder
Bauernmalerei
64 Seiten, 16 x 23 cm, Broschur, 57 Farbfotos
ISBN 3-88140-263-2, DM 16,80

Barbara Schwindt
Geschichten für Kinder zum Vorlesen, Nacherzählen und Weiterspinnen
110 Seiten, 14,5 x 21,5 cm, Broschur, zahlreiche Illustrationen
ISBN 3-8241-0378-8, DM 14,80

Brigitte Staub-Wachsmuth
Patchwork – Wege zu textiler Kunst
64 Seiten, 21 x 28 cm, Hardcover, durchgehend vierfarbig, zahlreiche Illustrationen
ISBN 3-8241-0390-7, DM 19,80

Adriana Topp
Dekorativer Blumenschmuck
64 Seiten, 16 x 23 cm, Broschur, 50 Farbfotos
ISBN 3-88140-322-1, DM 16,80

Adriana Topp
Festliche Adventsgestecke
64 Seiten, 16 x 23 cm, Broschur, durchgehend vierfarbig, zahlreiche Zeichnungen
ISBN 3-8241-0375-3, DM 16,80

Adriana Topp
Gestalten mit Pflanzenmaterial
64 Seiten, 16 x 23 cm, Broschur, 47 Farbfotos
ISBN 3-88140-270-5, DM 16,80

Thomas van Büren Lenger
Close up Magic – Zauberei zur Unterhaltung
64 Seiten, 21 x 28 cm, Hardcover, durchgehend vierfarbig, zahlreiche Zeichnungen
ISBN 3-8241-0380-X, DM 19,80

Francisca Vietsch
Geschenke aus Stoff
64 Seiten, 16 x 23 cm, Broschur, durchgehend vierfarbig, zahlreiche Zeichnungen und Schnittmuster
ISBN 3-8241-0368-0, DM 16,80

Francisca Vietsch
Kissen
64 Seiten, ca. 50 Fotos, Broschur,
16 x 23 cm
ISBN 3-8241-0405-9, DM 16,80

Maritta von Perbandt
Phantasievoller Festschmuck
64 Seiten, ca. 60 Farbfotos, zahlreiche Skizzen, Hardcover, 21 x 28 cm
ISBN 3-8241-0412-1, DM 19,80

Brigitte Waldschmidt
Aquarellmalerei
64 Seiten, 21 x 28 cm, Hardcover, 57 Farbfotos
ISBN 3-8241-0356-7, DM 19,80

Brigitte Waldschmidt
Collagen – Kreatives Gestalten mit Farbe und
64 Seiten, 21 x 28 cm, Hardcover, durchgehend vierfarbig
ISBN 3-8241-0389-3, DM 19,80

Brigitte Waldschmidt
Malen auf Seide
64 Seiten, 21 x 28 cm, Hardcover, 48 Farbfotos
ISBN 3-8241-0342-7, DM 19,80

Brigitte Waldschmidt
Seidenmalerei – modische Accessoires und dekorative Objekte
64 Seiten, ca. 60 Fotos, zahlreiche Skizzen, Hardcover, 21 x 28 cm
ISBN 3-8241-0409-1, DM 19,80

Brigitte Waldschmidt
Seidenmalerei
64 Seiten, 16 x 23 cm, Broschur, 52 Farbfotos
ISBN 3-88140-264-0, DM 16,80

Margit Weiß
Mit Kindern basteln: Drucktechniken
64 Seiten, ca. 21 x 28 cm, Hardcover, durchgehend vierfarbig, zahlreiche Zeichnungen
ISBN 3-8241-0398-2, DM 19,80

Margot Weiß
Mit Kindern basteln: Klebebilder
64 Seiten, ca. 21 x 28 cm, Hardcover, durchgehend vierfarbig, zahlreiche Zeichnungen
ISBN 3-8241-0397-4, DM 19,80

Margot Weiß
Mit Kindern basteln: Weihnachtsschmuck
64 Seiten, ca. 60 Fotos, zahlreiche Skizzen, Hardcover, 21 x 28 cm
ISBN 3-8241-0416-4, DM 19,80

Karin Winkler
Originelle Verpackungsideen
64 Seiten, 16 x 23 cm, 74 Farbfotos
ISBN 3-88140-267-5, DM 16,80

Elke Wördehoff
Ikebana
64 Seiten, 16 x 23 cm, Broschur, 52 Farbfotos
ISBN 3-88140-266-7, DM 16,80

Gottfried Aigner
Training des Selbstbewußtseins
128 Seiten, 14,5 x 21,5 cm, Broschur, zahlreiche Grafiken und Tabellen
ISBN 3-8241-0363-X, DM 19,80

Gottfried Aigner
Wege zum beruflichen Erfolg
160 Seiten, 14,5 x 21,5 cm, Broschur, zahlreiche Grafiken und Tabellen
ISBN 3-8241-0347-8, DM 19,80

Stefan Apolke
Briefe richtig schreiben
160 Seiten, 14,5 x 21,5 cm, Broschur
ISBN 3-88140-215-2, DM 12,80

Marion Bloemertz
Wiedereinstieg in den Beruf – Ratgeber für Frauen
210 Seiten, 14,5 x 21,5 cm, Broschur
ISBN 3-8241-0396-6, DM 19,80

Jens Born
Bewerben mit Erfolg
288 Seiten, 14,5 x 21,5 cm, Broschur
ISBN 3-88140-128-8, DM 19,80

F. Brenner/D. Dilger
Eignungstests mit Erfolg bestehen
160 Seiten, 14,5 x 21,5 cm, Broschur
ISBN 3-88140-315-9, DM 19,80

Helmut Dittrich
Existenzgründung mit Erfolg
160 Seiten, 14,5 x 21,5 cm, Broschur
ISBN 3-88140-316-7, DM 19,80

Peter Ebeling
Rhetorik
296 Seiten, 20 x 26 cm, Hardcover, zahlreiche Diagramme und Abb.
ISBN 3-88140-090-7, DM 29,80

Peter Ebeling
Verhandeln und Verkaufen
224 Seiten, 13 x 20 cm, Broschur
ISBN 3-88140-307-8, DM 19,80

Marga Graubner
Das große Buch der Zitate
304 Seiten, 15 x 22 cm, Hardcover
ISBN 3-88140-335-3, DM 19,80

Frank Hercher
Ansprachen, Reden, Toasts
224 Seiten, 15 x 22 cm, Hardcover
ISBN 3-88140-105-9, DM 19,80

Wissen/Weiterbildung

Frank Hercher
Musterreden
104 Seiten, 14,5 x 21,5 cm, Broschur
ISBN 3-88140-233-O, DM 12,80

Dr. med. H.-J. Kähler
Medizinisches Wörterbuch
434 Seiten, 13,5 x 20,5 cm, Hardcover
ISBN 3-88140-120-2, DM 19,80

U. Kloosterziel/M. Löwi
Schreiben, Reden, Formulieren
360 Seiten, 13,5 x 20,5 cm, Hardcover
ISBN 3-88140-216-0, DM 19,80

Dr. Rolf Kraemer
Deutsches Wörterbuch
392 Seiten, 12,5 x 18,5 cm, Hardcover
ISBN 3-88140-143-1, DM 19,80

Erst A. Meyner,
Wege zum besseren Brief
160 Seiten, 14,5 x 21,5 cm, Broschur
ISBN 3-88140-329-9, DM 19,80

Reiner F. Müller
Marketing
128 Seiten, 14,5 x 21,5 cm, Broschur, zahlreiche Diagramme und Tabellen
ISBN 3-8241-0379-6, DM 19,80

Bernd H. Reutler
Argumentationstraining
160 Seiten, zahleiche Abb. und Schaubilder, Broschur, 14,5 x 21,5 cm
ISBN 3-8241-0415-6, DM 19,80

B. H. Reutler
Körpersprache
160 Seiten, 20 x 26 cm, Hardcover
ISBN 3-88140-232-2, DM 29,80

Bernd H. Reutler
Kommunikationstraining
160 Seiten, 14,5 x 21,5 vm, Broschur, zahlreiche S/W-Fotos und Abbildungen
ISBN 3-8241-0364-8, DM 19,80

Prof. Dr. Herbert Sabel
Bewerbungsgespräche – richtig vorbereiten und erfolgreich führen
ca. 208 Seiten, 14,5 x 21,5 cm, Broschur, zahlreiche Diagramme und Tabellen
ISBN 3-8241-0381-8, DM 19,80

Prof. Dr. Herbert Sabel
Zeugnisse formulieren und verstehen
176 Seiten, 14,5 x 21,5 cm, Broschur, zahlreiche Tabellen
ISBN 3-8241-0348-6, DM 19,80

Dr. Ulrich Vohland
Entscheidungshilfen für Abiturienten
160 Seiten, 14,5 x 21,5 cm, Broschur
ISBN 3-8241-0383-4, DM 19,80

Joachim Wester
Gedächnistraining
200 Seiten, 14,5 x 21,5 cm, Broschur
ISBN 3-88140-245-4, DM 19,80

Joachim Wester
Konzentrationstraining
160 Seiten, zahlreiche Abbildungen und Schaubilder, Broschur, 14,5x 21,5 cm
ISBN 3-8241-0414-8, DM 19,80

Joachim Wester
Superlearning
144 Seiten, 14,5 x 21,5 cm, Broschur, zahlreiche Abbildungen und Illustrationen
ISBN 3-8241-0365-6, DM 19,80

Joachim Wester
Kreativität – Wege zu schöpferischem Denken und Handeln
ca. 160 Seiten, 14,5 x 21,5 cm, Broschur, zahlreiche Abbildungen und Illustrationen
ISBN 3-8241-0400-8, DM 19,80

Nicht nur zum Verschenken

Gabriele Baumgarten
Herzliche Glückwünsche zu allen Gelegenheiten
110 Seiten, 14,5 x 21,5 cm, Broschur
ISBN 3-8241-0367-2, DM 14,80

Gabriele Baumgarten
Weihnachten steht vor der Tür
128 Seiten, 23,5 x 30,5 cm, Hardcover, 80 Farbfotos
ISBN 3-88140-311-6, DM 19,80

Karin Cordes
Die schönsten Verse fürs Poesialbum
112 Seiten, 14,5 x 21,5 cm, Broschur
ISBN 3-88140-268-3, DM 12,80

Stand II/1990
Preisänderungen vorbehalten.

Bestellschein

Bitte ausschneiden und als »Briefdrucksache« einsenden

F. ENGLISCH GMBH & CO VERLAGS-KG
WEBERGASSE 12 · POSTFACH 23 09
D-6200 WIESBADEN
TELEFON 0 6 11/ 3 94 78-0
TELEFAX 0 6 11/ 30 14 90

Erhältlich durch Ihre Buch(Fach)handlung

Ich/wir bestelle(n) zur umgehenden Lieferung

Expl.	Autor/Titel	Preis

Bitte senden Sie mir/uns regelmäßig und kostenlos
○ Gesamtverzeichnis
○ Sonderkatalog Hobby/Freizeit
○ Sonderkatalog Wissen/Weiterbildung

Name

Straße

PLZ/Wohnort

Datum/Unterschrift

nahme des Klägers auf die Ausgestaltung dieses Konzeptes zum Ausdruck. Eine Abwertung der Tätigkeiten des Klägers bei der Beklagten enthält die im Urteilstenor verwendete Formulierung schon deshalb nicht, weil der Zeugniswortlaut an mehreren Passagen erkennen läßt, daß es sich bei dem Kläger um einen Arzt handelt, der ausgezeichnete Kenntnisse auf dem Gebiet der Rheumatologie hat und diese bei der Beklagten entsprechend verwertete.

Soweit der Kläger die Erwähnung dreier wissenschaftlicher Arbeiten über Probleme der Rückenschmerzen begehrt, kann er auch dies nicht verlangen, denn auch insoweit hat er nicht dargelegt, daß die Fertigung dieser Arbeiten zu seinen vertraglich geschuldeten Dienstleistungen gehört.

6. Fall

Urteil des LAG Frankfurt a. M. vom 17. 12. 1980 . . . Aktenzeichen 10 Sa 501/80

Der vorliegende Rechtsstreit betrifft einen Schadensersatzanspruch wegen verspäteter Zeugniserteilung.

Zum Tatbestand:

Die beklagte Firma W. legte gegen das Urteil des Arbeitsgerichts Marburg Berufung ein. Die Beklagte macht insbesondere geltend, der vom Kläger verfolgte Schadensersatzanspruch wegen der zunächst unterbliebenen Zeugniserteilung scheiterte bereits an dem fehlenden Kausalzusammenhang zwischen jener Verspätung und der dem Kläger etwa entgangenen Arbeitsstelle. Wäre dem Kläger nämlich alsbald ein wahrheitsgemäßes Zeugnis erteilt worden, so hätte er den Arbeitsplatz bei der Firma R. sicher nicht erhalten. Zudem habe sich der Kläger durch Rückgabe der bereits erteilten Arbeitsbescheinigungen selbst die Möglichkeit zu deren Vorlage bei der Firma R. genommen.

Unabhängig davon sei der ausgeurteilte Anspruch des Klägers durch Aufrechnung erloschen, da der Beklagten aufgrund einer damaligen Spesenabrechnung noch eine Überzahlung von DM 612,– zustehe. Desgleichen habe das Arbeitsgericht den bereits erstinstanzlich zur Aufrechnung gestellten Schadensersatzanspruch über DM 4000,– zu Unrecht als nicht hinreichend erachtet. Dieses – nochmals eingehend erläuterte und unter Beweis gestellte – Fehlverhalten des Klägers habe anschließend noch einen zusätzlichen Gewinnausfall in Höhe von DM 2000,– verursacht.

Die Beklagte beantragt nunmehr, unter Aufhebung des Urteils des Arbeitsgerichts Marburg die Klage abzuweisen.

Der Kläger beantragt demgegenüber, die Berufung zurückzuweisen.

Entscheidungsgründe:

Die Berufung der Beklagten ist in der Sache nicht begründet. Bei dieser Beurteilung kann das Berufungsgericht von einer Darstellung der Entscheidungsgründe absehen, weil es sich die ebenso eingehenden wie zutreffenden Gründe des angefochtenen Urteils in allen Einzelpunkten uneingeschränkt zu eigen macht und ihnen in vollem Umfange folgt.

Soweit die Beklagte auf die ihres Erachtens fehlende Kausalität zwischen der zunächst unterbliebenen Zeugniserteilung und dem entgangenen Arbeitsplatz bei der Firma R. verweist, ist zunächst hervorzuheben, daß die neuere Rechtsprechung des Bundesarbeitsgerichts bei Verletzung der Zeugnispflicht an die dem Arbeitnehmer bezüglich des Schadenseintritts obliegende Darlegungs- und Nachweislast etwas mildere Anforderungen als früher stellt. Das bedeutet aber im Ergebnis, daß die geschädigte Partei – anstelle eines positiven Nachweises des Minderverdienstes sowie des Kausalzusammenhangs – solche Tatsachen vortragen und ggf. nachweisen muß, welche den Schadenseintritt nach dem gewöhnlichen Verlauf der Dinge als wahrscheinlich erscheinen lassen.

Hiervon ausgehend kann aber nicht ernstlich zweifelhaft sein, daß das Arbeitsgericht die von ihm als glaubhaft gewertete Aussage der Zeugin C. R. durchaus zutreffend als einen ausreichenden Kausalitätsnachweis gewürdigt hat. Desgleichen ist der Beklagten im Zusammenhang der (erneute) Hinweis verwehrt, sie hätte dem Kläger in den Monaten Febr./März 1976 allenfalls ein weit schlechteres, d. h. seine ihres Erachtens begangenen Vertragsverstöße besonders hervorhebendes Zeugnis erteilen können, als dies letztlich am 25. 11. 1976 zur abschließenden Bereinigung der Angelegenheit geschehen sei. Diese Argumentation der Beklagten stellt nämlich auch nach Ansicht des Berufungsgerichts ein widersprüchliches Verhalten dar, da sich die Beklagte an den von ihr letztendlich ausgestellten Zeugnistext nach Treu und Glauben selbstverständlich festhalten lassen muß. Entscheidend ist der Umstand, daß jede Zeugniserteilung nach den Grundsätzen des Zeugnisrechts zu erfolgen hat und eine Außenwirkung entfaltet, bei welcher der jeweilige Aussteller unter dem Gesichtspunkt der Einstandspflicht für etwaige Fehler einzustehen hat; auf die konkreten Motive für den Zeitpunkt sowie die Art und Weise der Zeugniserteilung kommt es dabei nicht an. Unabhängig davon übersieht die Beklagte, daß dem Kläger, wäre ihm damals ein derart negatives Zeugnis erteilt hätte, mit Sicherheit ein zumindest partieller Zeugnisberichtigungsanspruch zugestanden hätte, dessen anschließende prozessuale Durchsetzung für sie entsprechende Haftungsfolgen ausgelöst hätte.

Geradezu unverständlich ist sodann der weitere Hinweis der Beklagten, der Kläger habe sich durch Rückgabe der Arbeitsbescheinigung selbst der Möglichkeit beraubt, jedenfalls diese Bescheinigung der Firma R. vorlegen zu können. Ganz abgesehen von der berechtigten Erwartung des Klägers, ein ordnungsgemäßes Arbeitszeugnis binnen weniger Tage zu erhalten, hat nämlich die Zeugin bei ihrer Vernehmung ausdrücklich bekundet, daß es der Firma R. entscheidend auf ein die persönliche Qualifikation der Stellenbewerber ausweisendes Zeugnis angekommen sei; ein solches konnte aber der Kläger zu jener Zeit nicht vorlegen.

Soweit die Beklagte ferner einen von ihr zu vertretenden Verzug leugnet, läßt sich ihre diesbezügliche Rechtsansicht gleichfalls nicht nachvollziehen.

Soweit die Beklagte schließlich mit den von ihr angeführten Überzahlungs- und Schadensersatzansprüchen aufrechnen will, kann sie schon deshalb nicht erfolgreich sein, weil diese Gegenansprüche unter den hier obwaltenden Umständen als verwirkt anzusehen sind. Eine Verwirkung von Ansprüchen tritt nämlich im Arbeitsleben grundsätzlich dann ein, wenn der Rechtsträger sein Recht längere Zeit nicht ausgeübt hat, ferner der Anspruchsgegner nach dem früheren Verhalten des Rechtsträgers damit rechnen durfte, daß das Recht nicht mehr geltend gemacht werde, und sich hierauf eingerichtet hat, weshalb ihm die Erfüllung des Rechts nicht mehr zugemutet werden kann. Ein solcher Sachverhalt ist aber auch im Streitfalle gegeben.

So hat die Beklagte die von ihr errechnete Spesenüberzahlung von DM 612,– erstmals nach 49 Monaten dem Kläger gegenüber geltend gemacht. Außerdem hat die Beklagte in jenem Abrechnungsschreiben ihre Bereitschaft erklärt, auf eine Rückforderung zu verzichten, falls alle wechselseitigen Ansprüche damit erledigt wären; eine solche Gesamtvereinbarung wurde indessen in der Folgezeit nicht erzielt, vielmehr wurde die Spesenabrechnung der Beklagten mit Schreiben der Kläger-Vertreter als unrichtig zurückgewiesen.

Entsprechendes hat auch für den von der Beklagten verfolgten Schadensersatzanspruch über DM 4000,– zu gelten, den die Beklagte erst im Laufe der Vorinstanz – nach mehr als 40 Monaten – erhoben hat. In allen früheren Schreiben der Beklagten ist dagegen lediglich von Unregelmäßigkeiten des Klägers die Rede, während ihr Schriftsatz vom 18. 4. 1979 zunächst nur eine Schadensermittlung und evtl. spätere Aufrechnung angekündigt hat. Damit liegt aber zwischen dem Bekanntwerden jenes, vom Kläger im übrigen bestrittenen Tatsachenstoffes und der Ankündigung einer späteren Aufrechnung eine Zeitspanne von mehr als 38 Monaten bzw. bis zur tatsächlichen Anspruchserhebung von exakt 42 Monaten, was nach den vorerwähnten Grundsätzen gleichfalls zur Annahme der Verwirkung führt.

Bei alledem ist insbesondere zu berücksichtigen, daß die Beklagte selbst die Ansicht vertritt, daß bereits ein Zeitablauf von nur 19 Monaten (zwischen der tatsächlichen Zeugniserteilung und der Geltendmachung des vom Kläger verfolgten Schadensersatzanspruches) die Annahme der Verwirkung rechtfertige. Diese eigene Rechtsansicht der Beklagten, welche zugleich das den Kläger betreffende Umstandsmoment aus seiner Sicht verstärkt, ist jedoch bezüglich des Klageanspruchs insofern fehlerhaft, als der Kläger während der im Jahre 1976 geführten Korrespondenz – anders als die Beklagte – wiederholt und ohne erkennbaren Verzichtswillen Schadensersatzansprüche wegen der verspäteten Zeugniserteilung angekündigt hatte.

Nachdem der Berufung der Beklagten somit kein Erfolg beschieden sein kann, hat sie auch die Kosten ihres erfolglosen Rechtsmittels zu tragen.

7. Fall

Urteil des LAG Frankfurt a. M. vom 18. 8. 1982 ... Aktenzeichen 10 Sa 121/82

Es handelt sich hier um einen Schadensersatzanspruch wegen verspäteter Zeugnisberichtigung, welcher nach allgemeinen Grundsätzen als verwirkt anzusehen ist.

Zum Tatbestand:

Der Kläger hat gegen das Urteil des Arbeitsgerichts Frankfurt beim LAG Frankfurt Berufung eingelegt. Er macht dabei gegen die Beklagte geltend, daß er von der Beklagten – entgegen der Ansicht des Arbeitsgerichts – wegen der verspäteten Zeugniserteilung unverändert Schadensersatz beanspruchen könne. Der Anspruch auf ein qualifiziertes Arbeitszeugnis entstehe nämlich nicht erst mit der rechtlichen Beendigung des Arbeitsverhältnisses, sondern bereits angemessene Zeit vorher. Desgleichen habe das Arbeitsgericht zu Unrecht eine Kausalität zwischen dem Verhalten der Beklagten und dem anschließenden Mißerfolg seiner Bewerbung verneint; vielmehr werde in der Wirtschaft auch bei der Bewerbung um leitende Positionen auf die Vorlage eines qualifizierten Arbeitszeugnisses Wert gelegt. Zudem habe das Arbeitsgericht im Streitfalle zu dem Ergebnis kommen müssen, daß er – der Kläger – zumindest bei der Firma W. die ausgeschriebene Verkaufsleiter-Stelle allein wegen des Fehlens eines leistungsgerechten Zeugnisses nicht erhalten habe. Das ihm tatsächlich erteilte Zeugnis der Beklagten sei so unvorteilhaft gewesen, daß es eine Bewerbung zwangsläufig verhindert hätte.

Der Kläger beantragt daher, seinen Antrag anzuerkennen.

Die Beklagte beantragt, die Berufung zurückzuweisen.

Sie verteidigt die angefochtene Entscheidung als zutreffend und hebt ergänzend hervor, daß ein Anspruch auf Zeugniserteilung nach § 73 HGB grundsätzlich erst mit Beendigung des Arbeitsverhältnisses sowie auf Verlangen des Arbeitnehmers entstehe. Der Kläger habe indes bis zum Vergleichsabschluß im vorausgegangenen Kündigungsschutzprozeß der Parteien gar kein Zeugnis verlangt, sondern den Fortbestand seines Arbeitsverhältnisses zugrunde gelegt. Zudem habe er bei seinen Bewerbungen das überaus positiv abgefaßte Empfehlungsschreiben des Geschäftsführers B., welches einem Zwischenzeugnis faktisch gleichstehe, vorlegen können; letzteres habe gerade auch im Falle der Firma W. zu gelten.

Die zulässige Berufung des Klägers kann jedoch in der Sache nicht erfolgreich sein, weil das Berufungsgericht der Entscheidung des Arbeitsgerichts im Ergebnis uneingeschränkt folgt.

Bei der materiellen Beurteilung des Rechtsstreits ist vorab davon auszugehen, daß der vom Kläger verfolgte Schadensersatzanspruch bereits nach allgemeinen Grundsätzen als verwirkt anzusehen und damit einer Sachentscheidung nicht mehr zugäglich ist.

Eine solche Verwirkung des vom Kläger verfolgten Zahlungsanspruchs ist auch im Streitfalle anzunehmen, weil der Kläger nach der vorläufigen pauschalen Anmeldung seiner Schadensersatzansprüche aus verspäteter Zeugniserteilung im Schreiben vom 1. 10. 1979 und der nachfolgenden Korrespondenz der Parteien eine Zeitspanne von mehr als 19,5 Monaten verstreichen ließ, bis er mit der vorliegenden Zahlungsklausel dieserhalb erneut vorstellig wurde. Zu den Gründen hierfür hat der Kläger in der mündlichen Verhandlung lediglich vorgetragen, er sei aufgrund seiner neuen, ab 1. 1. 1980 aufgenommenen Arbeitstätigkeit zunächst nicht dazu gekommen, sich um die weitere Verfolgung des Anspruchs zu kümmern. Während dieser ungewöhnlich langen Zeitspanne durfte aber die Beklagte, was der Kläger verkennt, nach den hier obwaltenden Umständen ohne weiteres zu der Annahme gelangen, daß er das im Oktober 1979 nur pauschal artikulierte Schadensersatzbegehren nicht mehr geltend machen werde. Wie sich gerade aus der abschließenden Korrespondenz der Parteien ergibt, wurde nämlich der vom Kläger zuvor angemeldete Schadensersatzanspruch seitens der Beklagten ebenso unverzüglich wie unmißverständlich zurückgewiesen, während der Kläger sodann die nähere Spezifizierung seines Schadens ausdrücklich für Anfang Dezember d. J. ankündigte. Nimmt man ergänzend noch den Umstand hinzu, daß das dem Kläger erteilte Zeugnis aus der Sicht der Beklagten insgesamt ordnungsgemäß war und – nach ihrem unwidersprochen gebliebenen Vorbringen – nur zur Vermeidung eines neuen Rechtsstreits durch ein inhaltlich günstigeres Zeugnis ersetzt wurde, so liegt klar auf der Hand, daß die Beklagte jedenfalls ab Ende 1980 nicht mehr mit einer weiteren Verfolgung der früheren, pauschal angemeldeten Schadensersatzansprüche zu rechnen brauchte.

Selbst wenn man jedoch die vorstehende Ansicht des Berufungsgerichts nicht teilen, d. h. eine Verwirkung des vom Kläger verfolgten Anspruches nicht annehmen wollte, könnte seine Berufung nicht erfolgreich sein.

Diesbezüglich ist vorab auf die durchaus zutreffenden Gründe des Arbeitsgerichts, welche sich das Berufungsgericht uneingeschränkt zu eigen macht, zu verweisen.

Soweit der Kläger demgegenüber mit der Berufung geltend macht, der Anspruch auf ein qualifiziertes Arbeitszeugnis entstehe zumindest in solchen Fällen, in denen das Arbeitsverhältnis – wie hier – durch Fristablauf ende, bereits angemessene Zeit vor dem effektiven Ausscheiden, so ist dies mit dem klaren Wortlaut des im Streitfalle einschlägigen § 73 S. 2 HGB nur partiell vereinbar.

Ein **qualifiziertes**, d. h. auf Führung und Leistung ausgedehntes Zeugnis ist nämlich in allen Fällen der Beendigung stets nur ,,auf Verlangen" des Arbeitnehmers zu erteilen. Die vom Kläger geäußerte Rechtsansicht, wonach der Zeugnisanspruch bereits ab Kündigungsausspruch bzw. Ankündigung des Fristablaufs als solcher erwachse, ist zwar für sich gesehen keineswegs falsch, doch kommt es nach § 73 HGB entscheidend auf die dem Arbeitnehmer obliegende *Erhebung* jenes Anspruchs an. Die vom Kläger aufgestellte und von der Beklagten bestrittene Behauptung, er habe bereits im November 1978 nach dem – von ihm zunächst als Kündigung aufgefaßten – Ablaufhinweis der Beklagten ein Arbeitszeugnis verlangt, ist aber von ihm nicht unter Beweis gestellt worden. Das Berufungsgericht mußte letztlich zugrunde legen, daß der Kläger in der Tat erstmals mit seinem an die Beklagte gerichteten Schreiben vom 8. 5. 1979, d. h. nach dem Vergleichsabschluß im Vorprozeß, die Ausstellung eines qualifizierten Abschlußzeugnisses verlangte und hieran mit seinem weiteren Schreiben nachdrücklich erinnerte. Die Beklagte erteilte ihm daraufhin unter dem 31. 5. 1979 ein qualifiziertes Zeugnis, mit dessen Inhalt der Kläger freilich nicht einverstanden war.

Soweit der Kläger mit seiner Berufung ferner auf die Bescheinigungen der Firma W. vom 14. 5. 1980 verweist, wonach seine Bewerbung bei jener Firma ausschließlich am Fehlen des letzten Arbeitszeugnisses gescheitert sei, vermag ihm das Berufungsgericht auch unter Beachtung der bereits vom Arbeitsgericht zitierten einschlägigen Judikatur des Bundesarbeitsgerichts ebenfalls nicht zu folgen. Es erscheint nämlich bei Abwägung aller Umstände zumindest recht zweifelhaft, daß sich ein ansonsten zur Einstellung des Klägers entschlossener Firmeninhaber hiervon nur deshalb abhalten ließ, weil ihm der zur Bewerbungszeit 43 Jahre alte Kläger kein Zeugnis über die letzten 8 Monate seiner langjährigen Berufstätigkeit vorlegte, obwohl er nach eigenem Vorbringen u. a. eine 6jährige Geschäftsführertätigkeit in namhaften Unternehmen belegen und für den fehlenden Zeitraum auf ein sehr positiv abgefaßtes Empfehlungsschreiben seines früheren Dienstvorgesetzten verweisen konnte. Letzteres gilt um so mehr, als es nach der Kenntnis des Gerichts und aller Erfahrung gerade bei der Einstellung leitender Mitarbeiter heute keineswegs primär auf das letzte Arbeitszeugnis ankommt; vielmehr werden fast durchweg auch Referenzen verlangt und die Einstellung selbst – abgesehen von sonstigen, nicht erkennbaren Umständen bzw. Unwägbarkeiten – vielfach von Auskünften abhängig gemacht, die sich der Arbeitgeber über die Persönlichkeit und Leistungen des jeweiligen Bewerbers einholt.

Unabhängig von alledem lag dem Kläger bei dieser Bewerbung bereits ein Zeugnis der Beklagten vom 31. 5. 1979 vor, welches von ihm inhaltlich beanstandet und deshalb auch der Firma W. nicht überreicht wurde. Jenes letzte Arbeitszeugnis wurde sodann später auf sein Verlangen durch ein neues, ihm günstigeres Abschlußzeugnis ersetzt, weil sich die Beklagte – nach ihrem Vorbringen zur Vermeidung eines weiteres Rechtsstreits – letztlich bereitfand, auf die ihr konkret bekanntgegebenen Änderungswünsche des Klägers einzugehen.

Nachdem der Berufung somit kein Erfolg beschieden ist, hat der Kläger auch die Kosten seines erfolglosen Rechtsmittels zu tragen.

8. Fall

Urteil des Arbeitsgerichts Wiesbaden . . . Aktenzeichen 4 Ca 2432/78

Es handelt sich hierbei um Schadensersatzforderungen infolge verspäteter Zeugniserstellung.

Zum Tatbestand:

Der Kläger war bei der Beklagten vom 15. 8. 1973 bis zum 31. 12. 1975 als kaufmännischer Angestellter (Substitut) beschäftigt. Über den Zeitpunkt der Beendigung des Arbeitsverhältnisses kam es zwischen den Parteien zu einem Rechtsstreit. Die Klage des Klägers auf Feststellung, daß das Arbeitsverhältnis über den 31. 12. 1975 hinaus fortbestehe, wurde vom Arbeitsgericht Wiesbaden abgewiesen, die hiergegen eingelegte Berufung des Klägers blieb erfolglos (Urteil des LAG Frankfurt/Main vom 24. 11. 1976); eine gegen das Urteil des LAG eingelegte Revision nahm der Kläger zurück.

Nachdem dem Kläger, der sich im Feburar 1976 um eine Anstellung bei der Firma H. beworben hatte und dem Anfang März 1976 von der Beklagten mitgeteilt worden war, seine Papiere längen zur Abholung bei ihr bereit, von der Beklagten im März 1976 in zumindest einem Telefongespräch die Zusendung eines Zeugnisses zugesagt worden war, forderte der Kläger mit Schreiben vom 22. 3. 1976 die Beklagte unter Hinweis auf eventuelle Schadensersatzansprüche und auf eine laufende Bewerbung auf, ihm das Zeugnis „bis spätestens zum 25. 3. 1976" zu übersenden. Am 23. 3. 1976 hatte der Kläger das Zeugnis in den Händen; mit Schreiben vom 25. 3. 1976 teilte ihm die Firma H. mit, die zu besetzenden Positionen seien mittlerweile vergeben.

Mit seiner Klage begehrte der Kläger, der ausweislich eines Armenrechtszeugnisses vom 1. 4. 1976 monatlich DM 693,60 Arbeitslosengeld erhalten und erst am 1. 7. 1976 eine neue Stelle gefunden hatte, von der Beklagten Zahlung von DM 4800,– abzüglich Arbeitslosengeld als Schadensersatz wegen verspäteter Zeugniserteilung. Nach der Mitteilung der Beklagten, seine Papiere lägen bereit, habe er sofort bei der Beklagten angerufen und die Zusage erhalten, daß ihm die Papiere unverzüglich übersandt würden. Mitte März habe er den damaligen Prozeßbevollmächtigen der Beklagten telefonisch nochmals aufgefordert, die Papiere unverzüglich zu übersenden. Zwei Tage später habe er eine Postkarte und schließlich ein Schreiben vom 22. 3. 1976 an die Beklagte gerichtet. Wegen der verspäteten Erteilung des Zeugnisses habe ihn die Firma H., wie sich aus ihrem Schreiben vom 25. 3. 1976 ergebe, nicht eingestellt. Als Schadensersatz schulde ihm die Beklagte daher entgangenes Arbeitsentgelt für die Monate April, Mai und Juni 1976 in Höhe von DM 4800,– (pro Monat DM 1600,–) abzüglich Arbeitslosengeld. Seine Schadensersatzforderung sei auch nicht nach der einschlägigen tarifvertraglichen Ausschlußfrist verfallen, da sie erst im Mai 1977, nach Rücknahme seiner Revision gegen das Berufungsurteil der Beendigungszeit des Arbeitsverhältnisses, festgestanden und er spätestens in der Verhandlung vor dem LAG seinen Schadensersatzanspruch geltend gemacht habe.

Im Kammertermin vom 6. 7. 1978 hat der Kläger sich zum Beweis für seine Behauptung, er sei wegen des verspätet eingegangenen Zeugnisses von der Firma H. nicht eingestellt worden, auf das Zeugnis des Herrn X. berufen.

Der Kläger beantragt,

die Beklagte zu verurteilen, an den Kläger DM 4800,– zu zahlen abzüglich erhaltenen Arbeitslosengeldes.

Die Beklagte beantragt,

die Klage abzuweisen.

Sie trägt vor, dem Kläger stehe kein Schadensersatzanspruch zu, da sie das Zeugnis nicht verspätet erteilt habe. Nach schriftlichem Hinweis auf die bereitliegenden Arbeitspapiere im März 1978 habe der Kläger am 18. 3. 1976 mit ihrem damaligen Prozeßbevollmächtigten telefoniert, dieser habe die Übersendung des Zeugnisses zugesagt, 5 Tage später habe der Kläger das Zeugnis in Händen gehalten. Die Einstellung des Klägers bei der Firma H. sei auch nicht am fehlenden Zeugnis, sondern daran gescheitert, daß der persönliche Eindruck vom Kläger bei der Firma H. zum Ergebnis geführt habe, der Kläger sei nicht der richtige Bewerber. Schließlich seien etwaige Ansprüche des Klägers wegen § 13 des Manteltarifvertrages für den Hessischen Einzelhandel vom 7. 4. 1972 ohnehin verfallen.

Entscheidungsgründe:

Die Klage war nicht begründet und daher abzuweisen.

Der Kläger hat gegenüber der Beklagten keinen Anspruch auf Zahlung von DM 2719,20 (DM 4800,– abzüglich 3 x DM 693,60).

Auf einen Schadensersatzanspruch wegen verspäteter Erteilung eines Zeugnisses (§§ 286, 284 BGB) kann der Kläger sein Zahlungsverlangen nicht stützen.

Dabei kann es dahinstehen, ob ein etwaiger derartiger Schadensersatzanspruch des Klägers gem. § 13 des MTV für den Hessischen Einzelhandel vom 7. 4. 1972 verfallen wäre. Hierauf kommt es entscheidend nämlich nicht an, so daß die Kammer zur Reichweite der entsprechenden tarifvertraglichen Ausschlußklausel keine Stellung zu nehmen brauchte. Ebenso kann es offenbleiben, ob die Beklagte mit ihrer Verpflichtung, dem Kläger auf dessen Verlangen hin ein Zeugnis zu erteilen (§ 73 HGB), überhaupt in Verzug gekommen ist (§ 284 BGB). Auch das ist zumindest nicht zweifelsfrei, da die Sachverhaltsschilderung beider Parteien voneinander abweicht. Aber selbst wenn man zugunsten des Klägers von der Richtigkeit seines Tatsachenvortrages, nämlich mehrfacher Rücksprache mit der Beklagten über die Zusendung des Zeugnisses, ausgeht und eine dem Verzug voraussetzende Mahnung gegenüber der Beklagten ebenfalls im – wie behauptet – zweiten Telefongespräch mit den damaligen Prozeßbevollmächtigten der Beklagten sieht, scheidet ein Schadensersatzanspruch des Klägers aus.

Denn der Kläger hat den ihm obliegenden Nachweis dafür, daß die – unterstellt verspätete – Zeugniserteilung durch die Beklagte ursächlich für seine Arbeitslosigkeit in den Monaten April bis Juni 1976 und den entsprechenden Schaden war, nicht in der für einen Erfolg seiner Klage erforderlichen Weise geführt. Dabei verkennt die Kammer keineswegs, daß dem Kläger für den Nachweis, daß ein Minderverdienst in der fraglichen Zeit auf die verspätete Zeugniserteilung der Beklagten zurückzuführen ist, die Darlegungs- und Beweiserleichterungen des § 252 S. 2 BGB zugute kommen.

Ein Erfahrungssatz dahin, daß ein fehlendes Zeugnis Ursache für den Mißerfolg einer Bewerbung sein müsse, existiert nicht. Denn der Erfolg einer Bewerbung ist in der Regel von so vielen Umständen (z. B. fachliche Qualifikation, persönlicher Eindruck, Referenzen aller Art usw.) anhängig, daß von einer auf die Lebenserfahrung gestützten Annahme, die Bewerbung sei, wenn ein Zeugnis des letzten Arbeitgebers nicht vorgelegt werden konnte, gerade und nur wegen dieses fehlenden Zeugnisses gescheitert, nicht gesprochen werden kann.

Auch der Inhalt des Schreibens der Firma H. vom 25. 3. 1978 an den Kläger läßt nicht den Schluß zu, das Fehlen des letzten Zeugnisses bei den Bewerbungsunterlagen sei wahrscheinlicher Grund für die Absage der Firma H. gewesen.

9. Fall

Urteil des LAG Frankfurt a. M. vom 1. 3. 1984 ... Aktenzeichen 10 Sa 858/83

In diesem Fall werden Schadensersatzansprüche wegen verspäteter Herausgabe der Arbeitspapiere geltend gemacht.

Zum Tatbestand:

Gegen das Urteil des Arbeitsgerichts Marburg hat die Klägerin beim LAG Frankfurt Berufung eingelegt.

Die Klägerin verfolgt das geltend gemachte Zahlungsbegehren – unter Bezugnahme auf ihr erstinstanzliches Vorbringen – nach Art und Höhe unverändert weiter. Zur Sache selbst wird von der Klägerin bemerkt, die Begründung des Arbeitsgerichts, wonach sich die Beklagte mit der Übersendung der Arbeitspapiere seinerzeit nicht in Verzug befunden und überdies eine am 24. 5. 1982 erfolgte Übersendung der Lohnsteuerkarte 1982 ausreichend nachgewiesen hätte, könne die angefochtene Entscheidung keinesfalls tragen. Angesichts der grundsätzlich bestehenden Pflicht der Beklagten zur Ausfüllung bzw. Rückgabe der ihnen übersandten Arbeitspapiere, welche sie – die Klägerin – mit besonderer Dringlichkeit erbeten habe, seien die Beklagten zu einer **alsbaldigen** bzw. längstens binnen zwei Wochen erfolgenden Rücksendung und nicht erst nach 4 bis 6 Wochen dazu verpflichtet gewesen; eine solche Verpflichtung der Beklagten sei zumindest aufgrund der nochmaligen Mahnung vom 12. 6. 1982 erwachsen. Desgleichen habe das Arbeitsgericht den seitens der Beklagten vorgelegten, am 24. 5. 1982 abgestempelten Briefumschlag zu Unrecht als ausreichenden Beweis dafür erachtet, daß die Beklagten mit diesem Brief ihre Lohnsteuerkarte 1982 vergebens an die mitgeteilte Postlager-Adresse beim Postamt Tübingen übersandt hätten. Dagegen spreche – abgesehen von anderen, jeweils fragwürdigen Punkten – vor allem, daß jener Brief niemals beim Postamt Tübingen eingegangen und damit in ihren eigenen Machtbereich gelangt sei. Letzteres folgte wiederum aus dem Umstand, daß die auf dem Briefumschlag angebrachten Stempel bei dem Postamt Tübingen gar nicht verwandt würden, ebensowenig stamme das unter dem rückseitigen Stempel angebrachte Handzeichen von einem Beamten des Tübinger Postamtes. Aus diesen und anderen Gründen sei mithin der von den Beklagten zunächst geführte „unechte Anscheinsbeweis" als entkräftet anzusehen.

Unter solchen Umständen müsse aber die Beklagte nach Ansicht der Klägerin für den ihr anschließend – aufgrund der Absage des Unternehmens T. V. – entstandenen Schadens einstehen; letzteres gelte um so mehr, als auch wiederholte telefonische Mahnversuche infolge Auflegens des Hörers jeweils ergebnislos geblieben seien.

Die Klägerin beantragt daher,

> unter Abänderung des Urteils des Arbeitsgerichts Marburg vom 2. 5. 1983 die Beklagten zu verurteilen, an die Klägerin DM 9333,33 brutto abzüglich DM 1773,55 netto nebst 16% Zinsen auf den verbleibenden Nettobetrag seit 7. 9. 1982 zu bezahlen.

Die Beklagten beantragen demgegenüber,

> die Berufung zurückzuweisen.

Sie verteidigen die angefochtene Entscheidung als zutreffend und weisen vorab nochmals darauf hin, daß die Klägerin ihre Arbeitspapiere – nach der frist- und grundlosen Aufgabe ihres Engagements am 6. 2. 1982 – erstmals mit dem am 14. 5. 1982 in Mannheim aufgegebenen Schreiben vom 5. 5. 1982 übersandt habe. Die ausgefüllte Lohnsteuerkarte 1982 sei dann nachweislich am 24. 5. 1982 an die Klägerin zurückgesandt worden; der weitere Lauf jener Postsendung entziehe sich freilich ihrer Kenntnis. Unabhängig davon gebe es eine Reihe von Anhaltspunkten, welche dem von der Klägerin erhobenen Vorwurf einer Manipulation ersichtlich entgegenstünden, so etwa die offenbar ständig beidseitige Anbringung von Retour-Stempeln beim Postamt Tübingen u. a. m. Es werde auch nach wie vor bestritten, daß das angebliche Mahnschreiben der Klägerin vom 12. 6. 1982 ihnen – den Beklagten – jemals zugegangen sei.

In der Sache kann die Berufung der Klägerin nicht erfolgreich sein. Vielmehr sieht sich das Berufungsgericht nach nochmaliger Überprüfung der Sach-und Rechtslage gehalten, der Entscheidung des Arbeitsgerichts nicht nur im Ergebnis, sondern auch weitgehend in der Begründung beizutreten.

Bei der materiellen Beurteilung des Rechtsstreits ist zunächst davon auszugehen, daß das von der Klägerin verfolgte Zahlungsbegehren gegenüber der Beklagten ganz offenkundig unbegründet ist.

Das von der Klägerin verfolgte Zahlungsbegehren ist gegenüber dem Beklagten nicht begründet. Insoweit hat das Berufungsgericht – in Übereinstimmung mit dem Arbeitsgericht – generell zugrunde zu legen, daß der Arbeitgeber die Arbeitspapiere, sofern das Arbeitsverhältnis durch ordentliche Kündigung oder Zeitablauf endet, im allgemeinen zum Beendigungszeitpunkt ordnungsgemäß auszufüllen und herauszugeben hat. Wird das Arbeitsverhältnis hingegen fristlos bzw. vorzeitig beendet, so muß dem Arbeitgeber in der Regel eine angemessene, nach den Umständen des Einzelfalles zu bemessene Frist zu deren Ausfüllung eingeräumt werden. Dabei hat der Arbeitnehmer die Arbeitspapiere am Erfüllungsort, d. h. grundsätzlich im Betrieb des Arbeitgebers abzuholen, da die Aushändigungspflicht des Arbeitgebers keine Bringschuld darstellt; nur ausnahmsweise, wenn die Aushändigung noch nicht zur Zeit des Abgangs erfolgen konnte oder ihre Abholung dem Arbeitnehmer unverhältnismäßige Schwierigkeiten bereiten würde, ist der Arbeitgeber aufgrund der Fürsorgepflicht zu ihrer Übersendung verpflichtet. In solchen Fällen braucht die Übersendung grundsätzlich nur dann mittels Einschreiben zu erfolgen, wenn der Arbeitnehmer die Mehrkosten trägt. Befand sich der Arbeitgeber indes beim Abgang des Arbeitnehmers mit der Aushändigung in Verzug, so hat er die Papiere dem Arbeitnehmer jeweils auf seine Gefahr und seine Kosten zu übermitteln.

Verletzt der Arbeitgeber seine vorerwähnte Herausgabepflicht, indem er die Papiere nicht oder verspätet herausgibt, so ist er dem Arbeitnehmer zum Ersatz des daraus erwachsenden Schadens verpflichtet, wobei den Arbeitnehmer hierfür grundsätzlich die Darlegungs- und Beweislast trifft.

Nachdem das Arbeitsverhältnis der Parteien vorzeitig endete, stand dem Beklagten ohnehin eine angemessene Frist zur sachgemäßen Ausfüllung und Rückgabe der Arbeitspapiere zu. Letzteres war um so mehr der Fall, als die Arbeitspapiere der Klägerin bei Beendigung des Arbeitsverhältnisses noch gar nicht vorlagen, sondern erst mit dem am 15. 5. 1982 eingegangenen Schreiben dem Beklagten übersandt wurden. Wenn sich der Beklagte daraufhin bereit fand, die Arbeitspapiere der Klägerin – ihrem ausdrücklichen Wunsch entsprechend – an die von ihr angegebene Postlager-Adresse zu übermitteln, so entsprach dies seiner Fürsorgepflicht, weil eine persönliche Abholung der Arbeitspapiere durch die Klägerin im Streitfalle schon wegen ihres weit entfernten Aufenthaltsortes und damit aus triftigen Gründen von vornherein außer Betracht bleiben mußte. Die somit erwachsene Verpflichtung des Beklagten zur wunschgemäßen Übersendung der Arbeitspapiere bedeutet jedoch keineswegs, daß damit zugleich der arbeitsvertraglich vorgesehene Leistungsort i. S. des § 269 BGB verändert oder etwa die Verwendungsgefahr auf den Beklagten übergegangen wäre. Letzteres hat schon deshalb zu gelten, weil sich der Beklagte im Zeitpunkt der Absendung der – ihm erst wenige Tage zuvor überhaupt zugeleiteten – Arbeitspapiere der Klägerin ganz offenkundig nicht in Verzug befand; nur in diesem Falle muß aber der Arbeitgeber, wie ganz überwiegend anerkannt wird, die Versendungsgefahr der postalischen Übermittlung tragen.

Zur Versendung per Einschreiben ist der Arbeitgeber in solchen Fällen ohnehin nur verpflichtet, wenn der Arbeitnehmer die Mehrkosten trägt; eine solche Versendungsart wurde indes im Streitfalle von der Klägerin niemals verlangt.

Soweit die Klägerin schließlich auf ihr Mahnschreiben vom 12. 6. 1982 verweist, dessen Eingang bei ihnen umgekehrt seitens der Beklagten rundweg bestritten wird, ist zunächst einmal festzustellen, daß jenes Mahnschreiben, sofern es die Klägerin – entgegen ihrer sonstigen Übung – alsbald zur Absendung brachte, den Beklagten frühestens am 14. 6. 1982 (Montag) zugehen konnte. Solchenfalls wäre aber keineswegs sicher, daß selbst eine sofortige Absendung der Arbeitspapiere an die erneut angegebene Postlager-Adresse beim Postamt Tübingen bis zum Tage des Arbeitsangebots in Berlin (= 18. 6. 1982) in die Hände der Klägerin gelangt wäre. Die Klägerin hat nämlich weder konkret angegeben, **wann** sie jenes Mahnschreiben an die Beklagte zur Absendung brachte, noch etwa näher dargetan, ob sie – angesichts ihrer häufigen Ortswechsel in der fraglichen Zeit – überhaupt in der Lage war oder gar vergebens versuchte, ihre etwaigen Posteingänge beim Postamt Tübingen bis zum 18. 6. 1982 abzuholen.

Unabhängig von alledem ist zugleich festzustellen, daß die Klägerin den von ihr behaupteten Schaden, nämlich den Ausfall der ihr bis zum 30. 9. 1982 zugesicherten Verdienstmöglichkeit bei dem Unternehmen T.V. in Berlin sowie solchenfalls ersparte Mietzahlungen, trotz der ihr insoweit obliegenden Darlegungslast auch nicht ansatzweise zur Überzeugung des Gerichts dargelegt hat.

Die auffälligen Darlegungsmängel, welche trotz der zahlreichen, von den Beklagten aufgeworfenen Zweifelsfragen niemals ausgeräumt worden sind, hat die Klägerin auch nicht mit ihrem Beweisantritt zu ersetzen vermocht. Die gleichfalls obwaltenden beträchtlichen Zweifel zur Höhe des geltend gemachten Zahlungsbegehrens bedürfen somit keiner näheren Erörterung mehr; ebenso kann die Frage der etwaigen Verwirkung jener Zahlungsansprüche nach den Vorschriften des für die Parteien ggf. einschlägigen Tarifwerks letztlich dahingestellt bleiben.

Nachdem somit das von der Klägerin verfolgte Zahlungsbegehren nicht erfolgreich sein kann, was zwangsläufig zur Zurückweisung ihrer Berufung führt, hat die Klägerin auch die Kosten ihres erfolglosen Rechtsmittels zu tragen.

ABKÜRZUNGSVERZEICHNIS

Abs.	=	Absatz
AFG	=	Arbeitsförderungsgesetz
AngKüG	=	Gesetz über die Fristen für die Kündigung von Angestellten
AT	=	außer Tarif
BAG	=	Bundesarbeitsgericht
BAT	=	Bundesangestelltentarifvertrag
BayBG	=	Bayerisches Beamtengesetz
BB	=	Betriebsberater (Zeitschrift)
BBG	=	Bundesbeamtengesetz
BBiG	=	Berufsbildungsgesetz
BetrVG	=	Betriebsverfassungsgesetz
BGB	=	Bürgerliches Gesetzbuch
BRD	=	Bundesrepublik Deutschland
bzw.	=	beziehungsweise
d. h.	=	das heißt
d. J.	=	dieses Jahres
evtl.	=	eventuell
gem.	=	gemäß
GewO	=	Gewerbeordnung
GmbH	=	Gesellschaft mit beschränkter Haftung
HandwO	=	Handwerksordnung
HGB	=	Handelsgesetzbuch
i. S.	=	im Sinne
KSchG	=	Kündigungsschutzgesetz
LAG	=	Landesarbeitsgericht
lt.	=	laut
MTV	=	Manteltarifvertrag
Pr.BergG	=	Preußen. allgemeines Berggesetz
s.	=	siehe
TV	=	Tarifvertrag
u. a.	=	unter anderem
usw.	=	und so weiter
u. U.	=	unter Umständen
z. B.	=	zum Beispiel
ZPO	=	Zivilprozeßordnung
z. T.	=	zum Teil

LITERATURVERZEICHNIS

Dröll, Dieter	Bewerber fragen die Frankfurter Allgemeine, Frankfurt 1973.
Fitting/Auffarth:	Betriebsverfassungsgesetz, Kommentar, 14. Auflage, Berlin 1984.
Friedrich, Hans:	Zeugnisse im Beruf richtig schreiben, richtig verstehen, Niedernhausen, 1981/1986.
Friedrich, Hans:	Moderne Personalführung, 5. Auflage, München 1978.
Friedrich, Hans:	Gibt es wirklich einen Zeugniscode?, in: Personal. Mensch und Arbeit, Jg. 27, Heft 5, München 1975, S. 170–172.
Haas/Müller:	Dienst-Zeugnisse in öffentlichen Verwaltungen und Betrieben mit 99 Zeugnismustern, Stuttgart 1981.
Hueck/Nipperdey:	Lehrbuch des Arbeitsrechts, Band 1, 7. Auflage, Berlin.
Institut Mensch und Arbeit (Hrsg.):	Zeugnisse rationeller schreiben, Problemlösungsmappe, München 1985.
Kador, Fritz-Jürgen:	Arbeitszeugnisse richtig lesen – richtig formulieren, 2. Auflage, Band 16, Bergisch Gladbach 1987.
Kempe, Hans-Joachim:	Zeugnisse, in: Personalführung, Heft 5, Düsseldorf 1984, S. 140–147.
Monjau, Herbert:	Das Zeugnis im Arbeitsrecht, 2. Auflage, Schriftenreihe: „Der Betrieb", Düsseldorf 1970.
Müller, Alfred, u. Schön, Walter:	Modelle zu zweckmäßigen und rechtlich abgesicherten Arbeitsverträgen und Arbeitszeugnissen, Kissing 1979.
Raschke, Harald, weitergeführt von Knebel, Heinz:	Taschenbuch für Personalbeurteilung, 6. Auflage, Heidelberg 1983.
Schleßmann, Karl, fortgeführt von Schlessmann, Heinz:	Das Arbeitszeugnis, Schriften des Betriebsberaters Band 27, 9. Auflage, Heidelberg 1986.
Weuster, Arnulf:	Das Arbeitszeugnis: Formulierung und Analyse, in: Personalwirtschaft, Heft 12, Frankfurt am Main 1985, S. 485–489.